国家重大出版工程项目
"十二五"国家重点图书

中国古建筑丛书

柳肃 主编

湖南古建筑

中国建筑工业出版社

审图号：GS（2015）2780号

图书在版编目（CIP）数据

湖南古建筑/柳肃主编. —北京：中国建筑工业出版社，2015.12
（中国古建筑丛书）
ISBN 978-7-112-18532-0

Ⅰ.①湖… Ⅱ.①柳… Ⅲ.①古建筑-介绍-湖南省 Ⅳ.①K928.71

中国版本图书馆CIP数据核字（2015）第234781号

责任编辑：李东禧　唐　旭　吴　绫　杨　晓
责任校对：姜小莲　关　健

中国古建筑丛书
湖南古建筑
柳肃　主编
*
中国建筑工业出版社出版、发行（北京西郊百万庄）
各地新华书店、建筑书店经销
北京锋尚制版有限公司制版
北京顺诚彩色印刷有限公司印刷
*
开本：880×1230毫米　1/16　印张：18½　字数：488千字
2015年12月第一版　2015年12月第一次印刷
定价：298.00元
ISBN 978-7-112-18532-0
（25820）

版权所有　翻印必究
如有印装质量问题，可寄本社退换
（邮政编码100037）

《中国古建筑丛书》总编委会

总顾问委员会：

罗哲文　张锦秋　傅熹年　单霁翔　郑时龄

总编辑委员会：

主　任： 吴良镛　周干峙
副主任： 沈元勤　陆元鼎
总主编： 陆　琦　戴志坚
委　员（按姓氏笔画排序）：

丁　垚　王　军　王　南　王金平　王海松　左满常　朱永春
刘　甦　李　群　李东禧　李晓峰　李乾朗　杨大禹　杨新平
吴　昊　张玉坤　张兴国　张鹏举　陆　琦　陈　琦　陈　颖
陈　蔚　陈伯超　陈顺祥　范霄鹏　罗德启　柳　肃　胡永旭
姚　糖　徐　强　徐宗威　翁　萌　高宜生　唐　旭　黄　浩
谢小英　雍振华　蔡　晴　谭刚毅　燕宁娜　戴志坚

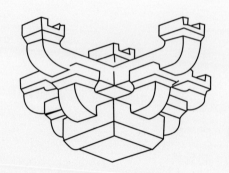

《湖南古建筑》

柳 肃 主编
参编人员：陈晓明 何 峰 李 旭 田长青 罗 明 宋 盈
　　　　　郭 宁 龙 玲 李雨薇 彭智谋 郑 瑾 张星照

审 稿 人：单霁翔

总　序

中国历史悠久，地大物博，人口众多，是一个多民族的国家，文化遗产极为丰富。中国古建筑是世界建筑史上的四大体系之一，五千年来，光辉灿烂，独特发展，一脉相传，自成体系。在建筑历史发展过程中，从来都没有中断过，因而，积累了大量的极为丰富的优秀建筑文化遗产。中国古代建筑的实践经验、创作理论、工艺技术和艺术精华值得总结、传承和发扬。

中国古代建筑具有强大的生命力，首先是独特的地理环境。中国位于亚洲东方，北部有长白山、乌苏里江高山河流阻挡，西有天山、喀喇昆仑山脉和沙漠横贯，西南有喜马拉雅山脉，东南则沿海，形成封闭与外界隔绝的地域，加上地处热带、温带和寒带，宽阔的地理和悬殊的气候，促进建筑与环境的巧妙和谐结合。

其次，独特的民族性格。中国是以汉族为主的多民族所组成。以中原文化为主的汉族人民团结、凝聚着居住和生活在各地的少数民族。由于各民族的历史、文化、宗教信仰、生活习俗与审美爱好的不同，以及他们所处地区的自然条件和地理环境的差异，长期的劳动实践，形成了各民族独特的性格和绚丽灿烂的建筑风貌。

其三，文化的独特体系。中国文化是以黄河流域中原文化为中心，周围有燕赵文化、晋文化、齐鲁文化、吴越文化、楚文化、秦文化和巴蜀文化所烘托，具有历史渊源长久、人类智慧集中、思想资源丰富的特点。中国传统文化思想的集中表现是以儒学、道学为代表，其后，佛教的传入与中国传统文化的结合，形成以儒学为主的儒、道、释三者合一的中国传统文化思想。归纳起来，就是天人合一的宇宙观念，以人为本、和为贵的人文思想，整体直觉的思维方式，真善美相结合的美学观念。

封闭而独特的地理环境，团结凝聚而又富于创造的民族性格，以儒学为主的文化独特体系，创造了中华民族的雄伟壮丽的建筑工程。长期的经验积累，独树一帜，虽经战争的炮火，民族之间的斗争与融合，外来文化之传入及本土化，但中华民族建筑始终一脉相传，傲然生存下来，顽强发展，独树一帜而不倒，在世界建筑史发展中是罕见的、独有的。

中国古代建筑发展经历了原始社会、奴隶社会和封建社会三个历史阶段。

旧石器时代，原始人群利用天然崖洞作为居住场所。南方湿热多雨，虫害兽多，出现巢居。1973年，在浙江余姚河姆渡村发现大约建于6000~7000多年前的、长约23米、进深约8米的木构架建筑遗址，推测是一座长方形、体量相当大的干阑式建筑，这是我国最早采用榫卯技术构筑房屋的一个实例。

原始社会晚期，黄河流域有广阔而丰厚的黄土层，土质均匀，含有石灰质。黄河中游的氏族部落，在利用黄土层作为壁体的土穴上，用木架和草泥建造简单的穴居，逐步发展到浅穴居，再到地面上的房屋，形成聚落。

奴隶社会，夯土技术逐步成熟，宫室建于高大的夯土台上，木构建筑逐步成为中国古代建筑的主要结构方式。等级制度出现。工程管理有了专职的"司空"，以后各朝代沿袭发展成为中国特有的工官制度。

封建社会初期，高台建筑盛行，修建了长城、驰道和水利工程。东汉时代，建筑中已大量使用成组的斗栱，木构楼阁增多，城市和建筑类型扩充，中国古代独特的木构建筑体系基本形成。

两晋南北朝是我国历史上充满着民族斗争和民族融合的时期，佛教的传入，宗教建筑大量兴建，高大的寺庙、壮丽的塔幢，石窟中精美的雕塑和壁画，这是我国古建筑吸收外来文化使之本土化的创造时期。

隋、唐统一全国，开凿贯通南北的大运河，促进了我国南北物资和文化的交流和发展。唐代的长安、洛阳成为世界上最大的城市。木构建筑的宫殿、楼阁和石窟、塔、桥，无论布局或造型都具有较高艺术和技术水平，唐代建筑已发展到成熟阶段。

宋、辽、金时期，南方在经济和文化方面居于先进地位。由于手工业分工更加细致，国内商业和国际贸易活跃，城市逐渐开放，改变了汉以来历代都城采用的封闭式里坊制度，形成沿街设店的方式。建筑的设计和施工达到一定程度的规格化、制度化，公元12世纪初在总结经验的基础上编写了《营造法式》这一部重要文献。

元代大都建立，喇嘛教和伊斯兰教建筑影响到各地。明、清时期官式建筑已经达到完全程式化、定型化阶段。明代后期出现资本主义萌芽，清代在城市规划上、建筑群体布局和建筑艺术形象上有所发展，例如北京城、故宫、天坛等。民居、园林和民族建筑遍布各地，呈现一片繁荣景象。

中国古建筑有明显的特征。在城市规划上，严谨规整、对称宏伟，表现出庄重威武的中华民族性格。单体建筑中，雄伟的飞檐屋宇、大红的排列柱廊、高大的汉白玉台基，呈现出崇高壮丽又稳定的形象。黄河流域盛产的木材资源，形成了中国古建筑木构架体系的特色。室外装饰的富丽堂皇、金碧辉煌，室内陈设装修的华丽多样、细腻雕饰，体现了中国古建筑绚丽多彩的民族风格。

聚居建筑方面，包含民居、祠堂、家庙、书院等遍布全国各地，它们与人民生活息息相关。各地各族人民根据自己的生活习俗、生产需要、经济能力、民族爱好和审美观念，结合本地的自然条件和材料，因地制宜、因材致用地进行设计与营造。他们既是设计者，又是营建者、使用者，可以说设计、施工、使用三位一体，因而，这种建造方式所形成的民宅民间建筑，既实用简朴，又经久美观，并富有民族风格和地方特色。

中国古园林的特征。以自然山水即中国山水画为蓝本，并以景区、景物和建筑、山水、花木为构件，由景生情，产生意境联想，达到艺术感受。皇家园林因其规模大、范围广，其园林布局自秦、汉时期的一池三岛，到唐、宋以山水画为蓝本，明、清仍沿袭池中置岛古制，但采用人工造山置水的方法。

明、清私家园林因属民间，士大夫文人常在宅后设园休闲宴客，吟诗享乐，其特点是以最小的场所造成无限的景色为目的。因其规模小，常以叠石或池水为主，峰峦洞壑、峭壁危径或曲径通幽取胜。在情景中则采用巧于因借、精在体宜的手法。

我国是一个人口众多的多民族国家。相传秦汉以前，中华大地上主要生存着华夏、东夷、苗蛮三大文化集团，经过连年不断的战争，最终华夏集团取得了胜利，上古三大文化集团基本融为一体，历史上称为华夏族。春秋、战国时期，东南地区古老的部族称为"越"，逐渐为华夏族所兼并而融入华夏族之中。秦统一各国后，到汉代都用汉人、汉民这个称呼，直到隋、唐，汉族这个名称才固定下来。

由于各民族的历史文化、宗教信仰、生活生产、习俗性格的不同，又由于各族人民所处地区的自然条件和环境的不同，导致他们各自产生了富有特色的建筑和民宅，如宏伟壮丽的藏族布达拉宫，遍布各族聚居地的寺院庙宇、寨堡围村、楼阁宅居，反映了绮丽多彩的民族风貌。

中国传统文化渗透了中国古建筑，中国古建筑深刻地体现了中国文化。

新中国成立后，作为全国性有领导有组织地编写中国古代建筑史，第一次是1959年，由原建筑科学研究院组织"编写三史"开始。当时集中了全国高等院校、科研部门分工编写，1962年由中国工业出版社出版《中国建筑简史》第一册（古代部分）。随后，又组织有关院校、文化、历史、考古等单位对古代建筑史有研究的人员，经多次修改，由刘敦桢教授执笔主编的《中国古代建筑史》，于1966年完成。由于"文化大革命"，未能出版，1980年才由中国建筑工业出版社正式出版。作为高等院校的中国建筑史教材则由全国高校教师编写，参考了上述专著，由中国建筑工业出版社1982年出版。

作为系统的、全面的、编写中国古建筑丛书是从1984年开始，当时作为《中国美术全集》中的一个门类——建筑艺术，称为《中国美术全集·建筑艺术编》，共6辑，包含宫殿、坛庙、陵墓、宗教建筑、民居、园林，1988年完成出版。

第二次编写从1992年开始，编写的原因是《中国美术全集·建筑艺术编》6辑出版后，各界反映良好，但感到篇幅不够，它与我国极为丰富的建筑文化遗产大国不相适应。于是，再次组织编写《中国建筑艺术全集》丛书30辑，其中古建筑24辑，近现代建筑6辑。古建筑部分仍按类型编写。该丛书中的24辑于1999年5月出版。

由于这两次丛书都是全国性编写，按类型写，又着重在艺术，因此，一些地方特色和民族特色的、中型的优秀古建筑就难于入选。为了弘扬和传承优秀传统建筑文化体系，总结经验和规律，保护我国优秀传统建筑文化遗产，因此，全面地、系统地、按省（区）来编写古建筑丛书是非常必要的、合时宜的。

本丛书编写的主要特点是：其一，强调本省（区）古建筑的民族特色和地方特色；其二，编写不限于建筑艺术，而是对本省（区）古建筑的全面叙述，着重在成就、价值、特色、技术和经验、规律等各个方面，这是我国民族和地区的资料比较全面和丰富的传统建筑文化丛书。

陆元鼎

2015年1月10日

前　言

对于湖南古建筑的调查和总结是一项艰难而浩大的工程。早在20世纪60年代，以湖南大学建筑系教师为主干的研究队伍就对湖南全省的古建筑进行过初步的调查，但限于人力和经济上的原因，调查不够全面和深入。然而紧接着"文化大革命"开始，建筑学专业停止招生和教学。不但调查工作停止，而且原来调查所获得的资料也全部散失。更为令人惋惜的是原来调查记录过的一些古建筑在这个过程中又陆续有一些被损毁消失了，留下了无尽的遗憾。直到"文化大革命"后恢复建筑系的招生和教学，在建筑历史学者杨慎初教授领导下又重新开始对湖南古建筑的调查研究，其成果汇编成《湖南传统建筑》一书。然而由于当时人力和经济的限制，仍然未能全面搜罗湖南各地的古建筑。这次《湖南古建筑》的编写，经过多年的积累和部分的专程调查，基本上收集了湖南境内比较重要的、具有典型代表性的各种类型的古建筑。

湖南古建筑保持着强烈的地域特色，在造型风格上湖南的建筑大不同于其他各省，特别是在封火山墙的造型方面，有几种封火墙造型都是湖南特有的。除了与他省的差别以外，更重要的是湖南省内各地的建筑也具有各自的特色。湘南、湘中、湘北、湘西、湘东各地都不同，甚至一个地区相邻的两个县也各有区别，这也是湖南神奇的地域文化在建筑上的表现。除了汉族，还有少数民族地区的建筑，湖南最主要的四个少数民族土家族、苗族、侗族、瑶族的居住地域分布相对比较集中。各民族的建筑都具有自己的特点。

湖南各地古建筑的保存状况也各不相同，总的状况是分布不均匀，不平衡。湘北、湘中、湘东地区相对较少，湘西、湘南地区保存的古建筑较多。尤其是农村地区的古村落，在湘北的洞庭湖周边以及省会长沙周边地区，已经基本上没有了。这反映了一种现象，经济发展、开发建设的速度快，而人们的保护意识却跟不上。相反，在经济发展较慢、相对落后的地方，古建筑保存下来的反而较多。

本书编写的基本原则是关注纯粹的建筑价值。书中所列古建筑类型实例的选择，以纯粹的建筑价值为评判的主要标准，即从建筑的平面布局、造型风格、结构材料的技术因素和装饰艺术的特点等方面来论述建筑的价值，选取每一类型中最具典型性、代表性的建筑进行介绍，并没有完全按照文物等级的划分来选取。主要考虑到作为一部全面介绍湖南古建筑的专著，应该着重从建筑的角度来写。文物建筑的等级划分一般是按照历史性、科学性、艺术性几方面来判别，本书中重点关注的是某座建筑的科学性和艺术性两个方面，而对某座古建筑可能与某位重要的历史人物和某件重大历史事件相关的"历史性",则相对放在次要的位置。

本书收录建筑的年代选择原则上到清末为止,也有个别民国初期的入选。入选的原则仍以能够代表中国传统文化和传统建筑艺术的基本特征为准则。中国建筑史上的年代划分,与中国通史中的年代划分有所不同。中国通史是以1840年鸦片战争为分界线划分古代和近代,但在中国建筑史中不能这样来划分。因为1840年之前、之后,清朝时期的政治制度、经济形态、文化思想都没有本质上的差别。在建筑领域内功能类型仍然以宫殿、寺庙、园林、民居、祠堂、书院等中国固有的建筑类型为主;在建筑的风格和式样上仍然是大屋顶、曲线形屋面、飞檐翘角、雕梁画栋的传统风格和式样,甚至到民国时期很多建筑仍然是传统的风格式样。另外也有极少数特别的情况,即有些中国传统建筑采用了西洋建筑的造型和艺术风格,这反映了当时部分民间人士对于西洋文化的主动接受的态度。

本书编写人员如下。

柳肃(负责第一章、前言、后记及全书统稿修改)田长青(负责第二章)、李旭(负责第三章)、罗明(负责第四章)、陈晓明(负责第五章)、宋盈(负责第六章)、张星照(负责第七章)、何峰、李雨薇、彭智谋(负责第八章,由何峰负责第八章的统稿、修改)、郭宁(负责第九章)、龙玲(负责第十章、第十一章)。

湖南省文物局、湘西自治州建设局和文物处、娄底市住房和城乡建设局、湘潭市文物局、浏阳市文物局、岳阳张谷英村管理处、永州零陵区富家桥镇政府等单位提供了宝贵的资料和调查工作上的支持。

参加本书调研、摄影的还有高雪雪、何韶瑶、邱灿红、黄磊、李思红、曹玉凤、汤沄、罗婷芳、周恬、李哲、陈小松等。提供照片的还有何志军、滕飞、柳司航、王铮、刘琳琳等。

柳 肃
2015年8月15日

目 录

总 序

前 言

第一章　湖南古建筑概况
第一节　地理和气候 / ○○二
第二节　历史人文 / ○○二
一、"南蛮"时代 / ○○二
二、秦汉魏晋时期 / ○○三
三、隋唐五代时期 / ○○四
四、宋元时期 / ○○四
五、明清时期 / ○○四
六、近代 / ○○五
第三节　古代建筑概况 / ○○五

第二章　城镇与城防建筑
第一节　传统城镇的基本特点 / ○一一
一、地方行政中心——府、县城的格局与基本特点 / ○一一
二、地区性经济中心城镇基本特点 / ○一二
三、军事类重镇与城堡型城镇的基本特点 / ○一三
第二节　古代城镇的城防 / ○一三
一、护城河 / ○一三
二、城墙 / ○一三
三、城门与城门楼 / ○一三
第三节　城镇建筑实例 / ○一四
一、长沙古城 / ○一四
二、茶陵古城 / ○一五
三、黔城古镇 / ○一八
四、洪江古城 / ○二○
五、凤凰古城 / ○二二
六、武冈古城 / ○二四
七、永州潇湘古镇 / ○二七
八、黄丝桥古城 / ○二八
九、永顺王村镇 / ○二九
十、龙山里耶镇 / ○三○
十一、龙山洗车河镇 / ○三三

第三章　宗教建筑
第一节　古代宗教建筑发展概况 / ○三九
一、古代佛教建筑发展概况 / ○三九
二、古代道教建筑发展概况 / ○四○
第二节　古代宗教建筑类型 / ○四二
一、古代佛教建筑主要类型 / ○四二
二、古代道教建筑主要类型 / ○四二

三、其他宗教建筑类型 / ○四三

第三节　宗教建筑实例 / ○四四

一、衡山南岳庙 / ○四四

二、长沙麓山寺 / ○四七

三、衡山南台寺 / ○四九

四、长沙开福寺 / ○五○

五、湘乡云门寺 / ○五一

六、沅陵龙兴寺 / ○五三

七、长沙陶公庙 / ○五四

八、邵阳水府庙 / ○五五

九、永顺祖师殿 / ○五七

十、宁乡密印寺 / ○五八

十一、衡山祝圣寺 / ○五九

十二、张家界普光寺 / ○六二

十三、石门夹山寺 / ○六三

十四、蓝山塔下寺 / ○六四

十五、长沙云麓宫 / ○六六

十六、永州武庙 / ○六七

十七、新邵文仙观 / ○六八

十八、桃源星子宫古建筑群 / ○六八

十九、洞口秀云观 / ○七○

二十、凤凰天王庙 / ○七一

二十一、通道白衣观 / ○七一

第四章　文教建筑

第一节　古代文化教育与文教建筑 / ○七五

一、两汉——湖南教育的初始期 / ○七五

二、隋唐时期——湖南教育的成长期 / ○七五

三、两宋时期——湖南教育发展的高峰期 / ○七五

四、元明清时期——湖南教育的鼎盛期 / ○七六

第二节　古代文教建筑的类型及其特点 / ○七六

一、文庙建筑 / ○七六

二、书院建筑 / ○七七

第三节　现存建筑实例 / ○七八

一、长沙岳麓书院 / ○七八

二、南岳邺侯书院 / ○八一

三、浏阳文华书院 / ○八二

四、平江天岳书院 / ○八三

五、湘乡东山书院 / ○八四

六、宁乡云山书院 / ○八五

七、醴陵渌江书院 / ○八五

八、汝城濂溪书院 / ○八六

九、炎陵洣泉书院 / ○八七

十、吉首潕溪书院 / ○八八

十一、通道恭城书院 / 〇八九
十二、凤凰三潭书院 / 〇九〇
十三、溆浦崇实书院 / 〇九一
十四、岳州文庙 / 〇九二
十五、宁远文庙 / 〇九四
十六、浏阳文庙 / 〇九六
十七、湘阴文庙 / 一〇〇
十八、永州零陵文庙 / 一〇二
十九、澧县文庙 / 一〇二
二十、湘乡文庙 / 一〇五
二十一、吉首乾州文庙 / 一〇五
二十二、凤凰文庙 / 一〇八
二十三、石门文庙 / 一〇八
二十四、芷江文庙 / 一一〇
二十五、湘潭文庙 / 一一一
二十六、新田文庙 / 一一二
二十七、城步文庙 / 一一二
二十八、安化梅城文庙 / 一一三

第五章　风景园林建筑

第一节　风景园林建筑概况 / 一一九
一、楼阁 / 一一九
二、亭 / 一一九
三、台 / 一一九
第二节　风景园林建筑实例 / 一二〇
一、岳阳楼 / 一二〇
二、黔阳芙蓉楼 / 一二二
三、耒阳环秀楼 / 一二三
四、爱晚亭 / 一二四
五、双清亭 / 一二五
六、朗吟亭 / 一二六
七、马田鼓楼 / 一二六

第六章　祠庙建筑

第一节　概述 / 一三一
一、祠庙建筑的性质 / 一三一
二、祠庙建筑的功能 / 一三一
三、祠庙建筑的特征 / 一三三
第二节　祠庙建筑的发展与建筑特点 / 一三三
一、祠庙建筑历史发展 / 一三三
二、祠庙的建筑艺术 / 一三四
第三节　祠庙建筑实例 / 一三六
一、屈子祠 / 一三六
二、柳子庙 / 一三七

三、凤凰陈家祠 / 一三八
四、凤凰杨家祠堂 / 一三九
五、洞口金塘杨氏宗祠 / 一四〇
六、洞口曲塘杨氏宗祠 / 一四一
七、永顺土王祠 / 一四二
八、衡南渔溪村王氏宗祠 / 一四三
九、汝城古祠堂群——卢氏家庙 / 一四四
十、汝城古祠堂群——叶氏家庙 / 一四五
十一、汝城古祠堂群——朱氏总祠 / 一四七
十二、汝城古祠堂群——范氏家庙 / 一四八

第七章　会馆
第一节　古代会馆建筑概况 / 一五三
第二节　现存会馆建筑实例 / 一五四
一、芷江天后宫 / 一五四
二、北五省会馆（湘潭关圣殿）/ 一五五
三、凤凰万寿宫 / 一五六
四、湘潭鲁班殿 / 一五七
五、浦市镇江西会馆 / 一五八

第八章　村落、民居
第一节　湖南传统村落与民居概况 / 一六三

第二节　传统村落、民居实例 / 一六三
一、岳阳张谷英村 / 一六三
二、江永上甘棠村 / 一六七
三、永州涧岩头村 / 一七〇
四、永兴板梁村 / 一七三
五、会同高椅村 / 一七五
六、辰溪五宝田村 / 一七七
七、道县楼田村 / 一八二
八、溆浦阳雀坡村 / 一八三
九、新化楼下村 / 一八六
十、新田黑砠岭村 / 一八七
十一、新田谈文溪村 / 一八九
十二、常宁中田村 / 一九一
十三、江华宝镜村 / 一九三
十四、通道芋头村 / 一九四
十五、江永兰溪村 / 一九六
十六、双牌岁圆楼 / 二〇〇
十七、衡东罗荣桓故居 / 二〇一
十八、双峰富厚堂（曾国藩故居）/ 二〇三
十九、浏阳谭嗣同故居 / 二〇四
二十、浏阳沈家大屋 / 二〇五
二十一、浏阳锦绶堂 / 二〇七

二十二、邵东荫家堂 / 二〇八
二十三、双峰朱家四堂 / 二一〇
二十四、涟源世业堂 / 二一一
二十五、宁远黄家大屋 / 二一二
二十六、洪江窨子屋 / 二一四

六、望城惜字塔 / 二二六
七、澧县蜚云塔 / 二二八
八、衡阳珠晖塔 / 二二八
九、汝城文塔 / 二二九
十、武冈凌云塔 / 二三〇

第九章 塔
第一节 塔的历史及分类 / 二二一
一、楼阁式塔 / 二二一
二、密檐式塔 / 二二一
三、单层塔 / 二二一
四、喇嘛塔 / 二二一
五、金刚宝座式塔 / 二二一
第二节 古塔的类型及特点 / 二二二
一、类型 / 二二二
二、特点 / 二二二
第三节 古塔建筑实例 / 二二三
一、岳阳慈氏塔 / 二二三
二、邵阳北塔 / 二二三
三、新化北塔 / 二二四
四、澧县花瓦寺塔 / 二二五
五、永州回龙塔 / 二二六

第十章 牌坊
第一节 概述 / 二三五
第二节 湖南古代牌坊的类型及特点 / 二三六
第三节 牌坊建筑实例 / 二三七
一、岳阳刘来氏牌坊 / 二三七
二、西文庙坪牌坊 / 二三八
三、汝城绣衣坊 / 二三九
四、澧县余家牌坊 / 二三九
五、黔城芙蓉楼牌坊 / 二四〇
六、茶陵龙家牌坊 / 二四一
七、永顺洗心池牌坊 / 二四一
八、永顺老司城子孙永享牌坊 / 二四二
九、醴陵彭氏牌楼 / 二四二

第十一章 桥
第一节 湖南古桥的类型及特点 / 二四七

第二节　古桥建筑实例 / 二四七
一、江永寿隆桥 / 二四七
二、江永步瀛桥 / 二四八
三、浏阳新安桥 / 二四八
四、通道回龙桥 / 二四九
五、通道普修桥 / 二四九
六、岳阳三眼桥 / 二五○
七、绥宁定远桥 / 二五○
八、醴陵渌江桥 / 二五一
九、东安斩龙桥 / 二五一
十、溆浦穆公桥 / 二五二
十一、坪坦河风雨桥群 / 二五二
十二、大矶头 / 二五四

第十二章　墓葬
　第一节　概述 / 二五九

第二节　墓葬实例 / 二五九
一、长沙福王墓 / 二六○
二、宁乡张栻墓 / 二六○
三、长沙何绍基墓 / 二六○
四、望城曾国藩墓 / 二六一
五、浏阳谭继洵墓 / 二六二
六、新化壁画墓 / 二六二

湖南古建筑地点及年代索引 / 二六四

参考文献 / 二七五

后记 / 二七七

主编简介 / 二七八

湖南古建筑

第一章 湖南古建筑概况

第一节 地理和气候

湖南位于中国长江中游,洞庭湖以南,故称湖南。湘江是湖南境内最大的河流,自南向北,流贯全境,注入洞庭湖,湖南因而简称"湘"。湖南境内广植芙蓉,古诗有"秋风万里芙蓉国"之句,故湖南省还有"芙蓉国"的美誉。

按地理位置,全省大致可分为湘北(常德、益阳、岳阳三市)、湘中(长沙、株洲、湘潭、邵阳、娄底五市)、湘南(衡阳、永州、郴州三市)和湘西(怀化、张家界两市及湘西土家族苗族自治州)四个区域。总面积为21.18万平方公里,总人口为6500多万。

湖南地势是东、南、西三面山地环绕,逐渐向中部及东北部倾斜,形成向东北开口不对称的马蹄形。东有罗霄山脉,南有南岭,西有武陵、雪峰山脉,北部为洞庭湖平原,中部多为丘陵、盆地。湘江、资水、沅江、澧水四水汇聚洞庭湖,流入长江。湖南地势属于云贵高原向江南丘陵和南岭山地向江汉平原的过渡地带。湘西有武陵山、雪峰山脉,山势雄伟高峻,海拔1000～1500米,是湖南中部和西部交通的屏障。雪峰山又是资水和沅江的分水岭,是湖南省东、西自然条件的分界线。湘南有南岭山脉,高峰海拔都在1000米以上,呈东西方向延伸,是长江和珠江水系的分水岭,山间盆地较多,为南部产粮区域。湘东有幕阜、连云、九岭、武功、万洋、诸广等山,海拔一般为500～1000米,均为东北—西南走向。湘中为海拔500米以下的丘陵、台地广布。这些盆地多为河谷地带,有河流冲积平地,为中部农业区。湘北为洞庭湖及湘、资、沅、澧四水汇聚的河湖冲积平原,海拔多在50米以下,是全省最主要的粮食产区。

湖南属中亚热带季风湿润型气候,四季分明,年平均气温在16℃～18℃之间,冬寒期短,无霜期长,适宜动物的繁衍和农作物、林木的生长。农业以水稻为主,丘陵河谷和湖区平原自古以来就是国内著名的农业和渔业生产发达之地。历来享有"湖广熟,天下足"和"鱼米之乡"的美誉。全省现有可耕地330万公顷,粮食产量居全国第五位,其中稻谷产量居全国第一位。其他农作物中,苎麻产量居全国第一位,茶叶产量居全国第二位,柑橘产量居全国第三位。

第二节 历史人文

一、"南蛮"时代

湖南历史悠久,文化源远流长。早在八千年前,中华民族的祖先就已在湖南这块土地上繁衍生息,过着定居的农业生活。境内至今发现的早期人类活动遗址众多,其中旧石器时期遗址有30多处,新石器时期遗址有900多处。湖南是中华民族农耕文化形成的基地之一,常德市澧县城头山原始社会古城址是目前发现的国内最早的古城遗址。考古发现湖南境内有国内最早的古水稻遗址,说明这里是中国农耕文明的发源地之一。中华农耕文明的祖先炎帝就是在湖南境内去世的,葬于"长沙茶乡之尾",即今天湖南省炎陵县。但总的来说,这里居住的原始先民与中原地区相比较还是相对落后,属于"南蛮"之地。虽有中原文化的影响和王朝势力的进入,但一直到商周时期都没有在此建立地方政权的统治。这些都表明湖南是中国古代文明发源地之一,长江流域与黄河流域同是中华民族的摇篮。

商周时期,湖南属《禹贡》九州的荆州之域,大体仍处于"蛮夷"之地。虽有中原王朝势力进入,但并未在此建立地方政权。西周至春秋之际,兴起于汉水流域的楚国已把触角伸入湖南,但在整个春秋时期,楚人的势力都较弱,未能建立有效的行政管理机构,而主要是依靠军队在交通要道上设置军事据点进行统治。同时,楚人还在湖湘地区建立由移民组成的附庸国,并通过这些附庸国来加强对当地居民的统治。战国时,楚国对湖南的征服已完成，为加强统治，在湖南设立黔中郡以辖之，郡治在今常德市，首次把湖南纳入封建国家行政管理体系。湖南与中原王朝关系进一步密切。在湖南各地出土的商周青铜器多达3000多件，大多是精美的重要文物，有的甚至是全国著名的国之重宝，例如宁乡出土的四羊方尊、人面方鼎等。据考古方面的推测，可能是商朝灭亡的时候，商人的一支逃亡到了这里。

春秋战国时期，楚人大量地移居湖南。楚人不仅与湖南的土著民族共同创造了灿烂的物质文化，也创造了新兴的封建制度与充满着神奇色彩的楚文化。楚人带来了先进的生产技术，促进了湖南地区的文明发展。当时的长沙以及洞庭湖周边地区成了楚国的重要粮食生产基地。楚人与湖南地区的少数民族杂居，大部分融合成为今天湖南的汉族。

楚国在春秋时期就已是实行郡县制的国家，在湖南境内设立有黔中郡、洞庭郡，驻扎军队，统辖湖南全境。秦始皇统一六国后，将黔中郡东南部分出，建立了长沙郡。汉高祖时，将湖南划为长沙、桂阳、武陵、零陵四郡，属荆州管辖。

这一时期楚人为湖南不仅带来了文字、文献、典籍，还带来了先进的礼仪习尚和文化思想。这一时期的出土文物中有大量的竹简、木简和帛书，内容涉及哲学、历史、天文、医学、科学技术等各个领域、各个方面。

二、秦汉魏晋时期

秦始皇二十四年（公元前233年）秦灭楚，初设楚郡，后又析黔中以南长沙乡置长沙郡，所辖地主要在湘江流域。郡治在临湘，即今长沙市。长沙是周初国名，《战国策》有长沙地名，但直至秦时才为郡名。秦代在湖南设置的县，可考者12，即临湘，今长沙市区及长沙、望城、湘潭、浏阳、醴陵等县（市）地；罗，今汨罗、平江、湘阴等县地；益阳，今益阳、宁乡、安化等县地；湘南，今湘潭市、湘潭县、湘乡市等地；耒阳，今耒阳、常宁县地；郴，今郴州市和郴县、桂阳县地；武陵，今常德市地；慈姑，今大庸市和慈利、石门等县地；零陵，今永州市地。此外尚有阴山（今攸县地）、衡山、桂阳3县。

西汉时湖南属荆州刺史辖区，有长沙国及桂阳、武陵、零陵三郡，国、郡下辖38县。长沙国即秦长沙郡，都临湘，领13县，属地在湖南境者12县，地域遍及今湖南全省。西汉文帝年间，著名政论家、思想家、文学家贾谊受人谗毁，被贬任长沙王太傅，居住在今长沙市内太平街，在这里著有《吊屈原赋》、《鵩鸟赋》等千古名篇。贾谊去世后，长沙人为纪念他，将其故居改为贾太傅祠以为祭祀怀念，可惜后来被毁，今存贾太傅祠建筑为后来新建，仅有庭院内太傅古井为历史原物。汉代长沙地区经济较为发达，文化繁荣，马王堆汉墓出土的文物就是这一时代文化艺术的典型代表。

东汉魏晋时期，湖南大部分处荆州境，交州错入小部分地区。时有郡4，又苍梧郡仍错入。郡下辖38县和5个侯国。长沙郡，西汉长沙国改置。王莽篡位改填蛮郡。东汉复为长沙郡，治临湘（今长沙市）。辖地在今湖南境者12县、1侯国。东汉时期，桂阳郡耒阳人蔡伦发明了造纸术，造出"蔡侯纸"，为世界的文明作出了重大贡献。长沙太守张仲景著成的医学名著《伤寒杂病论》，奠定了中医治疗学的基础。

三国时期，东汉建安十三年（公元209年），赤壁之战后，荆州分为南北两部分，曹魏得南郡以北，孙吴据南郡以南，湖南属南荆州。

晋代湖南基本上属荆州地，置武陵、天门、长沙、衡阳、湘东、零陵、邵陵（昭陵改）、桂阳8郡，均为孙吴故郡。另有南平（南郡改）、临贺2郡并入湖南境内。

魏晋南北朝时期，长达300多年的分裂与战乱，使得全国人口大幅度减少，湖南也由原来的281万减少到97万。但湖南因处江南，远离战争中心，经济仍然向前发展。湖南在当时已开始发展成为全国大米的重要产地和供应地。农业的发展带动了工商业的繁荣。湖南当时的酿酒业、青瓷制造业、造纸业、造船业以及金属制造业已十分活跃。

三、隋唐五代时期

隋文帝开皇三年（公元583年）改地方为州、县两级。大业三年（公元607年），隋炀帝又改州为郡，地方形成郡、县两级。属地在今湖南者8郡，共领34县。

唐代州郡并称。为加强对州郡的监督管理，太宗贞观十年（公元636年），又依山河形势分天下为10道，玄宗时增为15道。湖南地区分别属于江南西道（治洪州，今江西南昌市），黔中道（治黔州，今四川彭水县），共置14州郡和1个羁縻州，辖56县。

唐代时，国泰民安。湖南的文化也得到较大的发展。但这些文化名人多是在唐太宗以后，被迁谪或流离到湖南的骚人墨客。如李白、杜甫、韩愈、柳宗元等，其文其名均显赫。大书法家欧阳询和怀素，都是长沙人。

五代十国时楚王马殷在湖南设有13州和1监，下置46县，大多为唐代故州、县。

四、宋元时期

宋代湖南初隶江南道，后道改为路，湖南分属荆湖南路、荆湖北路。路下共辖12州郡、3军、59县，长沙又为路的首府。宋代由于北方民族南下，矛盾冲突严重，战乱频繁。中原人口大量南迁，国家政治、经济、文化重心南移。一段时间内，湖南地区社会较为稳定，成为繁荣发展之地。经济发展，成为国家的重要支柱，后来所谓"湖广熟，天下足"和"鱼米之乡"等说法都是从这时候开始的。文化教育事业也得到了很大的发展，宋代湖南各地创办书院达40多所，成为国内最多的省份之一。周敦颐是道州人，撰《通书》、《太极图说》等名著，对宋代理学有深刻的影响，被推为理学的开山祖。长沙岳麓书院和衡阳石鼓书院都是国内最早创立的著名书院之一，名列宋代四大书院之列。南岳衡山此时成为东、南、西、北、中五大岳庙之中最繁荣的，因为其他四大岳庙已被其他民族占领，只剩了南岳。因此南岳衡山成为当时国内宗教活动最重要的中心。

元代实行行省制，湖南绝大部分地区属湖广行省，小部分隶于四川行省。湖广行省，始设于元至元十一年（1274年）治鄂州（后改名武昌），十四年（1277年）改治潭州（今长沙），十八年（1281年）复迁鄂州。湖广行省分置江南湖北道、岭北湖南道、岭南广西道、海北海南道。其下辖30路、13直隶州、3直隶府、15安抚司、3军。计属府3、属州17、属县150，番民总管1。地域包括现今湖北、湖南、广东、广西、贵州（大部）各省。湖南地区分隶江南湖北道和岭北湖南道，共置有14路、3直隶州，计47县、12州，在"诸溪峒"则另设土司。14路均宋代州郡（军改置）。元末农民起义，湖南为陈友谅所占领。陈友谅死后，其子陈理投降朱元璋，湖南遂为明朝管辖。

五、明清时期

明代湖南属湖广省（治武昌）。省下改路为府，府领州、县，部分州直隶布政司，也领县。湖南地区有7府、8州、56县。一些少数民族地区仍设土司。

经过元末明初的战乱，湖南人口锐减，经济衰败。明洪武二年（1369年），湖南隶属湖广布政使司。从明洪武年间起，邻省即大量向湖南移民。移民不仅使湖南地区居民的构成发生了重大变化，更重要的是带来了吃苦耐劳、勇于开拓的优良精神，以及一些先进的生产技术，为湖南的社会经济注入新的活力，也为湖南人才的兴起带来一片生机。故至明后期，以洞庭湖为中心的湖广地区已成为全国重要的粮食产地和供应基地。

随着科学、理学、书院等文化事业的兴盛，湖南在明中叶时，人才辈出。茶陵人李东阳开创了文学上的"茶陵诗派"，著有《怀麓堂集》、《怀麓堂诗话》。他的作品被赞为"以深厚雄浑之体，洗涤暗缓见沓之刃"，成为当时文坛的领袖。

南明永历统治时，湖南衡阳的杰出思想家王夫之，曾在永历朝廷供职，积极地为抗清斗争效力。后受排挤，被迫返回湖南，隐居于衡阳县石船山下，著书立说，写成百多种著作。

湘西少数民族地区历史上较长时间一直实行"土司制"，由当地少数民族头领土司统治，中央朝廷对其实行比较松散的管理。明代永顺土家族土司奉朝廷之命率兵出征打击东南沿海倭寇，立下大功，受到朝廷嘉奖，获得世袭领地。

清初承袭明朝制度，湖南属湖广总督和湖广布政使司，总督、布政使均驻武昌。清康熙三年（1664年），分湖广右布政使驻长沙，同年，移偏沅巡抚驻长沙，为湖南建省之始。1678年农历八月，清军攻克岳州、长沙，平定湖南全省。清雍正元年（1723年）改湖广右布政使司为湖南布政使司，次年，改偏沅巡抚为湖南巡抚。湖南正式成为中国本部18行省之一。省以下沿袭明府（州）、县建置，府上增设道一级，便形成道、府（直隶州、直隶厅）、县（散厅、散州）的行政体制。

六、近代

湖南近代成为思想文化发展的中心地区，以致影响全国，有史家称："清季以来，湖南人才辈出，功业之盛，举世无出其右。"

鸦片战争前，邵阳人魏源被称为"中国第一个开眼看世界的人"，著有《海国图志》，第一次向国人介绍西方国家的情况。并提出"师夷之长技以制夷"，对当时及以后思想界产生了深刻的影响。

随后曾国藩组织团练，产生了历史上有名的湘军。打败了太平天国，被称为清朝"中兴名将"。曾国藩推动洋务运动，开矿山，办工厂，选派幼童出国留学，他是把学习西方科学技术付诸实践的第一人。曾国藩也是一个以忠孝礼义的儒家思想治国治家的实践家，他的"家书"直到今天仍然有着巨大的影响。

1862年，西北爆发声势浩大的回民起义，清廷任命湘阴人左宗棠为陕甘总督，镇压了陕甘回民起义。左宗棠在大西北期间平定了浩罕阿古柏叛乱，收复了新疆，为保卫祖国的边疆作出了巨大的贡献。

湘阴郭嵩焘是中国第一个外交家，清朝政府第一任驻英法公使。他最早提出不仅仅要学习西方科学技术，而且要学习西方的政治、法律制度和文化思想。可惜他的思想在当时不被朝廷和几乎所有的中国人所接受。

19世纪末，维新变法运动兴起。湖南是维新运动最为活跃的地区，其主要代表人物是浏阳谭嗣同、唐才常。维新变法运动失败后，湖南各地会社兴起，革命志士也不断涌现。如长沙的杨毓麟、新化的陈天华，对当时的民主革命和思想产生了积极的影响。

辛亥革命的主要领导人之一黄兴是湖南长沙人。如果说孙中山是推翻清王朝的思想发动者，那么黄兴就是这场革命的具体实践者和领导者。辛亥革命武昌起义总司令蒋翊武是湖南澧县人；领导反对袁世凯，再造共和的蔡锷是湖南邵阳人；民国第一任总理熊希龄是湖南凤凰人；国民党的实际创始人宋教仁是湖南桃园人，他们都是辛亥革命和共和制度的历史功臣。今天，长沙岳麓山上保存着一大批辛亥革命著名人物的墓地，彰显着近代历史上湖南人为结束最后一个封建王朝所作的历史贡献。

第三节　古代建筑概况

湖南地处长江以南，气候潮湿炎热，不利于古建筑的保存。因此湖南现存的古代建筑均年代不太久远，尤其是木结构建筑，现存的地面古建筑中除极个别之外，木构建筑很少有明代以前的，砖石建筑也极少有早于宋代的。

湖南现存地面古建筑中年代最早的只有几座。沅陵隆兴寺大雄宝殿和岳阳文庙大成殿中保留有宋元时期的部分木构，如巨大的梭柱和柱子下面的木碛，这是湖南目前所能看到的最古老的木结构。岳阳的慈氏塔建于宋代，是目前省内保存年代最早的一座砖石塔。茶陵古城墙建于南宋时期，用当地出产的红砂岩建成，是省内保存下来的最古老的城墙。除这些以外，省内目前保存下来的古建筑大多是明清时期的。

今天，我们只能从考古和现存建筑遗址，以及历史记载的情况中大体追寻到湖南地区建筑发展的概貌。秦汉时期，湖南地区还属于比较落后的"南蛮"的地域，但是以今天长沙为中心的"长沙国"，却是一个经济文化发展的区域性中心。长沙的马王堆汉墓，是汉代长沙国宰相夫人的墓，出土的文物之精美和保存之完好震惊了世界，说明当时长沙地区经济文化的繁荣程度。考古发现今长沙河西沿江一带完好地保存着20多座汉代王侯的墓葬。汉景帝之子刘发被封为长沙定王，怀念故土长安，为遥望家乡而建高台，号"定王台"。虽建筑已无遗迹可考，但今长沙市内"定王台"地名犹存。汉代著名政论家贾谊曾任长沙王太傅，著有《过秦论》、《治安策》等历史名篇，影响后世。贾谊就居住在今长沙市内太平街中的太傅里，他去世后人们将其故居辟为贾太傅祠，世代祭祀。

东汉魏晋时期佛教传入中国，不久就传到了湖南。西晋泰始四年（公元268年），在长沙岳麓山建了麓山寺，这是湖南的第一座寺庙，号称"汉魏最初名胜，湖湘第一道场"。隋朝隋文帝将他所得印度佛祖释迦牟尼舍利子分为50多份，分送各地收藏。其中一份送到长沙岳麓山，有麓山寺僧众建舍利塔收藏。后塔被毁，民国时期重建舍利塔以为纪念。今岳麓山的"隋舍利塔"即为这一重建的遗物。随后道教也在岳麓山发展起来，成为道教"七十二洞真虚福地"。岳麓山佛道共于一山，成为湖南重要的宗教圣地之一。

唐代著名政治家、文学家柳宗元被人谗害，贬到偏僻的湖南南部的永州为官。他在这里为当地民众做了很多好事，并写下了《永州八记》、《捕蛇者说》等作品，成为中国文学史上的名篇。后人为纪念柳宗元，就在他当年写《永州八记》的愚溪旁建造了柳子庙，经历朝历代修建扩建，发展成今天规模宏大的纪念性祠庙，成为湖南省内最大的名人祠庙之一。

宋代由于北方战乱，国家政治、经济、文化中心南移，湖南由过去相对中原地区比较落后的"南蛮"之地，变成了最重要、最发达的地区。特别是在经济和文化方面，尤为凸显。经济上，这时的南方地区，尤其是湖南，成为最重要的粮食产区，号称"湖广熟，天下足"。文化上，文教、学术、宗教等各方面都进入全面大发展时期。宋明理学是宋代以后中国儒家文化发展的主要理论流派，影响后世，成为中国宋、元、明、清思想文化的主流，并深刻影响朝鲜半岛和日本。宋明理学的创始人周敦颐（周濂溪）是湖南道县人，他的名著《太极图说》、《爱莲说》影响延续至今。周敦颐祖居在今湖南永州道县楼田村，村中至今保存着大量明清时期的民居建筑，并保留着当年的村落布局和风水格局。

宋明理学最重要的传播基地是长沙的岳麓书院，为宋代四大书院之一，并且延续一千多年，弦歌不绝，办学不辍，直到近代改制为高等学堂，再改为湖南大学。至今仍为国内规模最大、保存最完整的古代书院之一，成为中国古代文化教育的典型标志。不仅岳麓书院，有统计表明，宋代湖南是全国书院数量最多的省份之一。官办的学宫也非常普及，几乎每个州县都建立了学宫，当时全国县学普及率为44%，而湖南为92%。有明确记录创建于宋代的湖南文庙有四十余所。

湖南的宗教文化也在宋代得到大发展。北方民族南下占领中原，作为国家统一象征的东、南、西、北、中五大岳已经丢掉了四个，剩下一个南岳衡山，于是成了宗教文化的重心。佛教、道教云集衡山以及周边的湖南中部地区。到明清时期，南岳衡山成了整个南方的宗教中心。山上山下寺庙道观林立，周围各地以至南方各省的善男信女纷纷前往南岳朝拜，信众川流不息，香火旺盛。

元、明、清时期湖南地区的建筑呈现蓬勃发展的趋势，主要体现在几个方面。

1. 以书院和地方官学的学宫、文庙为代表的文教建筑在宋代的基础上继续发展，体现了湖南地区重视文化教育的传统。而且这些书院和学宫文庙很多都一直保存至今，例如：书院至今保存完好的有长沙岳麓书院、平江天岳书院、浏阳文华书院、湘乡东山书院、炎陵洣泉书院、醴陵渌江书院、桂阳鉴湖书院、通道恭城书院、吉首潕溪书院等；学宫文庙至今保存较好的有岳阳文庙、宁远文庙、浏阳文庙、湘阴文庙、澧县文庙、湘乡文庙、湘潭文庙、永州文庙、凤凰文庙、石门文庙等。

2. 宗教文化继续传播和发展，主要是在汉族地区，由原来的湘中地区逐渐往湘北、湘南和湘东地区发展。而以少数民族为主的湘西地区则多以少数民族的特殊信仰为主，佛教、道教的影响相对较少。佛教、道教仍然以湘中地区最为发达，尤其是南岳衡山，仍然是整个南方最兴盛的宗教中心。山下南岳镇上的南岳大庙，成为信众朝拜的中心。到明清时期，围绕南岳大庙，东边建了八座道观，西边建了八座佛寺，形成了八寺八观拱卫中央的南岳圣帝的独特格局，成为中国宗教建筑中的一个特例，体现了此地宗教文化的盛况。

3. 以家族祠堂为代表的宗族文化广泛普及。湖南地区古代移民多，外来的移民聚族而居，为了继承和纪念祖上的功业，教育后世不忘其根，大建祠堂。许多村落都有大型祠堂建筑，成为村落的中心，民居围绕祠堂而建，表达宗族团结的文化传统。今天湖南省内祠堂建筑保存最多、最完好的有汝城县和洞口县。汝城的祠堂数量最多，至今保存完好的仍有一百多座，其建筑也极其精美华丽。洞口的祠堂则以宏伟豪华规模巨大而著称。

4. 以会馆建筑为代表的商业文化大发展。明清时期湖南地区商业大发展，经济繁荣，货物交流频繁。各地流动的商人们竞相建造代表他们势力的会馆，建筑宏伟华丽，互相攀比。古代交通主要靠船运，凡有河流经过且方便建立码头的城镇就成为商品货物集散地，就成为商业重镇，商人们就在这些地方大建会馆。例如地处湘西的洪江古代有"十大会馆"，常德有"四宫二殿"。今天由于铁路、公路等交通手段的变化，这些过去依靠河流交通而曾经繁荣的地方都变成了比较偏远的地区。那些今天依然矗立在偏远城镇中的华丽会馆，向人们诉说着历史的巨变和世事的沧桑。

5. 民居建筑形成地域特色。湖南古代民族和人口成分非常复杂，远古时代这里是"南蛮"之地，属于少数民族地区。后来各朝代有大量北方汉族人涌入，带来各种不同地域的文化和风俗习惯。外来汉族和当地的少数民族，还有本地的不同少数民族之间关系复杂，既有矛盾冲突，又有交流融合。外面迁移来的汉族在湘中、湘北、湘南等不同地方聚族而居，形成有姓氏血缘关系的聚落和村落。少数民族在长期的民族矛盾冲突和交流融合中逐渐形成了苗族、土家族、侗族、瑶族，成为湖南地区的四大少数民族。其中土家族主要聚居在湘西北；苗族主要居住在湘西和湘中部分地区；侗族主要聚居在湘西南和湘西部分地区；瑶族主要分布在湘南部分地区。这些不同地区分布的不同的少数民族和汉族的村落民居，体现了不同地域的建筑特色。

湖南古建筑

第二章 城镇与城防建筑

湖南城镇与城防建筑分布图

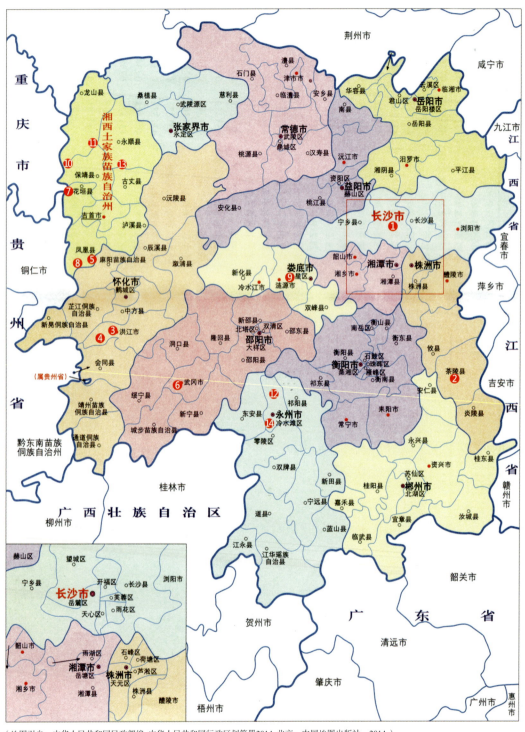

（地图引自：中华人民共和国民政部编. 中华人民共和国行政区划简册2014. 北京：中国地图出版社，2014.）

- ❶ 长沙古城
- ❷ 茶陵古城
- ❸ 黔城古城
- ❹ 洪江古城
- ❺ 凤凰古城
- ❻ 武冈古城
- ❼ 花垣县茶峒镇（"边城"）
- ❽ 黄丝桥古城
- ❾ 涟源杨市镇
- ❿ 龙山里耶镇
- ⓫ 龙山洗车河镇
- ⓬ 东安县芦洪市镇
- ⓭ 永顺王村镇
- ⓮ 永州潇湘古镇

第一节　传统城镇的基本特点

湖南古代城市与场镇大体上分为三种类型，即地方行政中心城市、地区性经济中心城镇以及军事重镇与城堡。

一、地方行政中心——府、县城的格局与基本特点

自秦统一六国，实行郡县制以来，历朝历代大都以之为基础，采取府、县两级基本地方行政机构。府县所在的城镇，通常是该地区的政治、军事、经济与文化中心，府、县城的选址也大多受到这些社会、政治、经济等因素的影响。个别时期，还存在着一种中间的建制——州，一般有两种建制：一是直隶州，级别相当于府；一是府属州，级别或相当于县，或仅辖少数属县。

1．总体格局与选址

湖南地区多山地、丘陵、水系，因而府、州、县城市建设一方面受到自然地理环境等因素的制约，一方面也较好地利用了自然地形条件。湖南各地城镇一般都依傍一条河流，临水建城。城市一面的城墙建在河边，利用河流作为防御的屏障，例如长沙、茶陵、凤凰、黔阳，等等。同时，河流又是古代交通运输的主要途径，人流、物流集散等都要依赖水运，因而许多沿河的城镇建有大量码头，形成商业型城镇，如洪江等。

以长沙府城为例，有岳麓山、湘江可以选择，都可以作为城市防御的天然屏障，形成理想的依山傍水的格局，但因为山水之间可供建设的平地面积太少，发展余地不大，只好选择在湘江东岸建城。长沙府城总体布局为长方形，南北长，东西短，西临湘江，与岳麓山隔江相对。虽然湘江很好地解决了城市用水问题、漕运问题，但是，岳麓山居高临下，对长沙府城的防御问题又构成了一定程度上的威胁。又如茶陵州城，选址在洣水河沿岸的冲积平原上，方形布局，虽是平地建城，但是却常受到洣水河的水患困扰，州治多次易址建设。

2．道路与街巷

府、州、县城一般建有完整的城市防御体系，即城门、城楼、城墙与护城河等城防设施。城墙四面开辟有城门，并与城内的主要道路相通，形成丁字街、十字街或者井字街的布局。湖南境内的府、州、县城也大体如此，如茶陵州城，西、南两面各开有两座城门，东面、北面各有一座城门，因而主要道路相应形成"井"字式布局。

主要道路两侧，则多巷道相连，根据地理环境的因素、使用的需要或已有建筑的情况，其宽窄也不尽相同。如目前长沙保留下来的历史街巷潮宗街接西面潮宗门，是城内主要道路之一，宽度约为9米；背街巷道则一般3~5米之间。

3．府衙或县衙

作为地区的政治以及军事、经济、文化中心，府衙或县衙往往位于城市的中心位置，毗邻主要大街。如长沙布政使司衙门，虽各时代称谓不同，但在明崇祯十二年（1639年）到清嘉庆二十三年（1818年）的图志中，其治所一直位于城市的中心位置，体现了封建社会以政治目的为中心的城市规划布局的特色。

4．文化机构

府、州、县城内的文化机构主要是府县的官学以及民间的书院两部分。官学一般由文庙和学宫两部分组成，为便于管理，其建筑往往毗邻府衙或县衙。而书院建筑属于私学，根据地方经济、文化发展程度不同，各府县或多或少，或有或无，或设于城内，或依托城外风景区建设。如长沙的城南书院为官学，内设文庙，设于城内；岳麓书院以私学为主，依托岳麓山，设于长沙古城之外；衡阳的石鼓书院，则依托石鼓山，也是位于城外。

5．坛庙与宗教建筑

坛庙有官祭与民祭之分，官祭包括社稷坛、山川坛等官方祭祀场所，民祭则主要有先圣与先贤祠庙等民间祭祀场所，一般府县都有设置。而宗教建筑如城隍庙、佛寺道观等则杂处城内外。

6. 市场与居民区

《周礼·考工记》中关于都城建设的描述中，将市场定位于朝廷治所的背面（北面），即"面朝后市"，所谓"市者，利之所在，必后而背之，故立市于王宫之北"。而地方治所城市，对于市场行为规定不甚严格，商市大多位于城市主要道路、码头、关厢以及城乡结合地带，特点是交通便利，人员密集，便于商业活动的开展。官绅等贵族住宅一般选在交通便利、环境清幽的地区。古代城镇普通居民生活主要依靠商业和手工业，居民住宅也沿街而建，并临街开设店铺、作坊，住宅和店铺、作坊相结合，形成"前店后宅"或"下店上宅"的格局。但也有例外，如明建文帝时期的湘潭，是湖南著名的"米市"，虽商贾云集，但是，其图志中仍显示出城内建有大量的"坊"，即城市的居住单元，显示出严整有序的规划格局。

综上所述，湖南地区的传统府县城市虽受到统一规定的制约，具有一般传统城市的各种要素和布局特点，但是由于地貌地形多变，水系分布广泛，因而大多具有因地制宜、面貌多样、文化迥异和布局灵活的特点。

二、地区性经济中心城镇基本特点

明清两朝，移民大批进入湖南，对于湖南地区的土地开发和农业的发展起到了积极的作用，明代就已经有"湖广熟、天下足"的民间谚语流传，可见，在以农业为主的古代社会，湖南作为江南鱼米之乡的地位之重要，因此而带动的社会、经济发展就体现在了地区性经济中心城镇的建设上面。

一方面，湖南境内有大量手工业与商业城市，如醴陵，是著名的瓷器产地；另一方面就是以物资集散为主的滨水市镇，如邵阳、益阳、常德、洪江等。但无论哪一种城市类型，都与其所处位置的交通体系有重大关系。

湖南东、西、南三面环山，500米以下的丘陵，占湖南全省2/3的面积。北面的洞庭湖出口与长江联运，上溯湘江，可直达广西兴安。其支流耒水，可通郴县，渌水可通江西萍乡。资水、沅江水急滩多，但下游仍可通民船，因此对外联络，大多取水道通长江，这成为日后湖南水运空前发展的原因。以水系沿岸的码头或场镇、驿站为中心，形成了一批有代表性的地区性经济中心城镇。如围绕农业为主的"米市"湘潭，围绕物资集散为主的洪江，围绕"油、米、茶"为主的耒阳新市，等等。

漕运对城市布局的影响主要体现在以下几个方面。

1．总体布局。由于这类城镇本身就是以漕运码头为中心向四周辐射进而形成，因此，在总体布局上依托水面呈线性发展，如耒阳新市街与洪江镇。

耒阳的新市街古镇为明、清商品经济发展初期耒水耒阳段四大口岸（新市街、灶头市、黄泥江、大河滩）和两大码头之一，曾有过"九街十三巷"的记载。新市古街位于耒水东岸，依耒水而建，主要街道分为上、下两街，呈南北走向，并与耒水平行，目前主街残存长度仍有2公里以上，体现出受漕运影响的"线性"布局。

2．道路。在地方性城镇内部，没有像府、县城因连接城墙城门而错综复杂的路网，道路主要以丁字街或十字街为主，特点是沿江方向的街道相对较长，而与之垂直的道路相对较短，直通码头。

街巷格局则根据实际情况而定，如前面所说的新市街，其巷道系统较为完善，除主街外，还有较宽的多人巷、较窄的双人巷以及与耒水垂直的单人巷，客观上满足了漕运货物大量搬运、移动仓储等需求。

3．城市布局与建筑设置。城市的布局除上述的商业功能以外，就是城镇各处分布有大量会馆（商人聚会场所），以及茶馆、酒楼，甚至烟馆、妓院等服务性建筑，根据城市内部功能需要逐一设置。此处要提出的较为特殊的是，由于商业高度发达，城市内部商贾巨富云集，因而建筑往往规模宏大，雕梁画栋，具有浓厚的装饰特色。例如洪江古城中，由于商业的高度发达，就分布有上述的各类服务设施。

三、军事类重镇与城堡型城镇的基本特点

军事类城镇一般位于重要的关隘以及边境地区，同时也跟历朝历代的兵制有很大关系。这类城市布局相对比较简单，主要以屯兵、防御为主。这类城镇的特点是有坚固的城墙围绕，防御性强，城内往往建有营房等设施。商业活动围绕满足屯兵之生活各方面需求设置，例如凤凰黄丝桥古城。

湖南是一个多民族的地区，尤其在湘西地区，一直是土家族、苗族、侗族等少数民族聚居的地方。历史上各朝各代为防止少数民族"作乱"而设置了大量的军事性城镇和屯兵营地，例如凤凰县黄丝桥古城就是一个纯粹驻军的城堡型城镇。

第二节　古代城镇的城防

"筑城以卫君，筑郭以卫民"。可见，城是古代防御体系的核心。中国古代地方城市，一般是采用子城、罗城制度，也就是内、外城制度。内城为府县治所，外城为各种手工业、商业区以及居住区等。湖南地区传统的城市城防，一般只有一道城墙。防御体系包括护城河、城墙、城门、城楼等。同时，湖南地区水系特别发达，山地丘陵众多，因而城市或城镇的城防往往也利用这些天然的山、水屏障，构成外围的防御体系。

一、护城河

城外或有天然屏障如江、河等作为护城河，或者掘壕沟，引水绕城形成屏障，河上设吊桥，以提高进攻难度来增强防御能力。如长沙古城，西边以湘江为护城河，北、东、南三面挖护城河；茶陵古州城以洣水河为护城河。凤凰古城也是临沱江而建，以为屏障。

二、城墙

湖南地区的建城史较早，早在6000多年前的常德澧县城头山，古人就已经开始建夯土城来保卫家园。约2400年前的春秋战国时期楚国于长沙建城，城址到今天一直未变，2000多年前的道路与今天所在位置的街巷依然重合，故此长沙成为中国历史上最长时间在同一地址建城的城市之一。湖南一般县城的周长多数在4~6里之间，城墙高一丈到三丈，四面辟有城门，城隅设有角楼。府城规模稍大，周长9里左右，长的更达到20余里，城门也相应增加，但仍以四面主要方向的城门为主，体现了中国传统的坐北朝南的四方位观念。但由于地形的关系，大多数湖南古城为不规则形状，接近方形或长方形，所以城门并非开在东、南、西、北四方的正中。在城墙上的外侧设置垛口，目的主要是守城时遮蔽自己、窥视和攻击敌人，而内侧则直砌栏板，作为护栏，以防坠落。湖南地区保存至今的古城墙有长沙天心阁明代古城墙、茶陵宋代古城墙、武冈明代城墙以及凤凰县清代古城墙等多处。主要材料都是以当地盛产的石材为主，如麻石、青石或红砂岩等。

三、城门与城门楼

《考工记》虽有"匠人营国，方九里，旁三门"之记述，但后来的大量城市建设实践证明，很少有完全按照这种制度建成的都城，而地方城市更达不到那样的标准。因此，城门的数量根据城市规模、等级、自身条件的制约而有差别。如长沙府城开辟有9座城门，西面临江4座，南面1座，东面2座，北面2座；而茶陵州（县级）城则开辟有6座城门，西、南向各2座，东、北面各1座。

城门是守卫重点，也是城市的标志，因此都要在城门上方建造高大宏伟的城楼。城门处设置瓮城或者关城，以增强防御能力。角楼也是城市城墙的重要标志，因而自明代以后，一般城墙四隅均设角楼。城楼和角楼一方面平时可以作为城防的管理处所；另一方面在战时居高临下，可以进行瞭望，俯察敌情，攻守兼备，因而各地建城即建城楼与角楼。凤凰古城内的东门、北门即清朝遗构；茶陵、邵阳等也根据图志记载，恢复了古城墙上面的个别城楼与角楼。

湖南传统的城楼一般是以2层居多，歇山式屋顶，结合地方传统特色的马头山墙或猫弓背曲线形山墙，砖木结合，黛瓦黑柱，色彩较肃穆。目前大多保留下来或重修的城楼都是清代建筑。角楼1层，为单层歇山顶，砖木结合。

第三节　城镇建筑实例

一、长沙古城

长沙是一座有3000余年悠久文化的"楚汉名城"。《史记·五帝本纪》说，黄帝曾"披山通道，南至于江，登熊、湘"，宋罗泌《路史》载：少昊氏"始于云阳，胙土长沙"。少昊为黄帝之子，可算是开发长沙的第一人。至春秋末期，楚国（荆楚）的势力进入长沙，因"北临洞庭，南接五岭，东交瓯越，西接黔中，为荆鄂之唇齿"，遂成边陲重镇，号为"临湘"。西汉时，长沙王吴芮建"临湘故城"，城北设"故市"，奠定长沙城区的基础。两晋南北朝时期，又在"故市"以北建置"临湘新城"。隋唐时，故城、故市、新城连为一体，形成明清时期长沙府城的基本轮廓。可见，自春秋以降，长沙城址未有重大变化，是中国历史上最长时间在同一地址建城的城市之一，城内更有"定王台"、"贾谊故居"、"马王堆汉墓"等闻名全国的一大批历史遗迹，历史文化脉络清晰，传承有序，内容极其丰富。

长沙古城作为长沙府治所在，既体现出了其作为一般府城的布局特点，又有较为显著的地理、自然特色。首先，长沙城的选址，充分体现了古人利用天然屏障建设城防的特点。长沙城西临湘江，隔橘子洲与岳麓山隔江相望，形成"山—水—洲—城"的城市外环境格局，既有较为完整的城市对外防御体系，也形成了较为独特的地域性城市景观，充分地利用了自然地理条件。在城市布局方面，古城总体上为长方形，南北长，东西短，城周长7公里多，四面共辟有9座城门，其中西面临湘江就有4座，几乎占总数量的一半，反映出临水城市漕运

极其发达的特点。府治所在地位于城市的中心，城内道路主要以城门为起点，南北纵横，其中又以东西向道路为主，通往江边。从保留下来的11条历史街巷，如太平街、朝宗街、坡子街等推测，当时主要街道宽约为8~9米，小街巷宽度一般在3~5米之间。城内有贡院、官学城南书院、文庙等文化建筑，祠庙及宗教建筑如火宫殿、斗姆阁等多处，与手工业、商业建筑、民居建筑等杂处城内。城外则是依托岳麓山、岳麓书院等形成近郊的风景区。

长沙目前保存下来的较为完整体现古城的防御体系的是天心阁城墙，以及2012年在湘江大道东侧的朝宗街地段发现的古城墙遗址。现存天心阁古城墙长226.2米（为明代所筑城墙的1/35），高13.4米，顶面宽6.1米，占地面积5125平方米。而在朝宗街发现的古城墙遗址，据建筑做法和考古地层关系年代分析，此段城墙是宋、元、明三个朝代叠加建造而成。其中，宋代城墙为土心砖表，内部用黄土夯筑，外层用青砖包砌；明代的城墙又在宋代城墙之外采用花岗石条铺砌，把宋城墙加厚了约两米，因此，不同时代的建筑特征十分明显。更为宝贵的是，这段城墙遗迹不同于太平盛世背景下修筑整齐、做法考究的同时期城防建筑，而是具有十分明显的乱世战争背景下紧急加固时凌乱、仓促的痕迹，清楚地再现了当时战争的情况。史书记载长沙城在宋元之间曾经发生过三次惨烈的城市保卫战，而这段城墙显然是这段历史的遗存，极其厚重，因此极其宝贵（图2-3-1~图2-3-3）。

明洪武年间（1368~1398年），长沙守御指挥邱广营建长沙城垣，将元代所筑土城墙全部改用石基砖砌。明末，张献忠率部攻入长沙，城墙曾遭破坏，清顺治十一年（1654年），洪承畴驻节长沙，拆运明藩王府砖石修筑城墙，使长沙再度"城池崇屹，甲于他郡"。清咸丰二年（1852年）城墙又遭太平军破坏。之后历届湖南巡抚先后重修加固，增设炮台九座，并建瓮城（月城），使城市防御系统进一步完善。城墙上除建设有城楼外，在南面城楼的东西两侧还建有天心阁及奎星楼各一座。民国17

年（1928年），长沙开始全面拆除城墙，修建环城马路，由于当时的市政筹备处负责人曹典球力阻，才保留下天心阁处的一段城墙，成为珍贵的历史见证。

天心阁始建于明万历年间（1573~1619年），直至20世纪二三十年代，都曾经有过大修。从保留下来的天心阁老照片推测，天心阁主阁位于城墙之上，为3层三重檐歇山顶，木结构为主，二、三层可登临眺远，建筑整体比例匀称，翘角飞檐，主阁前面设有附属建筑一栋，重檐猫弓背山墙，硬山屋面，临城墙外侧设有檐廊，可供通行。另一侧附属建筑，2层四坡顶，临城墙一侧为五开间，中间开间增设2层抱厦，为卷棚屋面。可惜，该建筑于1938年文夕大火中毁坏，现有城楼上的天心阁为1983年重建的（图2-3-4、图2-3-5）。

二、茶陵古城

茶陵因古时区域内的陵谷多生茶茗而称"茶乡"，后因炎帝神农氏崩葬于"茶乡之尾"而得名"茶陵"。汉高祖五年（公元前202年）就已经置县制，位处"茶山之阴"。清代时设州治，属于直隶州，为县级州。

茶陵古城在选址上，巧妙地利用自然环境，以西面云阳山为天然屏障，引城外洣水入护城河，沿河筑堤，堤上筑城，变害为利，形成三面环水、背屏云阳山的总体格局和以江为险、以濠为堑、以山为屏的外围防御体系。

清代的茶陵州治并不在中心位置，而是靠近城东，古城城墙上共开辟有6座城门，西、南向各2座，东、北面各1座。城内道路近似"井"字形布局，城门内原保留有石板街，宽6米左右。城内有先贤祠庙及文庙等建筑。居住建筑大多沿街而设，无统一规划（图2-3-6）。

茶陵古州城是古城墙结合城防与堤防的

图2-3-1　潮宗街宋元明古城墙遗址1（柳肃摄）

图2-3-2　潮宗街宋元明古城墙遗址2（柳肃摄）

图2-3-3　潮宗街宋元明古城墙遗址3（柳肃摄）

图2-3-4 清末天心阁(柳肃提供)

图2-3-5 1929年天心阁(柳肃提供)

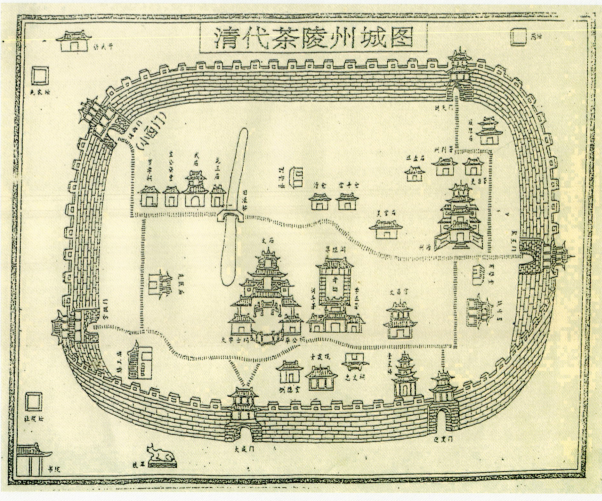
图2-3-6 清代茶陵志图(柳肃提供)

典型实例。建城的历史可以追溯到南宋绍定四年（1231年）。湘南爆发农民起义，义军逼近茶陵。湖南安抚使余嵘遂命茶陵县令刘子迈筑城防卫。刘子迈为降服洪水，在堤上筑城，疏浚护城河，并引洣水入护城河道内，于城外"铸铁犀置江岸，以杀水势"。铁犀呈坐卧状，体长2.1米，宽0.8米，卧高1.1米，重约7000公斤，是我国南方保存较少的铁犀实例之一。至此，茶陵州城"以堤护城，以城防洪，以濠泄洪"，形成其独具特色的堤防系统。后经历朝修、扩建，规模不断扩大（图2-3-7、图2-3-8）。

至清代，茶陵城墙周长已扩至3353米，底宽4.33米，高6米，垛堞1200多个。现存古城墙为宋代的遗构，共4段约1536米，墙体结构表层为红砂岩砌筑，内以泥土、碎石填充夯实，用料讲究，工艺精湛，历经数百年，屹立如初。有城门（含月城）2座、马道1条、护城堤700多米、镇堤铁犀1座、水埠2座。2001年开始，茶陵县政府开始对茶陵古城墙进行修复，共修复古城墙迎湘门至铁犀段古城墙484米，迎湘门城楼1座，角楼1座。城楼2层，重檐歇山顶，底层五开间；角楼为单层歇山顶，两栋城楼均为清代城楼建筑风格，粉墙黛瓦，颜色古朴，与古城墙交相辉映。茶陵古城墙是湖南省境内现存唯一保存较为完好的宋代石头城墙，由于南宋城墙在我国南方地区保存下来的较少，因此茶陵古城墙具有较高的历史文化价值（图2-3-9）。

古城内街巷格局尚存，主要以连接迎湘门与南门之间的道路——现称人民街为主。城内散存有大量的明、清至民国时期的建筑，有民居、祠堂以及近代公馆建筑等，一般为2层，砖木结构，底层层高较高，二层山墙搁檩，小青瓦屋面，建筑山墙一般砌筑考究，墙头堆塑精美，往往以圆雕、透雕的形式来表现生动的人物或者动物形象，屋檐檐口以下施彩绘，题材广泛。自迎湘门城楼内侧100米向外至交际巷，保存有大量的民国至新中国成立后的民居，建筑结构清晰，雕饰精美，以2层为主，是

图2-3-7 镇河铁犀（田长青摄）

图2-3-8 古城城墙遗址（柳肃摄）

图2-3-9 茶陵城楼（柳肃摄）

难得的具有民国时期建筑风貌的街巷（图2-3-10～图2-3-12）。

三、黔城古镇

黔城，位于沅江上游，旧为黔阳县县治所在地，现为洪江市市治所在地。始建于汉代，距今已有两千多年的历史，是湘楚苗地边陲重镇，素有"滇黔门户"和"湘西第一古镇"之称，既是地方行政中心，也具有较为重要的经济、军事地位。古城至今仍较好地保持了明清时期的古城风貌。

黔城的选址极具特色，据清康熙年间（1662～1722年）《黔阳县志》记载："黔城上扼滇黔，下控荆襄，南临交广，北塞溪峒。"可见其地理位置极其重要。同时，黔城以境内龙标山为中心，依托沅江与潕水，三面环绕，巧妙地利用了自然山水作为天然屏障，加强了城市城防建设，使其军事上易守难攻。

古城总体布局呈方形，但南、西两边随潕水、沅江之势而筑，因地制宜，历史城区总面积约0.8平方公里。古城原有五个城门，今存四座，其中西门又称中正门，其城门及门楼保存完好，门上"中正门"三字系民国时期戴笠所书。城墙采用红砂岩，尚有残存部分明代的城墙城垣遗址，与西正街相连（图2-3-13、图2-3-14）。城内东、西正街与南、北正街十字交叉，通向城门，形成古城的十字轴线。相交之处，空间尺度较大，是重要的集散空间。县衙署位于南正街，因此又称为府前街。黔城古镇的街巷体系独具特色，东、西正街与南、北正街并不是直接相对接，而是通过宽窄坡度的变化、丁字路口的处理、巷道的错位相交、尽端小巷的安排、街巷入口门楼的设置等方式造成丰富多变的街巷景观，是防止外敌入侵的关键组成部分，体现其作为军事防御型古城镇街巷的特点。在护城河、城墙与城楼构成的一般防御体系外，构筑了城镇内部独有的防御体系。转折型的布局使敌人进入城中，兵力、车子都不能直通，这样容易截击敌军，既可迷惑侵犯者，又使其不容易逃脱。同时，巷内有很多高大的封火山墙，如南正街，将沿街巷两侧的建筑连为一体，下部有门洞连通，上部则将木构建筑隔断为若干

图2-3-10 古城街景1（田长青摄）

图2-3-11 古城街景2（田长青摄）

图2-3-12 古城街景3（柳肃摄）

图2-3-13 中正门及城墙（柳肃摄）

图2-3-14 黔城古城街景（西正街）（柳肃摄）

图2-3-15 南正街内的山墙（柳肃摄）

单元，避免木构建筑突发火灾时火势的蔓延（图2-3-15）。

黔城自古商贾云集，漕运发达，因此沿江各处会馆建筑与祠堂建筑数量众多。城内街巷两侧均设有大量的临街商铺，或前店后宅，或下店上宅。城内现存建筑多为明清时期遗构，建筑材料就地取材，大量使用本地特有的红砂岩、青砖、青石板、小青瓦、杉木等，表现出明显的地域特色。黔城地处湘楚苗地边陲，城内除汉族外，聚居着大量的侗族、苗族同胞，因此，建筑风格有机地融合了当地

图2-3-16 南正街内景1（柳肃摄）

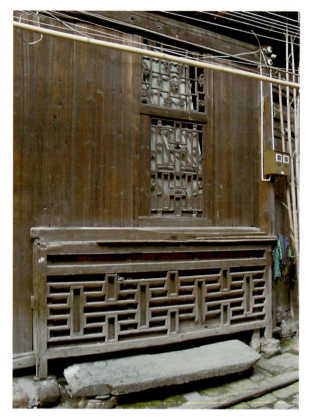

图2-3-17 南正街内景2（柳肃摄）

侗族、苗族的建筑特色。由于地域内多匪患，因而形成了高墙深院、不见阳光并常带有晒楼的窨子屋（图2-3-16、图2-3-17）。

城内因商业发达，建有多处会馆与祠堂、宗教建筑等公共建筑，其中芙蓉楼为江南名楼之一，有"楚南上游第一胜迹"之誉。因王昌龄《芙蓉楼送辛渐》诗而闻名。该楼临河而建，景色优美，为古城标志性建筑之一（图2-3-18）。

四、洪江古城

洪江古城坐落在沅江、㵲水汇合处，漕运发达，古代是著名的驿站和商贸场镇。它始建于春秋时期，明清时期达到鼎盛，以桐油、木材、白蜡、鸦片等物资集散而闻名，是滇、黔、桂、湘、蜀五省地区的物资集散地，是湘西南地区经济、文化、宗教中心，素有"湘西明珠"、"小南京"、"小重庆"、"西南大都会"之美称。因此，洪江古城在性质上

图2-3-18 窨子屋入口山墙（柳肃摄）

属地区性的经济中心城镇，而商业高度发达是洪江古城区别于其他地方城镇的主要特点。

洪江古城位于五溪地区——沅江中上游及其支流地区的中心，也是当地少数民族活动的中心。因大船只能通航到洪江为止，此后就得改行体积较小

图2-3-19 太平宫入口（柳肃摄）

的苗船。而沅江在洪江古商城境内拐了三个弯，因此使之成为木材集散和水路运输的良港。得天独厚的自然地理条件，为古城发展壮大提供了坚实的基础，为城市布局及选址提供了条件。

洪江古商城选址背倚嵩云山，三面环水，城市整体布局呈近似方形。由于水系发达、商业繁荣，因此，城市布局沿水边呈线性发展，沿江设置大量码头。

在洪江市志中，北宋熙宁八年（1075年）就有洪江寨的记载。资料显示，洪江早在明末清初，商业就日趋繁荣，外籍商人为联络族谊之情、维护同乡利益各成一帮，相继设立会馆，著名的有"十大会馆"。"十大会馆"或坐落于深巷，或筑于高坡，格式乃宫殿兼楼宇。每馆都有一个宫名，如江西馆称万寿宫，福建馆称天后宫，宝庆馆称太平宫，七属馆称关圣宫。有正殿、偏殿、正厅、客厅、客房和戏台等，用以共同祭祀和维系乡情，会馆建筑更是洪江因商而兴的见证（图2-3-19）。

城内街巷格局保留完整，既有尺度较大、较为宽敞的街道，也有尺度较小、仅容一两个人通过的窄巷，并在巷道的二层用过街廊连通（图2-3-20、图2-3-21）。这样设置的主要原因是宽敞的街道是适应商城的商业需求设置，而窄巷则是出于防御的目的。洪江地区自古多匪患，且苗、汉之间冲突也时有发生，因而出现了这种宽窄结合的街巷布局。

图2-3-20 洪江街景（柳肃摄）

图2-3-21 一人巷（柳肃摄）

洪江城内住宅多为窨子屋，两进2层或两进3层，根据临街面朝向不同，入口或正面或侧面，但是四周都是青砖砌的封火高墙，有的窨子屋因为作仓储或者大型商铺用，里面还设有较高的罩厅，中堂极为高敞，采用穿斗式木屋架，木窗木间壁，隔扇窗往往精美绝伦，体现了经济高度发达的传统商业城镇昔日的繁华景象。中堂一般有干天井或湿天井，干天井主要是在天井上空增设罩厅，一般高出门厅或者堂屋屋面，天井内一年四季都不淋雨，但是可吸纳阳光、空气和雨露，改善室内环境。廊阶一律用平整的青石板铺成，有的一块长至丈余。窨子屋里还有江南罕见的用青石板镶制成的太平缸，大的长约2米，宽高约1米，每一面都雕刻着精美的吉祥图案。由于庭院幽深，为了弥补阳光的不足，大多窨子屋顶上都有一个晒楼（图2-3-22、图2-3-23）。

五、凤凰古城

凤凰古城原名镇竿，位于沱江之畔，群山环抱，自古以来一直是苗族和土家族的聚居地区，明代始设五寨长官司，清代置凤凰厅，因城西南有一座小山，形态酷似展翅而飞的凤凰，古城因此得名。2001年被国务院列为中国历史文化名城（图2-3-24）。

作为少数民族聚居地，凤凰古城也是作为朝廷驻兵防范少数民族"作乱"的军事重镇之一。同时，凤凰古城也位于"五溪"地区，与川、黔毗邻，因而地理位置十分重要（图2-3-25）。

凤凰古城始建于清康熙四十三年（1704年），古城布局基本呈方形，城墙采用当地盛产的红砂岩砌筑，工艺较为考究，现存东门和北门。

东门城楼位于城东，紧靠沱江，原名"升恒门"，为凤凰古城四大城门之一。东门城楼始建于清康熙五十四年（1715年），城门下部由紫红砂岩砌成，上部城楼则用青砖砌筑。城门宽3.5米，高4米，呈半圆拱，两扇城门都用铁皮包裹，用圆头铁钉密钉，牢实坚固。城墙修筑全部用红砂条石，精工细作，规格一致，墙厚0.8米，下部内、外两侧用条石加石灰浆砌成，中间填以碎石黏土，层层夯实；顶部的中

图2-3-22　洪江窨子屋（柳肃摄）

图2-3-23　窨子屋的晒楼（柳肃摄）

图2-3-24 凤凰古城鸟瞰(柳肃摄)

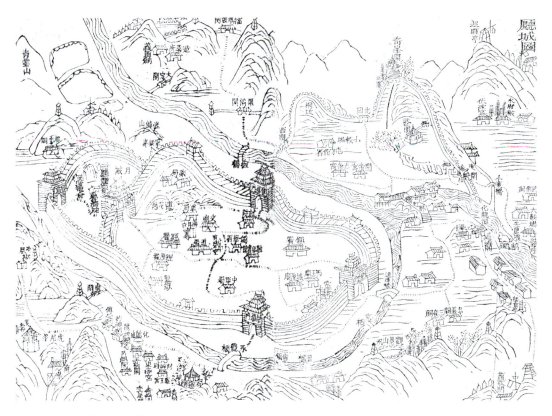
图2-3-25 凤凰厅城图(柳肃提供)

图2-3-26 北城门楼及城墙（柳肃摄）

图2-3-27 老街内景1（柳肃摄）

图2-3-28 老街内景2（柳肃摄）

间填充物改为石灰、鹅卵石、黄土拌成的三合土，厚约0.33米，上面铺以红砂块石。城楼高11米，大门上方有枪眼8孔。歇山屋顶，覆以腰檐，飞檐翘角，精美壮观。

北门古城楼始建于明朝。元、明时凤凰为五寨长官司治所，有土城。明嘉靖年间从麻阳移镇竿参将驻防于此，嘉靖三十五年（1556年）土城改建为砖城，开设四大门，各覆以楼。到清朝，古城的军事地位日显重要，先后在这里设凤凰厅、镇竿镇辰沅永靖兵备道治所，古城的建设也得到加强。清康熙五十四年（1715年）遂将砖城改建为石城，北门定名为"壁辉门"，一直保存至今。北门古城楼采用本地红砂条石筑砌。城门呈一半月拱，有两扇铁皮包裹。圆头大铁钉密铆其上的大门。城楼用青砖砌筑，重檐歇山顶，穿斗式木结构。城楼对外一面开枪眼两层，每层4个，能控制防御城门外180°平面的范围。城门外临河砌筑半圆形城墙一道，设门洞一道，与城楼形成瓮城的格局。北门城楼与东门城楼之间城墙相连，前临清澈的沱江，既有军事防御作用，又有城市防洪功能，形成古城一道坚固的屏障，虽几经战火，仍巍峨耸立于沱江河岸（图2-3-26）。

凤凰古城的街巷格局十分完整，有登瀛街、文星街、南边街、北边街、中营街、东正街、十字街等，其中又以连接东门的东正街为主轴，各街道又连接无数小巷，沟通全城。凤凰古城的标志性建筑之一虹桥，原名卧虹桥，历史悠久，连接两岸市街。城内青石板街道，沿江成排的木结构吊脚楼，蔚为壮观。城内古建筑众多，朝阳宫、杨家祠堂、沈从文故居、熊希龄故居、天王庙、大成殿、万寿宫等，形成古城特色（图2-3-27～图2-3-31）。

六、武冈古城

武冈位于湖南省的西南部，是湘西南地区的中心城市，为湘桂门户，素有黔巫要地之称。武冈历史悠久，东周时系楚地，秦时属长沙郡。汉文帝时（公元前179年），始设武冈县治于今天的市郊七里桥地区，毗邻资水而建，后置都梁侯国。宋元时期为府、路、

图2-3-29 沱江边的吊脚楼1（柳肃摄）

图2-3-30 沱江边的吊脚楼2（柳肃摄）

图2-3-31 名塔及万寿宫远望（柳肃摄）

军、州治，明清时期为府、州。1913年9月废州为县，1994年2月18日撤县设市。

清代武冈州城图显示，古城略呈不规则方形，东、南、西三面共设有城门7座，其中东、西水门2座，北城墙地势较高，设大、小炮台各1座。城内北侧有"故小王城"城墙一道。外城墙根下还设有通渠。城内道路主要以东西向的西正街、南北向的南正街相交而成的丁字街为主，现已成为历史文化街区，加以保护。城内署守位于城南，与南侧城墙相距不远，城内设有文庙、署学、天后宫、关帝庙、育婴堂等文化、宗教、民间慈善机构等（图2-3-32）。

古城城楼已毁，仅剩城墙，现有一座城楼为20世纪90年代以后新建的。目前保留下来的古城墙高度大约在9~10米之间，城墙采用本地盛产的青石砌筑而成，单个石块体量巨大，整体砌筑严整、契合，高大坚固，因而有"东安狮子宝庆塔，武冈城墙甲天下"的说法。古城墙曾遭日军炮轰，但仍然保存完好，实为建城史上罕见（图2-3-33）。

城内街道至今仍部分保持着历史的风貌。值得一提的是，武冈古城相对重视水利建设，东西水门内皆设有水渠，流经故小王城外，疑为故城的护城河，外城建设以后，成为城市内河，也较好地解决了城内灌溉、城市用水以及漕运的问题（图2-3-34、图2-3-35）。

图2-3-32 城墙及通渠（柳肃摄）

图2-3-33 武冈城墙（柳肃摄）

图2-3-34 武冈城内老街（柳肃摄）

图2-3-35 封火山墙（柳肃摄）

古城内建筑主要以硬山式为主，封火山墙鳞次栉比，内部穿斗式木屋架，以木间壁作为围护结构，建筑1~2层，主要居住在一层，二层一般堆放杂物，或者在人口增加时才局部作为住宅。封火山墙墀头一般装饰性很强，做两级或者三级叠涩，侧面饰以彩画或拐子龙灰塑，栩栩如生，墙头则堆塑卷草等。建筑花窗雕饰精美，靠建筑外侧主要采用灰塑，具有较强的防御型特征，而建筑内部才采用装饰精美的木窗，显示出较强的装饰性和内向性。主要街道的两侧一般为商铺，多为木结构，店铺之间间或用山墙间隔，一方面能起到防火的作用，另一方面也可以在山墙的侧面悬挂招牌或书写店铺的名称，形式与功能统一。（图2-3-36、图2-3-37）

七、永州潇湘古镇

潇湘古镇，位于潇水和湘江汇合处，始建于唐代，是湘、桂、粤水陆之要冲、交通之枢纽，是自北向南进入广西、广

图2-3-36　临街商铺（柳肃摄）

图2-3-37　谢家院子（柳肃摄）

东的重要驿站，地理位置十分重要。潇湘二水汇合以后，即为湘江，南北纵横于湖湘大地，坐落于源头的潇湘古镇，应是当之无愧的湖南第一古镇。《老埠头新加义舟记》记载："潇水自九嶷百折入于永州北十里老埠头，与湘水会合后，为最古之名区。五代时设有镇司，曰潇湘镇；明时改设驿丞，曰湘口驿。"清朝，潇湘古镇作为交通要驿和零陵县城关厢重要的人流、物流集散地，其街市拓展延伸，自南而北，纵深长达七里，并跨越湘江，形成了"半边铺子一条街，一镇通达湘两岸"的历史最大规模。至民国初年，而逐渐衰落（图2-3-38～图2-3-40）。

古镇内原有专门祭祀潇湘二川之神的潇湘庙，明洪武年间因受敕封而规模达到鼎盛。古镇内现保存有较完整的青石板古驿道、古石拱桥和地处湘江两岸的商埠码头等（图2-3-41）。

镇内主要的老街尚存，沿江面展开，两侧商铺、客栈、民居相间置立，主要以单层为主，沿街商铺仍然清晰保留着前店后宅的格局，临街柜台更是保存完好，建筑均是采用青瓦、砖墙、木板壁等当地材料构筑，风格古朴，地域特色明显，墙壁上隐约还有斑驳的商号字迹，诉说着商业市镇的历史（图2-3-42、图2-3-43）。

八、黄丝桥古城

黄丝桥古城位于凤凰县城西边24公里处，古代称渭阳城，始建于唐武则天垂拱二年（公元686年），距今已有1300多年的历史。清康熙三十九年（1700年），朝廷为管制和镇压西南地区的少数民族，在这里设立了凤凰直隶厅和沅永靖兵备道，并修筑"边墙"以隔离少数民族地区，这就是今天所谓的"南方长城"。黄丝桥古城即属于边墙上的一个重要据点，是苗汉相争的前沿阵地（图2-3-44）。

古城坐西朝东，是一座石头城，城墙全采用大块青色石灰岩构筑而成，最大的约重2000斤，小的也有1000余斤，石面平整，工艺讲究。城墙东西长153米，南北长190米，周长686米，总面积2.9万平方米，城墙高5.6米，厚2.9米，城墙顶面走道宽2.4米，可以跑马。古城东、西、北三门，分别命名"和育门"、"实城门"、"日光门"，每座城门上均建有高大城楼（图2-3-45）。

图2-3-38 汇合处远景（柳肃摄）

图2-3-39 老埠头新加义舟记石碑（柳肃摄）

图2-3-40 码头驿道（柳肃摄）

图2-3-41 青石板街（柳肃摄）

图2-3-42 商铺（柳肃摄）

图2-3-43 临街柜台（柳肃摄）

图2-3-44 古城墙（高雪雪摄）

图2-3-45 和育门城楼（高雪雪摄）

城楼均为重檐歇山式屋顶，盖小青瓦，底层外侧与城墙垛口结合，墙面通高至二层屋檐下，只留箭窗，一层无出挑屋檐，仅用青砖平墙面斜砌45°叠涩，样式精美，突出了防御性。其余三面一层均有出挑的屋檐相接，二层设有回廊，木质栏杆十分精美，建筑整体比例得当，青砖砌筑考究，飞檐翘角，十分壮观。

九、永顺王村镇

王村镇位于永顺县南端，至秦汉时期才成为酉水的一个码头市集，西汉时置酉阳县，因得酉水舟楫之便，上通川黔，下达洞庭，自古为永顺通商口岸，素有"楚蜀通津"之称。享有酉阳雄镇、湘西"四大名镇"、"小南京"之美誉。王村镇的来历一说是土王驻地所在，即土家族王城之一；一说唐末彭氏土王设土司城于老司城以后，酉阳古城逐渐废弃因而改名"王村"。承袭至今已有两千多年的历史。溪州铜柱是王村镇的重要历史遗存。

王村镇临酉水而建，是典型的山地市镇。因地形所限，王村镇总体布局沿酉水支流营盘溪向东北扩展，呈带状展开（图2-3-46）。

酉水北岸是王村镇重要的集散码头，自码头拾级而上有约绵延5公里的石板街，是王村镇内的主要街道，保存了较好的传统街巷格局，街宽2～3米，街道（图2-3-47）两旁为土家族、苗族民居建筑，以穿斗式木构架形成的吊脚楼为主，屋面悬山顶，吊脚楼部分的屋面为突出特色，往往做成歇山的形式（图2-3-48、图2-3-49）。临街底层设商铺，二层为住家，商住结合，是典型的下店上宅模式，主要装饰部位在于临街的花窗、隔扇门、栏杆等处，带有浓郁的民族风格。

王村镇内的建构筑物主要采用当地盛产的建筑材料如木材、青石、小青瓦等，色彩质朴，因形就势，与山地、溪流等自然环境相辉映（图2-3-50），体现了山地环境下的地域性、民族性市镇建筑的特色。

十、龙山里耶镇

里耶镇，位于湖南省武陵山腹地，湘、鄂、渝、黔四省市在此交界，隶属湘西土家族苗族自治州龙山县，与王村、浦市、茶峒并称为湘西四大古镇，是土家族聚居地之一。"里耶"在土家语里是开拓这片土地的意思。

早在距今六千年前，里耶就有人类居住。但由于交通不便，其经济文化一直较为落后。直至清康熙年间始建街道和码头，清雍正年间设置里耶塘，并渐成集市，一度繁荣。2002年，因在古城古井内发现了大批的秦简，而被称为"秦简故里"（图2-3-51）。

根据考古资料，里耶战国古城临河而建，始建于战国时期，史载

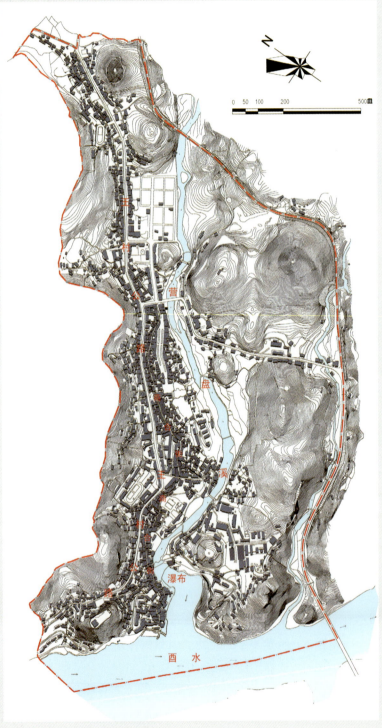

图2-3-46 王村布局（柳肃摄）

图2-3-47 石板街内景（柳肃摄）

图2-3-48 吊脚楼1（柳肃摄）

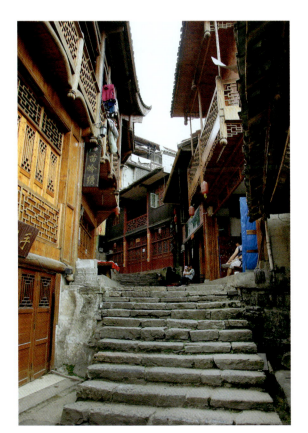

图2-3-49 吊脚楼2（柳肃摄）

图2-3-50 营盘溪小瀑布（柳肃摄）

图2-3-51 考古遗址现场（柳肃摄）

为楚国军事城堡，秦统一后沿用至汉代。古城呈长方形，其形制、结构和布局都很讲究，修有城墙城壕。城外为平民居住区，城内为高规格建筑，推测为贵族府邸，各类生活配套设施相当完备。古城南北长210米，东西残宽120米，面积2万余平方米。遗址包括城墙、城壕、井、道路、作坊、官署及贫民居住区等。古城的北城墙和西城墙下部保存完整，城墙残高2米，底部厚24米，系夯筑而成，墙两面护坡用大卵石垒砌，系经楚、秦两代修筑。在古城墙外有6米宽、3米深的护城河，防御体系完备。

现存的里耶古镇成形于清代初期，跨酉水两岸，大者为镇，是里耶镇的主体，小者为村。里耶镇在清代就有中孚街、稻香街、辟疆街、万寿街、江西街、四川街和德邮巷等七街十巷，至今仍保存着完好的格局。因古镇为四省门户，漕运发达，因此商业一度繁荣。古街两侧大小商铺鳞次栉比，清代时改青石板街面为三合土泥鳅背街面，可直通河码头（图2-3-52～图2-3-54）。

临街建筑大多是前店后宅，两进三开间，硬山式小青瓦两坡顶为主。室内穿斗式木屋架，底下青石基础，青石台阶，砖墙下部平砌，上部斗砌，墙檐下施彩画、泥塑等，造型精美，砌筑考究，木质围护结构也十分精致，表面施桐油，色彩古朴，底层隔扇门、柜台以及铺面板结合，二层木楼板，配以精美的栏杆、花窗等，独具匠心。每户之间均建

图2-3-52　古镇俯瞰（柳肃摄）

图2-3-53　古街俯瞰（柳肃摄）

图2-3-54　老街内景（柳肃摄）

图2-3-55　窨子屋俯瞰（柳肃摄）

有青砖马头山墙，檐口有叠涩，墀头有堆塑或者彩绘，一般墙脊多为曲线，做三级跌落式处理，起到分户、防火以及美化建筑形体的作用，大户人家则采用高墙深院的"窨子屋"，即四周用高大尺度的山墙，将建筑围合起来，只留有一至两处出入口，内部建筑结构以穿斗式木构架为主，一般设有精美的门窗、雕饰等，自成体系，便于防御匪患和防止火灾（图2-3-55）。

明代时，里耶镇即建有大量土家族的公共建筑，如八部庙（即土家大摆手堂）、婆婆庙、土王祠（即土家小摆手堂）等；清改土归流以后，大量汉族商贾迁入里耶，又先后兴修了文昌阁、雅麓庵、万寿官、关帝宫、水府宫、青平寺、龙吟寺等。

十一、龙山洗车河镇

洗车河镇始建于唐朝末年，传说土王吴著冲率领土家人迁徙途中，命人在此洗车而得名，后成为土家族、苗族聚居地。因古时周边交通不便，而洗车河镇位于酉水支流红岩溪河与猛西小河的交汇处，是龙山封地唯一的一处小码头，因此一度繁荣（图2-3-56）。

洗车河镇跨河水两岸，中间用廊桥相连通，两岸建筑布局呈线性各自沿河展开，主要街道与河流平行，再用小巷通往河边码头（图2-3-57）。因古镇整体坐落在红砂岩岩体之上，内街地形高差大，可利用的平地不多，因此单体建筑一般规模较小，1～2层为主，各自依山就势而建，临街多设有商

图2-3-56 远望小镇（柳肃摄）

图2-3-57 沿河建筑布局（柳肃摄）

图2-3-58 建筑近景（柳肃摄）

图2-3-59 山地内街（柳肃摄）

铺、柜台等，建筑多为穿斗式木构架，木间壁围护结构，临街设有可拆卸的木板门，以满足多样的使用需求（图2-3-58、图2-3-59）。建筑小青瓦两坡顶，色彩古朴，局部设有封火山墙，是典型的山地城镇（图2-3-60、图2-3-61）。

　　临河的建筑都采用吊脚楼的形式，底层的支撑或支护在岩壁上，或者深入水中，鳞次栉比，蔚为壮观。镇内廊桥是连通镇内交通的最主要交通媒介，横跨河面，底部为石构桥墩，上部为悬臂木梁支撑，廊内临水设置有美人靠，既可供平时驻足休息，也可供特殊节日时的集会之用等（图2-3-62、图2-3-63）。

图2-3-60 依山就势的建筑（柳肃摄）

图2-3-61 临水的吊脚楼（柳肃摄）

图2-3-62 远望廊桥（柳肃摄）

图2-3-63 廊桥内景（柳肃摄）

湖南古建筑

第三章 宗教建筑

湖南宗教建筑分布图

（地图引自：中华人民共和国民政部编.中华人民共和国行政区划简册2014.北京：中国地图出版社，2014.）

1. 衡山南岳庙
2. 长沙麓山寺
3. 衡山南台寺
4. 长沙开福寺
5. 湘乡云门寺
6. 沅陵龙兴寺
7. 长沙陶公庙
8. 邵阳水府庙
9. 永顺祖师殿
10. 宁乡密印寺
11. 衡山祝圣寺
12. 张家界普光寺
13. 石门夹山寺
14. 蓝山塔下寺
15. 长沙云麓宫
16. 永州武庙
17. 新邵文仙观
18. 桃源星子宫古建筑群
19. 洞口秀云观
20. 凤凰天王庙
21. 通道白衣观

第一节 古代宗教建筑发展概况

一、古代佛教建筑发展概况

湖南佛教建筑源远流长，自两晋时代至今已有一千七百年的历史。佛教建筑是佛教僧侣居住修行、进行法事活动的场所，包括寺庙、庵、院、堂、精舍、道场等。寺，原是中国古代官署的名称，如大理寺、鸿胪寺，后因中国最早的佛寺白马寺是由汉明帝时（公元28～75年）的鸿胪寺改建的，因而佛教用寺来称谓僧众供佛、聚居修行的处所。一寺之中可以有若干院，其后也有的合称为寺院。佛寺又称庙，或寺庙连称，庙本是奉祀祖先和前代贤哲之处，佛教也用以作为奉祀神佛的地方。此外，古代隐世修行者所居的茅屋，原称为"庵"，佛教借用而称尼姑所居的佛寺为"尼姑庵"、"尼庵"。

湖南的佛教建筑与佛教在湖南的起源、传播与发展密不可分。湖南佛教萌芽初步发展的时期为两晋（公元265～420年），是由今浙江省嵊州市附近葛砚山一个叫竺法崇的沙门到当时荆州辖地长沙郡（今长沙市）创建麓山寺才开始传入。这一时期长沙郡已建有麓山寺，同属长沙郡的巴陵县（今岳阳市）建立楚兴寺，刘阳县（今浏阳市）建普济寺，武陵郡龙阳县（今汉寿县）建香积寺，均属荆州。湘州衡阳郡重安县（今衡阳县）建云龙寺。这五个寺院均在晋代兴建。

南北朝时期（公元420～589年）是湖南佛教加快发展的时期。南朝的宋、齐、梁、陈四个王朝，各朝政府均设立僧官，佛教比起东晋时期（公元317～420年）风气更盛，而且加快了发展速度。这时期湖南新建的著名寺院包括湘州湘东郡临丞县（今衡阳市）的乘云寺；湘州长沙郡道林寺；湘州衡阳郡湘乡县（今湘乡市）东山寺、云溪寺；湘州衡阳郡衡阳县（今衡阳市南岳区）善果寺、方广寺、般若寺（又名福严寺）、南台寺、天台寺等。

隋代（公元581～618年）是湖南佛教蓬勃发展的时期。隋文帝和隋炀帝均崇信和提倡佛教，在全国范围内大量建造佛塔与佛寺。隋文帝时期，朝廷派人分送舍利在33州建塔，衡州衡岳隋舍利塔就此建成。公元603年时在潭州（今长沙市）麓山寺附近建隋舍利塔。公元604年在30州建塔，湖南也有一处。

唐代（公元618～907年）是湖南佛教历经时间最长又发展最为繁盛的时期，尤以禅宗的发展最为突出。因此湖南的禅宗寺院大为兴盛。唐朝的统治者对儒释道采取兼收并蓄的态度，但反佛斗争一直不断。在此期间，除唐武宗坚决反佛以外，其他帝王大多提倡佛教。唐玄宗开元二十六年（公元738年）在全国诸郡建立龙兴寺、开元寺。当时永州零陵郡就曾建有龙兴寺和开元寺。唐肃宗至德二年（公元257年）令五岳各建寺，多为帝王祭祀所需。唐代宗广德二年（公元764年）命立大明寺于衡山。三年后衡阳节度使张昭用赤金铸成大像高49尺。唐文宗开成元年（公元836年）昭天下寺院立观音像。湖南在唐代著名的寺院有：衡州衡山县清凉寺、祝圣寺、大明寺、横龙寺；岳州巴陵县白鹤寺、永庆寺；永州零陵县法严寺、绿天庵、龙兴寺；澧州石门县夹山寺；澧州澧阳县钦山寺、药山寺；潭州益阳县密印寺、同庆寺、白云寺（以上三寺均在今宁乡县）；潭州浏阳县石霜寺、道吾寺；潭州湘潭县石塔寺等。这些寺院大多为禅宗寺院。

五代十国时期（公元907～979年）湖南佛教继续发展，在今湖南境内的楚国，楚王马殷父子信佛，建开福寺（今长沙市内）。

宋代（公元960～1279年）湖南佛教仍然以禅宗最为盛行。宋朝时中国思想界呈现出儒、佛、道"三教合一"的大趋势，其中最主要是儒佛的融合，宋代理学思想体系的创立，即是"三教合一"思潮的形成和完善。在"三教合一"思潮的影响下，宋代佛教与前代有所不同，与道教、儒教相融合，其中禅宗成为三教合流的佛教代表，同时，佛教内部也出现了融合的趋势。作为当时的南岳衡山，宗教及其建筑得到了从未有过的大发展。当时的寺院一般分为三种，即禅寺、教寺、律寺，衡山则融教、禅、律三位于一体，在积极宣扬禅宗的同时，又在教内提倡教禅合一之学，在教外提倡三教一致思想。宋王朝于佛教政策方面，在湖南做了四件大事。①宋太祖开宝四年（公元971年）雕刻"大藏经"，经过13年终成，后分赐各地。岳州巴陵县乾明寺得赐一部。②宋太宗太平兴国三年（公元978年）赐天下无名寺额，称太平兴国寺或乾明寺，如澧州澧阳县钦山寺和岳州巴陵县永庆寺均改为乾明寺。③宋徽宗大观元年（1107年），崇道抑佛，使得当时的道士地位居于僧人之上，许多僧人不服而被逮捕或流放。④宣和元年（1119年）下诏改佛为大觉金仙、服天尊服，变菩萨为大士，僧为德士，尼为女德士。改寺院为宫观。同年，下诏建神霄殿，如衡山县南岳报国寺（今祝圣寺）曾改名为神霄宫，后恢复为寺。经北宋一百余年的建设，南宋文化总体处于上升期，不但原有的文化得到了复兴，而且还有所发展，颇具特色。当时佛教极其兴盛，尤其是禅宗，相对于其他各宗占了压倒的优势，几乎成了南宋中国佛教的代名词。宋室南渡后，国家的政治、文化中心随之南移，禅宗寺院多集中在江南一带。江南的寺院在宋朝得到了前所未有的发展。

元代（1271～1368年）是湖南佛教开始日渐衰落的时期。朝廷管理佛教的机构，最初设为"总制院"，后改为"功德使司"。元代湖南佛教开始衰落，当时新建的著名寺院不多，其中有耒阳市金钱寺、沅陵县正道寺等。

明代（1368～1644年）是湖南佛教恢复和发展的时期。明太祖洪武元年（1368年）设"善世院"，统一管理僧众。自明代开始由礼部对佛教实行行政领导。将寺院分为禅寺、讲寺、教寺三类，把应赴僧叫作瑜伽僧，提出整顿的各项措施。明成祖永乐十八年（1420年）诏令南北两京各刻大藏经一部，前者称《南藏》，后者称《北藏》。刻印的大藏经分赐各地，如衡阳花药寺、南岳方广寺、临湘至源寺曾各受赐一部。当时明王朝比较重视佛教，许多被战火烧毁的寺院于明代得以重建。特别是明代后期僧人大建佛寺，当时新建的寺院包括岳州府临洞县至源寺，长沙府湘潭县海会寺，衡州府衡山县护国寺、慈贤寺，长沙府湘乡县白云寺等。

清代（1644～1911年）是湖南佛教日渐衰落的时期。清代佛教的行政管理制度与明代大致相同。清乾隆三年（1738年）重刻汉文大藏经，成为《龙藏》。南岳福严寺、岐山仁瑞寺曾各受赐一部。清前期佛教尚勉强维持局面，禅宗占主要优势。清后期，从鸦片战争（1840年）以后，湖南佛教日渐衰落。

目前省内保存较好的佛教寺院有南岳庙、南台寺、长沙开福寺、古麓山寺、湘乡云门寺、沅陵龙兴寺等。

二、古代道教建筑发展概况

湖南道教的传布始于两晋南北朝时期（公元265～581年）。当时道教逐渐形成完备的状态。道教认为宇宙万物都是由"道"所化生而支配的，而清静则是道的根本。其方术包括卜筮、占星、医术、祈祷、符咒、驱鬼、祭祀等活动，强调积德可以成仙。东晋太兴年间（公元318～321年），女官祭酒魏华存至湖南省南岳潜心修道16年，宣讲上清经录，成为湖南最早的道教传播者。由此推算，湖南道教已有一千七百余年历史。

魏晋之间的黄老道杜巽才（称铁脚道人）游南岳，拜祝融。晋武帝时封"太微先生"的王谷神和"太素先生"的皮元曜，同居南岳，在云龙峰栖真观金母殿炼内外丹数年，胎息还元，数年成道。此后陆续在南岳修炼的著名道士还有陈兴明、施存、尹道全、陈惠度、徐灵期、张昙要、张如珍、王灵舆、邓郁之九人，其修道处先称九真观，后名"九仙观"。他们在此注《道德经》，传播《黄庭内景经》、《右上宝文》及《五岳真形图》，使道家哲学与神仙之说深入人心。隋大业八年（公元612年），炀帝命道士蔡法涛、李法正至衡岳观焚修，兴行教法，将衡州府库田畴什物赐观使用。隋炀帝还敕建上封寺。唐朝皇帝李渊、李世民以道教崇奉的老子姓李，自认为是老子后裔，大力提倡道教。特别是唐高宗李治即位时（公元650年），尊太上老君为"太上玄元皇帝"，敕令各州建道观。在这一时期，南岳先后建有大庙、黄庭观，郴州市先后建有苏仙观、橘井观、成仙观、露仙观，宁远县建有鲁女观，常德市建有太和观，浏阳市建有升冲观，茶陵县建有洞真观，岳阳市建有大云山祖师殿、真君殿等。道教在湖南有很大的发展，而且名道辈出。

由唐至宋，道教各宗派逐渐合流，主要归为"正一派"。道教在宋朝成为第二大宗教。宋真宗即位后，命人编辑《道藏》，大建宫观，并在太学中设置道经博士。湖南道教亦盛极一时。南岳山中高道陈兴明、施存、徐灵期、尹道全、陈慧度、张昙要、申泰芝、单维岳等人，宋徽宗、宋真宗先后为他们赐了封号。金大定七年（1167年），王重阳创立全真派，道教正式分为正一、全真两大教派。全真派的道士必须出家。正一派的道士不出家，可以结婚，俗称"火居道士"、"师公"。"火居道士"在民间祈祷斋醮，迎神送鬼，成了较普遍的习俗，这种道士散布湖南各地农村。

明代初期皇帝中多有笃信道教，上好下甚，道教曾风靡一时，湖南亦不例外。明代正一道在湘潭等地乡村发展广泛，仅湘潭就有道坛70多处。但从整个明代看，道教已趋于衰落。各地新建的道观比唐、宋时期数量少。明代在湖南新建的道观有：长沙北门内的真武宫、永顺的祖师殿、东安的清溪观、麻阳的玉华观、晃州（今新晃）的紫极宫等。此时期内，注重清修的全真道武当派传入湖南。明宪宗成化十四年（1478年），长沙岳麓山仿武当山格式建置云麓宫，明隆庆年间（1567～1572年），武当山派道人金守分主持云麓宫，并续建祖师殿、三清殿，比以前更具规模。湖南一时以崇奉真武大帝为主神的还有南岳南天门、岳阳市大云山、常德市河㳚山、芷江县明山等宫观，武当全真道在湖南迅速发展。进入清代以后，又有南岳庙、玄都观、祖师殿、祝融殿、黄庭观、紫竹林道院、九仙观，长沙市陶公庙、河图观、天竺山道院、斗姥殿、东岳宫，浏阳市青阳山道院、升冲古观、祖师殿，慈利县五雷山金殿，张家界朝天观，桃源县桃川宫、九龙观，桃江县三仙观，岳阳市大云山祖师岩、吕仙亭道观，茶陵县云阳仙，醴陵市仙岳山等都成为省内有名的全真道场。清同治二年（1863年），武当山再遣道士向教辉来长沙，仍按昔日规模重修云麓宫。同年，武当山道士易本立于长沙县水塘乡建立河图观，后来变成为坤道道场。之后，又有岳阳大云山、慈利五雷山、津市中武当、常德河㳚山、桃源九龙山、南岳南天门、张家界朝天观、芷江明山、浏阳祖师岩等先后建立祖师殿，皆供奉全真武当祖师真武大帝，全真武当派传播更为广泛。

清代后期道教较前朝日渐衰落。清朝统治者偏重佛教，宣布黄教为国教，道教为汉人的宗教，尤其是清乾隆四年（1739年），禁止正一真人传度，清道光年间将张天师由二品降至五品，道教从此一蹶不振。清末至民国时期，因外侮内乱，道教宫观、道教地位江河日下，毁多兴少，民国时期全省所存一般宫观仅有30多处，全真道道徒亦不过200余人，不少旧时道观已屋漏墙倾，道徒寥寥，道教名胜随之湮灭无闻。

目前，省内保存较好的著名宫观除南岳黄庭观、玄都观、紫竹林、祖师殿、朱陵宫等宫观外，尚有长沙云麓宫、河图观、陶公庙，桃源九龙山，株洲仙岳山，茶陵云阳仙，郴州苏仙观，永顺祖师殿等宫观50余座。

湖南寺庙还有许多佛、道诸神同处、儒释道文化共生的现象。其中两个最为重要的地点是南岳衡山、长沙岳麓山。其中，长沙岳麓山的麓山寺为湖南最早的佛寺，至今已有1700多年历史。岳麓山顶的云麓宫则为道观。一山之中多神共处。而衡山的南岳庙亦多神共处。南岳庙佛道共存，东侧为八个道观，西侧为八个佛寺。中轴线上则是皇家的建筑风格。其他还包括大庸的普光寺、湘乡的云门寺、永顺祖师殿等。普光寺原是一片古建筑群，包括文庙、武庙、城隍庙、崧梁书院等，现存普光寺、武庙与文昌祠等建筑为一体。湘乡的云门寺与土地祠、龙王庙并列。沅陵的龙兴讲寺佛教寺院与古老的学院并举。永顺祖师殿玉皇大帝与观音像同处一室。永州的柳子庙也供奉着财神。有些道观改成了寺庙，或者寺改成观，有些寺庙本身又是书院，或书院改成寺庙的情况屡见不鲜。因此，佛寺、道观、祠庙等建筑在建筑样式上并没有很大的区别。

第二节　古代宗教建筑类型

湖南古代宗教建筑主要有佛教建筑、道教建筑以及其他少数民族宗教建筑。

一、古代佛教建筑主要类型

我国最初的佛寺是由官署改的，建筑布局是按汉朝官署形制建造，故而汉族佛寺在演变中，基本上以中国传统的院落形式作为布局特点，以南北中轴线为中心，左右对称，形成规模宏大的以殿、堂、楼、阁、亭等组成的空间组合，采用中国传统世俗建筑的院落式格局。中国早期寺院以塔为中心，寺庙的总体布局的特点是前有寺门，门内建塔，塔后建佛殿，塔位于寺中央，成为寺的主体。到了隋唐时代，佛寺建筑就改变了过去以佛塔为主体的布局，而以殿堂为中心。许多寺庙无塔，塔庙二字也就不再连用。即使建塔，也将其放在寺前、寺后或两侧了。在湖南省的佛教建筑中，多以寺庙的形式存在，湖南的佛教建筑类型主要以汉传佛教建筑的寺庙和佛塔为主。

宋代以来禅宗独盛，寺庙建筑逐渐发展出"伽蓝七堂"的形制。七堂为佛殿、法堂、僧堂、库房、山门、西净、浴室。较大的寺院还有讲堂、经堂、禅堂等建筑。明代以来，伽蓝制度渐成定式，殿堂配置大致如下：寺院的殿堂配置，以南北为轴，从南往北，正中依次为山门，山门左右为钟鼓楼，山门正面为天王殿，后为大雄宝殿、法堂、藏经楼，两侧廊房，气势庄严。正中路左右两侧的东西配殿，有祖师殿、观音殿等。大的寺院还有五百罗汉堂，其堂专为一院，"田"字形布局，内有天井，十分精巧。寺院东侧为僧人生活区，有僧房、职事堂（库房）、香积厨（厨房）、斋堂（食堂）、茶堂（接待室）等，西侧主要是云会堂（禅堂）。佛寺后部还有方丈室等。多个院落组成了整个寺院。

以衡山祝圣寺为例，祝圣寺位于南岳庙东南侧，占地20余亩，中轴线上有五进。祝圣寺第一进为山门，是一座四柱三楼式仿木石牌坊。其前为一影壁，其后以单坡顶形式加建一部分，形成门楼形式，第二进为天王殿，内供弥勒佛。第三进内供西方三圣。第四进下为说法堂，上为藏经阁。第五进左边是罗汉堂，左右墙上嵌有石刻的五百罗汉像，右边为方丈楼。左右两边为厢房、配殿、斋堂、禅堂等辅助用房。

一般来讲，佛教中诸神的排列顺序从高到低大致为释迦牟尼佛、诸佛、菩萨、天王、罗汉、金刚等，寺庙中各殿的设置即根据诸神的等级高低来安排。最高等级的佛在整个总平面的最高位置。靠近入口最近的殿大多为弥勒殿或天王殿，佛殿或观音殿一般在中轴线中间或靠后的位置，香客朝拜的位置也应从等级高的殿往等级低的殿朝拜。如果佛寺以供奉特定的神，如观音，也会将观音阁或观音殿置于中轴线中间或最后的位置。

在历史的演变当中，湖南的佛教寺院遍布全省各地。现存的始建于唐代的有浏阳石霜寺、衡山祝圣寺、石门夹山寺、宁乡密印寺、沅陵龙兴寺、慈利兴国寺、永州高山寺等。唐中叶以后，佛教达到了鼎盛时期，甚至有不少道观都改成了佛寺。

二、古代道教建筑主要类型

道教是中国土生土长的宗教，历史悠久，源远流长。现在一般都认为道教形成于东汉时代张道陵首创五斗米道。湖南道教的起源和道教的形成几乎是同步的。

在宗教建筑称谓上，道教最为复杂，最常见的是宫、观。还有一些诸如祠、庙、府、洞、道院等，有的是由民间迷信发展而来。湖南道教建筑也以宫、观为主。道教宫观在其布局、体量、结构上除十分鲜明地继承了我国传统的建筑思想、建筑格局和建筑方法，同时也注入了道家与道教的审美思想和价值观念，形成了自己的特色。

道教宫观的布局与佛教寺院有相同之处，也是采用中轴对称的平面布局，所不同的是供奉的神不同，殿堂的名称不同。供奉道教主神的殿堂都设在中轴线上，体现了"尊者居中"的等级思想。两边则根据对称的原则，设置配殿供奉诸神。

道教建筑建筑样式与佛教建筑无太大区别。只是体量和建筑规模较小。主殿采用单檐或重檐歇山，其他则多以硬山为主。道教初创，山居修道者，大都沿袭道家以"自然为本"的思想，结舍深山，茅屋土阶，甚至栖宿洞穴，反映了他们顺乎自然、回归自然的旨趣。汉张道陵在巴蜀汉中创五斗米道时，设二十四治所，建筑规模也是不大而简陋的。湖南道教建筑占地规模普遍较小，接近于民间建筑。

三、其他宗教建筑类型

湖南宗教除了佛教、道教等信仰外，分布最广、影响重大的就是民间广泛流行的各种原生型传统宗教。原生型宗教是在原始崇拜的母胎中孕育的，一般都保持着自然崇拜、图腾崇拜、祖先崇拜、鬼神崇拜等观念。在原生型宗教占统治地位的少数民族中，原始的信仰和禁忌体系成为人们的主要社会规范。在民族建筑中宗教的影响是非常广泛的，在这种影响中，纯粹的宗教建筑和具有某些宗教因素的建筑是不尽相同的。在纯粹的宗教建筑中，宗教对建筑的影响是全方位的、强制性的。湖南古代其他宗教建筑还包括其他地区的少数民族建筑。例如少数民族民居当中的祠庙、土地庙、盘王庙、萨岁庙等当地少数民族特有的宗教建筑。

湖南是个多民族的省份，在境内居住的除汉族外，有50多个少数民族520多万人，约占全省总人口的8%。其中土家族、苗族、侗族、瑶族、白族、回族等6个民族，占到了少数民族人口的99%。湖南各民族的历史源远流长，除古称"华夏"的汉族是湖南的古老民族外，苗族、土家族、侗族、瑶族等也是自古以来就长期生息在湖南境内的民族。回族、维吾尔族等少数民族则是从外省迁入湖南的。各少数民族有自己的民族语言、风俗习惯和宗教信仰。湖南少数民族主要分布在湘西、湘南和湘东的边远地区，约占少数民族总人口的85%，其余15%的人口分散杂居或聚居于全省各地。如武陵山和雪峰山以西的山区，聚居着98%以上的土家族和苗族人口。湘桂、湘粤边界之间的山区是瑶族人口的主要居住地域。由于湖南省各少数民族所信奉的神不同，便形成了各自不同类型的特有宗教建筑。

苗族的主要信仰有自然崇拜、图腾崇拜、祖先崇拜等原始宗教形式，其崇拜的对象有土地菩萨、土地奶、家神、祭桥、水井等。龙也是各地苗族的崇拜和祭祀的对象。图腾崇拜方面，东部地区许多苗族与瑶族共同崇拜盘瓠（一种神犬）。他们世代传说着"神母犬父"的故事，把盘瓠视为自己的始祖。中部地区一些苗族认为他们的始祖姜央起源于枫木树心，因而把枫树视为图腾。另有一些地区的苗族以水牛、竹子等为自己的图腾崇拜对象。祖先崇拜在苗族社会中占有十分重要的位置。湖南苗族的传统宗教活动中还有"锥牛"、"锥猪"等活动。"锥牛"是一种全村寨的公共祭祀活动，一般在村寨外的公共场地举行。"锥猪"也叫"吃猪"，是祭祖的一种方式，各家分散祭祀，一般在家内进行，因而其民居住宅的建筑形式就适应了这种家庭内祭祀活动的需要（详见民居村落章节）。湖南苗族还有祭"傩神"，"还傩愿"的祭祀活动。"傩公傩婆"是苗族古老的洪水故事传说中的始祖，祭"傩神"，"还傩愿"的活动就是借祭祖先来消灾祈福的一种宗教活动。祭土地是为保佑村寨平安，猛兽不犯，人畜兴旺。土地庙里的土地菩萨，或是石雕，或是木雕，或是泥塑，或是两块奇形怪状的石头，按男左女右陈列。土地庙前后都种植有古树，居民认为，这些古树，都是有"灵"的"风水树"，"保寨树"，不能砍伐。

瑶族的宗教信仰主要是自然崇拜、图腾崇拜、祖先崇拜和鬼神崇拜。瑶族崇拜的自然神主要有山神、风神、林神、水神、土地神等。瑶族信仰梅山神，这是道教与巫术相融合形成的一种信仰。山神是他们最为崇拜的神，土地神也是他们崇拜的重要对象。他们的土地庙往往建得比较简陋，但他们都极尽所能地有时间就去拜土地神，希望获得庇佑。瑶族民间宗教信仰其次表现为祖先崇拜。湘南瑶族民间宗教信仰还表现为图腾崇拜。瑶族民间宗教信仰仍属于原始宗教信仰，而不是更高级的人为宗教信仰。湘南瑶族民间宗教受道教影响大，并且与道教相互渗透，道教传入江华瑶族地区以后，这里的百姓不光坚持自己原有的信仰，也开始信仰三清、三元、老君、玉帝等道教诸神。瑶族群众在举行原始宗教的祭祀仪式的时候大多是与道教的祭祀仪式相结合的。瑶族民间很重视还盘王愿这个宗教活动，仪式在家中或在盘王庙中进行。盘王庙一般规模不大，只是"茅茨土阶"的一个凉棚。庙设盘王神像，依据古代遗制而建。

侗族信奉原始宗教，崇拜多神，无论是山川河流、古树巨石、桥梁、水井等，都视为有神灵之物，都是崇拜的对象。侗族人相信灵魂不死，有浓厚的自然崇拜、灵魂崇拜、祖先崇拜的传统。在侗族的宗教信仰中，最重要的是萨岁崇拜。侗乡南部地区普遍崇拜的女性神，称为"萨岁"，意为始祖母，是最高的保护神。萨岁坛是侗族特有的宗教建筑，所有的侗族村寨都有萨岁坛，一般建在村寨中比较重要的位置，或者建在村外利于公众聚会的场地。萨岁坛的建筑形式并不统一，最初是由石头垒砌的坛台。萨岁坛多与树的关系密切。例如通道县芋头侗寨的萨岁坛，始建于明代，分萨玛坛和萨坛两部分，萨玛坛呈扇形，阔4.5米，进深4.1米，石台构架，内设高祭台。萨坛植有三棵松柏，并呈三角形分布，正面两棵，后面一棵，进深6米，土筑台基，拜台高1.5米。通道县坪坦乡的萨岁坛，就建成一座有屋顶的小型庙宇。庙宇中间则栽种了树木。内部供奉着女神，即"始祖母"。

土家族的宗教信仰有多神信仰、图腾崇拜、祖先崇拜、鬼神与巫术信仰等。土家族先民们也经历了早期人类的"万物有灵"观念的阶段。进入阶级社会以后，这种万物有灵信仰变成了多神信仰。多数土家人尊梅山为猎神。梅山神位设置在堂屋内（意念神位）或室外（在僻静处砌石小屋），祭祀时间多在出猎前一天晚上的夜深人静时刻。土家地区有众多的土地庙，里面供奉着土家的土地神。此外，土家人还敬奉管五谷丰收的五谷神、管六畜兴旺的四官神等。土家人的先民巴人以白虎为图腾。这种对白虎的崇拜代代相传，深入土家人生活的诸多方面。此外，土家族中还有部分人以鹰为图腾。土家人的祖先崇拜，八部大王、彭公爵主、向老官人、田好汉、覃垕王等。信奉"土老司"，土家语称梯玛法事活动为"月耳"。土家族是一个古老的民族，没有自己的文字，只有口述流传的民间文化。天王庙又称为三王庙，被称为土家族的始祖三圣。天王庙也称三侯祠、三王庙。

第三节　宗教建筑实例

一、衡山南岳庙

湖南境内的南岳衡山，是中国南方最重要的宗教文化中心。同时，衡山也是中国最有影响的禅宗五大分支的发祥地。南岳庙坐落在衡山县南岳镇北，衡山赤帝峰下。它是我国南方及五岳之中规模、布局最大，保存最完整的古典建筑群。据《南岳志》记载，大庙最早建于唐开元十三年（公元725年），历经历朝历代六次大火和十六次重修扩建，于清光绪八年（1882年）重建，现存建筑为清代重建时格局。南岳庙集古代建筑之大成，形成了与其他几岳大庙所不同的独特风格。南岳庙被列为国家重点文物保护单位。

南岳庙占地面积98500平方米，建筑规模恢宏，红墙黄瓦，金碧辉煌。大庙南入口处有"天下南岳"石坊，相传为宋真宗字迹。南岳庙是仿照北京故宫而建，因此有"江南小故宫"之美称。南岳庙总体布局为由中轴线上的建筑及两旁的八寺八观组成（图3-3-1）。中轴线上的主体建筑由棂星门、奎星阁、正川门（正南门）、御碑亭、嘉应门、御书楼、正殿、寝宫和北后门九进、四重院落组成。东边有八个道观、西边有八个佛寺。中轴线上主体建筑是皇家建筑风格，八寺八观则为民间庙宇建筑风格，众星拱月，围绕中心皇家祭祀的大庙，这种建筑格局为国内乃至世界独一无二（图3-3-2）。

南岳庙第一进是由花岗石砌成的棂星门，三开间牌楼门，建筑样式原为木构，至民国时期改为砖石结构，造型和细部装饰做法都具有典型的湖南地方特点（图3-3-3）。第二进为奎星阁，阁东西两侧各有钟亭和鼓亭。建筑样式为花岗石台基上建一方形戏台，三开间重檐歇山。下层台基正中有通道从戏台下穿过。第三进为正南门，城门式大门。下部为高大的城台，并列三个拱券式门洞。城台上为城楼式建筑，五开间重檐歇山顶，两层楼阁，围以石栏。城楼毁于抗

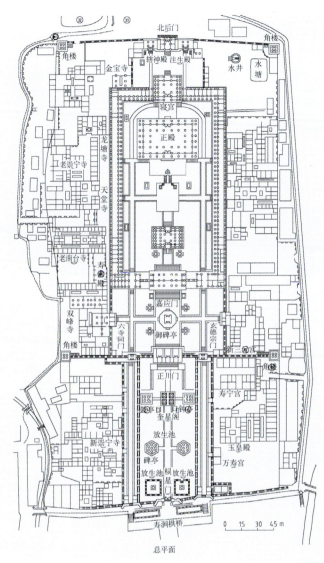

图3-3-1 南岳大庙总平面（柳肃提供）

图3-3-2 南岳大庙大殿（柳肃提供）

图3-3-3 南岳大庙棂星门（李旭摄）

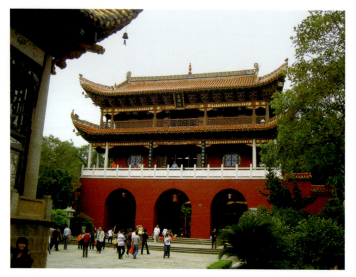

图3-3-4 南岳大庙正南门（李旭摄）

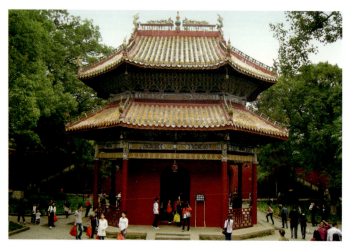

图3-3-5 南岳大庙御碑亭（李旭摄）

图3-3-6 南岳大庙圣帝殿（李旭摄）

日战争时期，1998年重修（图3-3-4）。第四进为御碑亭，平面为正方形碑房外带八角形回廊。重檐屋顶，上层为八角形歇山顶，形制特殊，十分罕见。亭内有清康熙四十七年（1708年）为重修南岳庙而立的一座巨大石碑，碑文系康熙皇帝御笔（图3-3-5）。第五进为嘉应门，明代建筑，面阔七间，穿斗式构架，高18米，为单檐硬山顶。第六进为御书楼，重檐歇山顶，保存了宋代和明代的建筑构件，雕梁画栋，装饰精美。楼上存有清朝几代皇帝题写的匾额、碑文及历代名家的题刻。第七进为正殿圣帝殿，这是南岳庙中最重要的建筑，殿前有一片宽阔的广场，上17级台阶是一个宽阔的月台，月台前有汉白玉游龙浮雕的丹墀御路，表明其皇家建筑的身份（图3-3-6）。正殿就耸立在月台之上，为清光绪五年（1879年）重建。大殿面阔七间带回廊，用72根巨大石柱支撑，象征南岳72峰，上部为穿斗式构架。重檐歇山，上下檐均施如意斗栱。门窗隔扇、雀替雕工精美。殿顶覆盖黄色琉璃瓦。屋脊翘角饰有蟠龙和八仙人物，四角飞檐垂有铜铃，檐下窗棂、壁板，都雕刻着各种人物故事或花木鸟兽，后墙上绘有大幅云龙、丹凤。大殿台阶四周，有麻石栏杆围绕，柱头上雕刻有狮子、麒麟、大象和骏马，栏杆中嵌有汉白玉双面浮雕144块。殿中原来设有岳神牌位，历代统治者对岳神都加赐封号。如唐初封为"司天霍王"，唐开元年间又封为"南岳真君"，宋代加封为"司天昭圣帝"，等等。现存的"南岳圣帝"是1983年复制的。第八进为寝宫，相传是南岳圣帝父母的寝宫。为清同治四年（1865年）重建，面阔三间带回廊，为重檐歇山顶，上覆黄色琉璃瓦。下檐是五踩斗栱，上檐七踩斗栱。斗栱施彩画，装饰华丽。第九进是北门，东有注生宫，西为辖神祠，属于附属建筑，相对比较简朴。北门为单檐硬山顶，出北门即为登山道。人们祭拜完南岳庙，便从此开始登山，朝拜南岳。

此外，在正川门至嘉应门之间的第二重院落与东西两路相通，通过"立德尊门"通往东边，内有万寿宫、玉皇殿、清和宫、寿宁宫、新三元宫、老三元宫、新铨德观、老铨德观等道教八观。西边则通过"六寺同门"，包括新崇寺、玄帝寺、天峰寺、观音阁、关帝殿、双峰寺、寿佛寺、老南台寺、忠靖王殿、天堂寺、龙塘寺、金宝寺等佛寺，反映了南岳庙儒释道共处一庙的文化特色。这些寺观建筑样式均比较简朴，多采用砖木青瓦的民间样式。

南岳衡山是圣帝的祭祀地，南岳庙则是历代帝王祭拜的主要祭场，其中轴线上的建筑主要用于祭祀圣帝，附属其上的木雕装饰也因此多体现为皇家寺庙装饰的特征及等级。正殿圣帝殿是南岳庙中最重要的建筑，当中出现很多体现祭祀圣帝的木雕装饰，其中龙形图案为最主要的装饰表达，而八百蛟龙为最大特色。无论殿宇的梁柱、屋檐，还是柱基、神座，乃至门框、斗栱，神态各异的蛟龙，随处可见。隔扇、窗户、梁枋以及藻井也是龙形图案装饰的重点。它时而朴实时而繁缛的构成，凸显出建筑的特色与韵味，营造一种气势磅礴、富丽堂皇的氛围。殿内圣帝雕像雕刻细密，遍贴金箔，金碧辉煌。在色彩上，整体采用金色、黄色、朱红等皇家建筑才能用的色彩。中轴线上的其他建筑，如圣公圣母殿、嘉应门等建筑上的木雕装饰也不同程度地反映了皇家寺庙的特征。只是由于建筑等级和规模的不同，装饰表达的部位也不同。大型的如圣帝殿、圣公圣母殿，典型的木雕装饰多反映在斗栱、额枋及雀替等比较引人注目的部分。而在奎星阁、嘉应门、御书楼等规模稍小的建筑中，有代表性的木雕装饰多表达在梁枋板、隔扇门窗等比较细节的部位。在寿福文化的影响下，南岳庙也呈现出有关寿文化的木雕装饰。如奎星阁戏台上绘制有八洞神仙图，保存完好。雕花屏风上也有"福禄寿"三幅画像。其寿星身材矮短，高额长脸，须眉银白，左手握龙头拐杖，右手托一蟠桃，红光满面，相传人见寿星，则"天下理安"。

二、长沙麓山寺

古麓山寺位于长沙市西郊的岳麓山中，古代又名岳麓寺、慧光寺、鹿苑、万寿寺。麓山寺始建于西晋泰始四年（公元268年），初名"慧光明寺"，为竺法崇所建，是湖南第一座佛寺，故大门两侧有对联"汉魏最初名胜，湖湘第一道场"。唐朝初期改名"麓山寺"。唐武宗会昌五年（公元845年）灭佛时，麓山寺殿堂全部被毁。武宗死后又开始逐步恢复。景岑禅师在旧址上重建麓山寺，改名麓苑。现寺内"虎岑堂"就是为纪念他重修麓山寺而建的。元明时期，麓山寺两废两兴。明神宗万历年间（1573～1620年），妙光和尚在清风峡寺旧址处重建大雄宝殿、观音阁、万法堂、藏经楼等建筑，赐名"万寿寺"。明末高僧憨山大师德清（1546～1623年）曾住寺讲经。李东阳、张洵、张邦政、蒋希禹、陶汝鼎、冯一第、胡尔恺等诗人留下了佳句。清朝时，在智檀、文愠等法师的主持下，对麓山寺进行了几次大规模的修建，前殿、大雄宝殿、法堂、方丈室都焕然一新。弥篙、天放、笠云等诗僧辈出，称为中兴时期。20世纪以来，筏喻、道香等僧人住过麓山寺。他们曾随笠云法师出访日本，受到日本佛教界的欢迎。

麓山寺坐落在群山环抱的山腰之中，四周古木参天，风景秀美。寺庙四周筑起围墙，主体建筑依次为山门、弥勒殿、大雄宝殿、观音阁等，两旁的建筑有斋堂、僧舍等。其中弥勒殿、大雄宝殿、斋堂等建筑于1944年被日军炸毁，仅存山门和观音阁。其他建筑均于1982～1988年修复（图3-3-7）。

大雄宝殿为仿唐建筑风格，黄琉璃瓦重檐歇山顶，面阔七开间，殿内重塑释迦牟尼、药师琉璃光佛及阿弥陀佛等佛像。牌楼式山门，门额横题"古麓山寺"，门侧石联"汉魏最初名胜，湖湘第一道场"。上部额枋上有一排泥塑罗汉，造型生动。大

图3-3-7 长沙麓山寺山门（柳肃摄）

图3-3-8 长沙麓山寺放生池（柳肃摄）

门两侧墙上泥塑印度佛教常用的阿育王柱头图案，带有早期佛教建筑的装饰特征。

进入大门后，前庭中有放生池，周围有回廊环绕（图3-3-8）。第一进为弥勒殿，抗战时被炸毁，现存建筑为20世纪80年代初修复。三开间，单檐歇山顶，红墙黄瓦，建于1米多高的花岗石台基之上。中间供奉有弥勒佛及四大天王像。弥勒殿左有钟楼，右为鼓楼。第二进为大雄宝殿，即正殿，是全院的中心建筑，仿宋建筑风格，重檐歇山顶，面阔七间，进深六间，施黄琉璃瓦，檐下做斗栱。殿内佛台供奉释迦牟尼三身佛像，庄重至极（图3-3-9）。殿左是五观堂和客堂，三开间硬山顶。殿右是讲经堂。后进为观音阁，又叫藏经阁，清代建筑原物。重檐硬山楼阁式建筑，造型较为少见（图3-3-10）。阁前左右各有一棵罗汉松，较老的一棵树龄有千年以上，称"六朝松"。两树对立，虬枝交错，宛若关隘，故又称"松关"。阁右下方有一泉井，名龙泉，来自岳麓山的山泉，终年不涸。

图3-3-9 长沙麓山寺大雄宝殿（柳肃摄）

三、衡山南台寺

衡山南台寺位于衡山县南岳庙西北4公里，在福严寺下方二里许，瑞应峰下，素有"天下法源"之称。始建于南朝萧梁武帝天监年间（公元502年），为南岳最早的寺院。现存建筑重建于清光绪二十八年（1902年）。南台寺原是海印和尚修行的处所，在寺院后左边的南山岩壁上，有一如台的大石。据说当年海印和尚常在这块石上坐禅念经，所以寺名"南台"。现在台边还清晰可见"南台寺"三个径大二尺的大字，左边有"梁天监年建"，右边有"沙门海印"两行直刻小字（图3-3-11）。

南台寺最重要的是该寺院在唐末、五代时的著名高僧——石头希迁禅师，他是南宗两大系之一的青原系的重要人物。石头希迁和他的弟子们宣教弘法，创立了曹洞宗、云门宗、法眼宗三派，其中曹洞宗最为昌盛，形成南宗禅，成为中国佛教史上规模最大、影响最深远的主流，法嗣遍布天下。南宋时，临济、曹洞二宗传到日本。今天日本佛教界曹洞宗仍然视南台寺为祖庭。

南台寺位于南岳衡山的半山腰中，建于台地之上，背山临崖。因受地形限制，建筑依山就势排列分布，进山门后先横向行走，至正殿前再转向纵深方向。建筑沿中轴线逐渐升高，两侧建筑按地形高低逐一而上，此寺在平面布局上较好地处理了建筑与地形环境的关系，是山地寺庙的范例。

南台寺主体建筑包括四部分：山门三开间硬山式建筑，青砖砌筑，小青瓦屋面，人字形封火山墙具有明显的地方特色。主体建筑与山门不在一条轴线上，另成一组，采用中轴对称式布局。有弥陀殿、大雄宝殿、关帝殿、法堂、祖堂、云水堂，两厢各有斋堂、禅堂、客房等，共有大小舍房一百余间。大雄宝殿居中，是整个寺庙的中心建筑。面阔三间，正方形平面，硬山式建筑，小青瓦屋面，檐下无斗栱、卷棚装饰，朴素庄重。后有方丈室、左斋堂、右法堂和禅堂等组成的院落。周围建筑均为硬山式样，青瓦屋面，装饰简朴。整组建筑朴素淡雅，与周边环境浑然一体（图3-3-12）。

图3-3-10　长沙麓山寺观音阁前坪（柳肃摄）

图3-3-11　衡山南台寺正门（柳肃摄）

图3-3-12　衡山南台寺屋顶（李旭摄）

四、长沙开福寺

开福寺位于长沙市湘春路,始建于五代时期(公元907~960年),是禅宗临济宗杨岐派的著名寺院,距今已有1000多年历史。现存中轴线上的主体建筑为清代建筑,其他建筑均毁于战火,为20世纪90年代后新建。

五代十国时马殷割据湖南,建立楚国,史称"马楚"。马氏以长沙为都城,在城北营建行宫。后唐天成二年(公元927年)马殷之子马希范将会春园的一部分施舍给僧人保宁,创建了开福寺。马希范继位后,又在附近大兴土木,旁垒紫微山,北开碧浪湖,使开福寺一带成为著名的风景胜地,曾有内外"十六景"。开福寺兴盛时住僧达千余人。后历经宋、元、明、清各朝,香火不绝,名僧辈出。

千余年来,开福寺历经兴衰,多次改建重修,现存建筑主要为清光绪年间(1875~1908年)重建。开福寺规模宏大,红墙黄瓦,金碧辉煌。占地面积4.8万平方米。轴线式规整布局,中轴线上的主要建筑有山门、弥勒殿、大雄宝殿、毗卢殿及两厢堂舍等,观音阁、钟鼓楼等建筑为20世纪90年代以后新建。

山门为古朴别致的牌坊式大门,三门四柱,左右与之相连的朱墙将寺院环抱,体现了佛教建筑的典型特征。正门有"古开福寺"四字匾,为清光绪年间福山镇总兵陈海鹏所书。门上有石刻楹联:"紫微栖凤,碧浪潜龙"是清嘉庆年间书法家韩葑所作(图3-3-13)。门坊上分栏为浮雕彩绘,或为人物,或为树木花草,色彩斑斓,栩栩如生。山门两旁立有石狮、石象各一对,雕刻生动(图3-3-14)。

图3-3-13 长沙开福寺山门(柳肃摄)

进入山门内有放生池，为原碧浪湖残部，上架单拱花岗石桥。左右的钟鼓楼，方形平面，四周两层围廊，重檐歇山顶，为20世纪90年代新建。前殿为弥勒殿，又称三圣殿，面阔三间，四周围廊，外檐方柱，内檐圆柱，均为花岗石整石凿成。殿内抬梁构架，单檐歇山顶，覆黄色琉璃瓦，彩色琉璃屋脊。殿内原供奉西方三圣，现已无存，重塑弥勒佛、韦驮菩萨、四大天王（图3-3-15）。中殿为正殿大雄宝殿，清代建筑，1923年重修，高20米。面阔三间，四周围廊，单檐歇山顶，黄色琉璃瓦。殿内檐柱、金柱全为上半截木柱，下半截石柱，正面装雕花隔扇门。出檐深远，翼角高翘，屋面陡峻，屋脊正中做宝瓶、宝轮。脊吻饰有龙凤禽兽，四角飞檐垂有铜铃，风动铃声清脆（图3-3-16）。

大殿中供奉着汉白玉雕释迦牟尼佛像，宝相庄严。两边是披着红色袈裟的弟子阿难和迦叶。释迦牟尼佛的背面，供奉着金色的千手千眼观世音菩萨，两侧有文殊菩萨及普贤菩萨，后殿为毗卢殿，为清代建筑，单檐硬山顶，覆小青瓦。前檐装雕花隔扇门，简洁朴素（图3-3-17）。三殿之间有庭院，植古树名花，并立有清代石碑数座，显得十分古朴典雅。三大殿东侧为客堂、斋堂、摩尼所、紫微堂，紫微堂上为藏经楼，西侧为禅堂、说法堂、念佛堂等。建筑皆为硬山小青瓦屋面，各堂之间用封火墙相间隔。中轴线主体建筑的东边有观音阁，重檐歇山式2层楼阁，是20世纪90年代新建。

五、湘乡云门寺

云门寺位于湖南省湘乡市城关，又名"石碑寺"，据清同治《湘乡县志》载，始建于北宋皇

图3-3-14　长沙开福寺山门细部（柳肃摄）

图3-3-15　长沙开福寺弥勒殿（李旭摄）

图3-3-16　长沙开福寺中殿（李旭摄）

图3-3-17　长沙开福寺毗卢殿（李旭摄）

祐二年（1050年）。云门寺经宋、明、清历代修葺，现存建筑为清道光九年（1829年）、同治四年（1865年）间重修。因当时寺门有石碑两座，色清温润，相传为耿山所产之碧玉，故名石碑寺。明永乐九年（1411年），一高僧慈慧，自浙绍云门山来寺居住，观五彩祥云映其殿阁，故易名云门寺。

云门寺占地约10亩，其主要建筑有前殿、中殿、大雄宝殿和观音阁。自南而北排列在一条中轴线上。云门寺建筑宏伟，主要建筑有山门（前殿）、大雄宝殿和观音阁。自南而北排列在一条中轴线上。山门为硬山式建筑，面阔三开间，山门与前殿连为一体，做法较为特别。山门外左有龙王庙，右有土地祠，均为硬山式小青瓦屋面（图3-3-18）。

山门屋脊高耸，封火山墙具有湖南地方建筑韵味（图3-3-19）。大雄宝殿为清道光六年（1826年）建筑，面阔五开间，带前廊，硬山式屋顶（图3-3-20）。两端为湖南特色的弓形封火山墙，俗称"猫弓背"。屋顶中部高耸出一个重檐歇山的楼阁，做法不同于其他寺庙（图3-3-21）。

整体建筑中观音阁最为壮观，重檐歇山屋顶，屋角起翘。殿、阁进深35.4米，通面宽17.5米，高约15米。三面以砖墙承荷，重檐歇山屋顶，屋角起翘。重檐之中，设一天窗，观赏者可站立前坪，通过天窗瞻仰观音菩萨面容。阁内的观音佛像，为泥塑木雕混合结构，全身贴金，高11.4米，为江南最大的观音佛像。佛顶有宝冠24面，各面塑有活佛，

图3-3-18 湘乡云门寺龙王庙（李旭摄）

图3-3-19 湘乡云门寺正门（李旭摄）

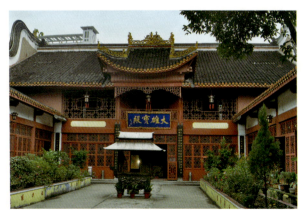

图3-3-20 湘乡云门寺大雄宝殿（李旭摄）

图3-3-21 湘乡云门寺弓形封火山墙（李旭摄）

上身千手，每手掌心内各有秀目一只。其中四双大手或高捧佛祖，或合掌天书，或挥臂执戟，或屈指掐算，大小合适，位置得当；整个造型比例匀称，雕塑精湛，奇特美观。阁中有青铜圆形扁腹香炉，造型精美。阁前左右供奉清光绪十九年（1893年）雕汉白玉罗汉18尊，每尊1.5米，形态各异。阁前正中有清乾隆二十六年（1761年）雕汉白玉长方香炉一座，高1.8米，长1.35米，宽0.85米，炉身四周有盘龙，麒麟，福、禄、寿三星，二狮滚球，二龙戏珠，双凤朝阳浮雕及"圣寿无疆"篆字，图像生动，篆刻端正。

六、沅陵龙兴寺

沅陵龙兴寺坐落于湖南省沅陵县城西虎溪山南麓，始建于唐贞观二年（公元628年），寺内保留有宋代至清代不同时期的建筑，是湖南省内现存最古老的木构建筑群，也是湘西地区现存最早最完整的寺庙，1996年被列为全国重点文物保护单位。在古代，龙兴寺设立讲堂讲经说法，故又称"龙兴讲寺"。佛寺内设讲堂最初是仿照儒学讲经的方式，《后汉书·明帝纪》载："幸孔子宅，祠仲尼及七十二弟子，亲御讲堂，命皇太子诸王说经。"后来佛家传经说法的处所也称讲堂。北魏杨炫之《洛阳伽蓝纪·建中寺》载："以前厅为佛殿，后堂为讲堂。"寺中讲堂，主要由僧侣向佛学弟子或善男信女讲解佛学经典。沅陵龙兴讲寺是唐太宗李世民在即位称帝第二年下旨修建的专门用于传授佛学的寺院。讲寺之所以用龙兴为名，比喻帝王之业的兴起。这种佛寺讲经的方式比后来正式设立书院讲学更早（图3-3-22、图3-3-23）。

龙兴寺占地面积约两万平方米，现存有山门、大雄宝殿、观音阁等十余座建筑，气势宏伟壮观（图3-3-24、图3-3-25）。大雄宝殿是其主要建筑物，重檐歇山顶，下层左右为硬山式，上层歇山顶，形成歇山与硬山结合的特殊形制。面阔五间，明间比两旁各开间宽很多，做法特别（图3-3-26）。

该殿虽经明、清多次修葺，但其主体木构架柱、梁、枋等，皆系宋元时期遗存。殿立有八根直径达80多厘米的楠木内柱，柱身呈梭状，上下细中间粗。柱与柱础之间有鼓状木磉，这都是明代以前的古老做法，说明龙兴寺建筑有着很高的历史价值。柱础呈覆莲花状。殿后左右有弥陀阁，为三座楼阁式建筑，重建于清乾隆年间（1736~1796年），面阔皆五间，为三层重檐歇山顶。

图3-3-22 沅陵龙兴讲寺1（李旭摄）

图3-3-23 沅陵龙兴讲寺2（李旭摄）

图3-3-24 沅陵龙兴讲寺大雄宝殿（李旭摄）

图3-3-25 沅陵龙兴讲寺观音阁（李旭摄）

图3-3-26 沅陵龙兴讲寺韦驮殿门楼（李旭摄）

正中的观音阁为清光绪年间重修，面阔三间，为3层檐歇山式小青瓦屋面。三阁呈"品"字形布局，造型古朴，具湖南地方建筑特色。龙兴寺群体建筑装饰艺术极为丰富多彩，所有的木门窗棂格的花心裙板及横披，皆雕刻而成并加以彩绘，构图饱满，线条流畅，花样繁多，特别是大雄宝殿中的镂空石刻讲经莲花座，玲珑剔透，甚是精美，相传为明代所制，为国内罕见之物。

七、长沙陶公庙

长沙陶公庙坐落于湖南省长沙县朗梨镇临湘山，原为祭祀晋代著名政治家、军事家陶侃、陶淡和陶烜叔侄而建。乡民仰其清名盛德，立祠以为祀，自此香火不绝，享奉千年。陶公庙属于道教无疑。陶公庙山门门额为"临湘山"，称"山"也是道家的特征。"陶公庙"原为民间俗称。该庙始建于南北朝梁天监六年（公元507年），当初仅茅庵一橡，属民间祭祀，纯为纪念性建筑，后来逐渐演变为道教性质建筑。再考现存之后殿大梁，重建于清乾隆四十八年（1783年），清咸丰二年（1852年）清廷初封陶淡为孚佑真人，陶烜为福佑真人。清同治十一年（1872年）又分别加封"昭显"和"灵应"，另外山门左右门额，分别为"紫府"、"丹邱"也都是道家指仙人所居，陶公庙完全演变为道教宫观。

陶公庙由山门、戏楼、正殿和偏殿等部分组

图3-3-27 长沙陶公庙山门（李旭摄）

图3-3-28 长沙陶公庙戏台（柳肃摄）

成，占地11亩，建筑面积1852平方米。山门为五间七柱三门砖砌牌楼，高大华丽（图3-3-27）。正脊置琉璃幡龙宝顶，两侧列琉璃八仙，神态生动，屋脊两端鳌鱼收尾，檐下层层堆塑。门墙明间上方汉白玉阴刻贴金竖书"临湘山"，匾额周围五龙盘绕，构成传统的"五龙捧圣"图案。牌楼门之后有一戏台，进入大门后从戏台下通过进入前庭。戏台左右有小天井，其外为东西两间明屋，为单檐硬山弓形防火墙，此封火山墙具有浓厚的湖南地域特色。戏楼高14.6米，歇山顶，出檐深远，翼角高翘，翼角下饰有飞龙舞凤。屋顶采用歇山与硬山结合手法，与两侧的"弓形墙"及外墙的"山字墙"相互呼应，融为一体，体现了明显的湖南地方特色。戏楼

正脊中为五色葫芦宝顶，两端正吻为鸱吻，正脊堆塑北向为"蟠龙"，南向为"狮戏球"，戏台为黄色琉璃瓦顶，两侧山墙则用小青瓦，檐下如意斗栱层层交叠。栱端饰以龙凤，相间排列。戏楼上精致的木雕更具匠心，额枋、吊檐、栏杆、隔扇，到处都有精美雕刻，成为民间木雕艺术集锦。整个戏楼共雕戏文58出，中央隔扇上刻有"临湖山八景"。整个戏台装饰琳琅满目，成为湖南省内最华丽的古戏台之一（图3-3-28）。戏台前有一宽阔的地坪，通过殿坪，有依山而砌的48级花岗石台阶，拾阶而上为月台。台上为三开间单檐硬山大殿，为陶公庙的正殿。外檐石柱，内檐用卷棚装饰，空花隔扇。正殿为前后两殿，地面全部由花岗岩条石铺成，前段供奉陶公真人，后殿为观音殿。殿内集道教楹联之大观，富含哲理。

八、邵阳水府庙

邵阳水府庙，又名双江楼，位于邵阳市境内，是古宝庆府（今邵阳市）重要的文化和宗教中心。水府庙位于资水与邵水交汇处东岸，与西岸的爱莲池遥相对应。邵阳水府庙历史悠久。邵阳古城建于战国时期，由楚国大夫白善建立，称白公城。传说秦始皇南巡经过此地，见风景旖旎，建"望江亭"。三国时期，易守难攻的邵阳城成为蜀相诸葛亮占据的一个战略要地，驻兵此地，建点将台。湖南境内有湘江、资水、沅江和澧水四条大江汇入洞庭湖。两江交汇，水量大，泥沙淤积大，春夏间多发洪水，明万历年间（1573~1620年）地方官府领头，由当地乡绅百姓合资兴建水府庙，祈求河神保佑水路平安、风调雨顺。清道光年间（1821~1850年）重修。1978年大修。2007年由于城市防洪工程需要，为避免建筑被防洪堤遮挡，将水府庙整体抬升2.8米（图3-3-29）。

邵阳水府庙属于道教与民间信仰相结合的庙宇，原有建筑面积500余平方米，其中主殿8间380平方米，偏殿120多平方米。主殿内供奉河神、玉皇等58尊神像。现存水府庙古建筑仅为戏楼，供唱

图3-3-29 邵阳水府庙全景（柳肃摄）

图3-3-30 邵阳水府庙戏楼（柳肃摄）

图3-3-31 邵阳水府庙1（柳肃摄）

图3-3-32 邵阳水府庙2（柳肃摄）

戏祈神之用，外观3层，实则1层（图3-3-30）。三层八角攒尖顶，造型精美（图3-3-31）。全木结构，全楼用2000根纯木构成，榫卯结构，未用一根铁钉，结构精巧，叹为观止（图3-3-32），雕梁画栋，古色古香，内部中央有精美藻井。顶层有牌匾书：半入云。北侧外墙书"双清"，取资水和邵水两江清渠、波澜不惊之意。戏楼依照五行和地方民俗进行装饰，具有典型的湖南地方特色。

九、永顺祖师殿

老司城位于永顺县城东的麻岔乡，距县城20余公里。原名福石城，因是土司王朝八百年统治的古都，因而被称为老司城。土司时期，福石城是古溪州政治、经济、文化的中心，十分繁华。史籍记载老司城分内罗城、外罗城，有纵横交错的八街十巷，人户稠密，市店兴隆，史书有"城内三千户，城外八百家"，"五溪之巨镇，万里之边城"的记载。只可惜大部分建筑被毁，只剩少量古建筑和历史遗迹。老司城为中国土家族政治、经济、文化、军事的中心，地势险要，有"万马归朝"之雄称，古遗址、古建筑、古墓葬、古文物及其人文景观，构成一座土家族露天博物馆，记载了土家族的历史沧桑与变迁，2001年国务院公布为全国重点文物保护单位（图3-3-33）。

土司祖师殿位于老司城太平山南麓，始建于五代后晋天福二年（公元937年），重建于明代。殿堂坐东朝西，前面临河，轴线上的主体建筑依山坡纵向布局。山势较为陡峭，因而前后建筑距离很近，沿陡峭的石台阶拾级而上。整个殿堂均按汉族风格所建，主要殿堂有正殿、后殿、玉皇阁。此殿为土家族现存最早的道教建筑，是研究土家族宗教文化的宝贵实物资料（图3-3-34）。

正殿采用全木构，结构精巧，老百姓传为鲁班显灵所建。正殿占地580多平方米面阔五间，进深四间，重檐歇山顶，长17.5米，宽13米，高20米，用34根粗大木柱支撑屋顶（图3-3-35）。柱础用双叠圆鼓式，殿脊殿檐是图案

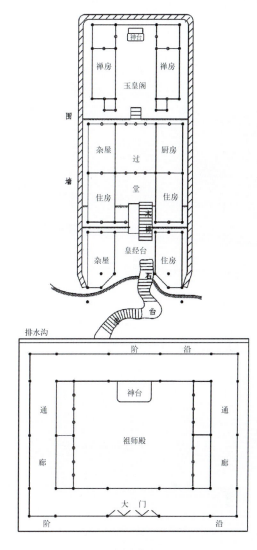

图3-3-34 永顺祖师殿总平面图（柳肃提供）

图3-3-33 永顺祖师殿全景（柳肃摄）

图3-3-35 永顺祖师殿正门（李旭摄）

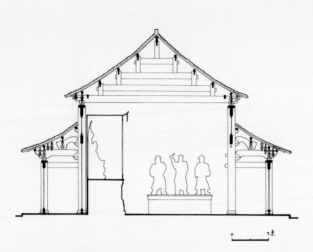

图3-3-36 永顺祖师殿剖面图（柳肃提供）

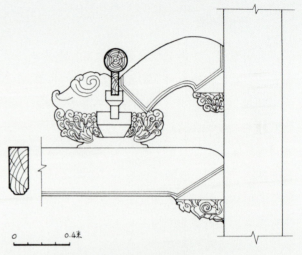

图3-3-37 永顺祖师殿乳栿剳牵图（柳肃提供）

精致的陶砖陶瓦。屋顶不做曲线，青瓦屋面。斗栱雄伟古朴雄浑，木构件不施彩绘，略有花纹雕饰。整体风格朴素，表现出明代建筑特征。殿中砌有神龛一座，上供"祖师"神像。坛前左右神台原供力士天王六尊，现已不存。正殿后沿陡峭的台阶进入后殿、玉皇阁，本来地基较高，加之楼阁建筑高耸的形象，使玉皇阁高高地矗立于正殿后面，形成一组特殊的建筑形象。玉皇阁重檐歇山顶，外观为楼阁式建筑，实则只有1层。内部木构架轻巧，檐下做有湖南地方特色的如意斗栱，反映了汉族文化对土家族地区建筑的影响（图3-3-36、图3-3-37）。

十、宁乡密印寺

密印寺位于宁乡县沩山毗卢峰下，系沩仰宗的起源地，沩仰宗是我国佛教禅宗五大宗之一。唐宪宗元和二年（公元807年），高僧灵佑禅师来沩山开法，经宰相裴休奏请朝廷御赐"密印禅寺"门额，建立了这座寺庙。

"密印"原指由印度传入的佛教密宗。灵佑禅师是来自衡山南岳的仰山宗的高僧，故寺门门联曰："法雨来衡岳，宗风启仰山"。据史籍记载，唐宋时，密印寺占地广阔，殿宇宏伟，传说寺内铸有千僧锅、万斛洪钟，声震山野。

密印寺创建1000多年来，历经朝代更迭，屡遭兵火，又多次重建。现存建筑有山门、大殿（万佛殿）、后殿、配殿、禅堂、祖堂等。山门高大庄严，为红色三开牌楼式砖石结构建筑，黄色琉璃瓦，中为拱形大门（图3-3-38）。正殿万佛殿是密印寺的中心建筑，殿宇宏伟，体量巨大。高约27米，重檐歇山顶，覆黄色琉璃瓦顶，屋脊翘角饰有精美玲珑的彩色琉璃。殿内38根粗大的白色花岗岩石柱，雄伟壮观，屋檐下有繁缛的如意斗栱装饰，使大殿既具磅礴气势，又有结构之美（图3-3-39）。殿内四壁墙上嵌有12218个小佛龛，每个佛龛中一尊佛像，故称"万佛殿"。每佛全身饰金，佛像神态肃穆，殿内金光灿烂，令人目眩，实为我国寺院之奇观（图3-3-40）。殿中原有雕刻十分精美的神龛，

图3-3-38 密印寺山门（宋盈摄）

图3-3-39 密印寺万佛殿（柳肃摄）

图3-3-40 密印寺万佛殿内景（柳肃摄）

图3-3-41 密印寺配殿（李旭摄）

图3-3-42 密印寺万佛殿回廊（李旭摄）

龛上立三尊佛像，威严、庄重。环绕万佛殿有东西配殿、斋堂、法堂、功德堂、涅槃堂、寮房等古建筑物，均为青砖青瓦，建筑年代相对较晚，多为民国时期的建筑（图3-3-41、图3-3-42）。

十一、衡山祝圣寺

祝圣寺位于南岳庙的东南侧，是南岳五大佛教丛林之一。1983年被国务院确定为汉族地区佛教全国重点寺院。唐代高僧承远（公元712～802年）在这里创建佛教寺院，名弥陀台。五代十国时（公元930～960年），马殷据湖南称楚王。适逢有掌诰夫人杨子莹施钱，在弥陀寺旧基上重建寺院，马殷名曰："报国寺"。至宋朝，赵氏朝廷再崇信佛教，法远兴启。北宋太平兴国年间（公元976～984年），太宗赵光义下诏，更寺名为"胜业寺"。宣和元年（1119年），宋徽宗崇信道教，诏天下建"神霄宫"，胜业寺被改为神霄宫，设官提举，后复为寺。元朝（1271～1368年）的九十余年中，胜业寺进行过多次维修，并在寺周培植树木，法运依然兴旺。到了明代，胜业寺又进行过多次修缮。明崇祯八年（1635年），住持佛顶，对寺宇、佛像又进行了一次大的修缮。清朝初，祝圣寺再经修缮、重建，成为

图3-3-43 衡山祝圣寺山门（李旭摄）

盛极一时的大寺院。清康熙五十一年（1713年）三月，逢康熙帝六旬晋一大寿，湖南、湖北的诸宪台齐聚南岳建"万寿国醮"，湖广总督额伦特、湖南巡抚王之枢奏改行宫为祝圣寺。14年后，清雍正五年（1727年），王国栋任湖南巡抚，又一次将行宫改祝圣寺的情况向朝廷呈送了奏折。雍正帝胤禛朱批"知道了"，并允肯"祝圣寺"名，祝圣寺名从此开始（图3-3-43）。

祝圣寺主体建筑共有五进，分为天王殿、大雄宝殿、说法堂、方丈室、罗汉堂。现在全寺共由六进四横六个院落组成，第一进为三拱形大门组成的山门，山门嵌满了泥塑彩绘。山门对面是一座新砌的高6米、宽18米、厚1米的花岗石五龙照壁，正面上镌直径约1米的"南无阿弥陀佛"六个大字，背面嵌有五龙戏珠浮雕。四周围以石栏，进入山门为一块长约30米的过道庭院。该处原是第二山门。现在这里已是古樟蔽空石板铺路，长圃夹道，成为一个浓荫清幽的院落，走过庭院即第三进天王

图3-3-44 衡山祝圣寺天王殿（李旭摄）

殿（图3-3-44）。过天王殿为第四进正殿——大雄宝殿。悬挂"大法王刹"四个金字匾额（图3-3-45）。此外尚有"说法堂""方丈室""天王殿"三块金字匾额。第五进说法堂，楼上为藏经阁，内有藏经千卷。过此为第六进，有一道砖墙与前面五进隔开，正中一道麻石大门通入内面，成为一个庄严独立的后院，是方丈室。方丈室两侧东为药师殿，药师殿后新建颜观堂，西为罗汉堂，罗汉堂后是客房，罗汉堂内原有五百罗汉石刻像镶嵌壁上，为寺僧心月三年刻成。药师殿与罗汉堂前面各有一个幽静的天井庭院，连接东西厢房。东厢有库房香积厨、斋舍、寮房，西厢最前面有观音阁，接着是神堂、接待室、招待用房、法物流通处（图3-3-46）。正中五进连在一条线上，两厢包绕，曲廊回环，庭院错落，构成一座庄严、雄伟的古寺整体。

祝圣寺建筑格局规整，从牌坊高耸的山门入寺，中轴线上依次分布着天王殿、大雄宝殿、说法堂（楼上为藏经阁）（图3-3-47）、方丈室四进大殿。东边厢房有客房、斋堂、香积厨、药师堂、库房、祖堂。西边厢房有禅堂、万古不磨（今接待室）、罗汉堂等。此外，还有不少僧舍库房及招待所等建筑。

图3-3-45　衡山祝圣寺大雄宝殿（李旭摄）

图3-3-46　衡山祝圣寺寮房（李旭摄）

图3-3-47　衡山祝圣寺说法堂（李旭摄）

图3-3-48 张家界普光寺山门（李旭摄）

十二、张家界普光寺

普光寺（又名"普光禅寺"），坐落在张家界永定区城东，前有天门山，后有福德山，是一座历史悠久，名声远播的寺庙。普光禅寺虽为佛寺，实则是由各种庙宇形成的古建筑群，包括文庙、武庙、城隍庙、崧梁书院等。现仅存普光寺、武庙与文昌祠等建筑，其他建筑或毁于兵燹，或毁于火灾，或因各种原因而被破坏。现存普光寺占地8618平方米，主要建筑包括大山门、二山门、大雄宝殿、罗汉殿、观音殿、玉皇阁、高贞观等。于不同年代相继建成，具有宋、元、明、清各个朝代的建筑风格（图3-3-48）。

普光寺整体格局为三门三殿，据考证，原来的"三门"有的已不存在，现在的"三门"指山门、天相门与天作门，"三殿"指大雄宝殿、罗汉殿与观音殿（图3-3-49）。

图3-3-49 张家界普光寺观音殿（李旭摄）

大雄宝殿是普光寺内最大的殿堂，也是这座寺庙的主体建筑。始建于明永乐年间（1403～1424年），清康熙四十七年（1708年）重修，后来清雍正、乾隆、嘉庆、道光、咸丰、同治与光绪各个时期也修葺过。山门正上方有"普光禅寺"四个金色的大字，两扇朱红油漆厚木板大门显得气宇非凡、古色古香（图3-3-50）。罗汉殿紧靠水火二池。殿内供奉的是十八罗汉，形态各异，造型生动。该殿始建于明景泰七年（1456年），清乾隆四十一年（1776年）重修。殿内16根大木柱，取自然形态，弯曲歪斜，自古就有"柱曲梁歪屋不斜"的说法，为全国寺庙建筑所罕见。以前，罗汉殿上面还供有二十四诸天像，并藏有木刻《金刚经》印刷版与佛经40箱（可惜已毁）。上下层中间设有藻井，终年承受下部殿堂中袅袅上升的烟雾熏蒸，故使所藏经书无虫蛀，也不受潮，此法非常科学，也非常简便、经济（图3-3-51）。

其他建筑还包括玉皇阁，始建于明永乐年间，清嘉庆十六年（1811）重修。坐落在观音殿以东，居高贞观之上，是普光寺的制高点。站在玉皇阁三层远眺：巍巍天门山、崇山、阴山与澧水两岸风光可以一览无余。东门坪、官黎坪、永定城内街道建筑尽收眼底。高贞观系元末明初建筑物，建筑面积为243.96平方米，进深11.4米，宽21.4米，其建筑风格为单檐歇山式山顶，脊栋下有攀间，梁与木柱间设有水平方向的板，为普光寺其他各殿绝无仅有。

十三、石门夹山寺

夹山寺又名灵泉禅院，位于湖南省石门县东南约15公里处，始建于唐咸通十一年（公元870年），历经唐懿宗、宋神宗、元世祖"三朝御修"。夹山寺因有奉天明玉和尚而名噪一时。今寺左大路西侧存奉天明玉和尚石塔墓。据说至明末清初，大顺帝闯王李自成兵败禅隐夹山住持30年。夹山寺鼎盛时期，其规模宏大，有九殿一宫，后屡经兵荒马乱数度兴废，现已修复六殿一宫。夹山寺是佛教禅宗祖师讲经说法之所，宋代高僧圆悟克勤在此住持说法评唱的《碧岩录》，被誉为天下"禅门第一书"，在中国、日本及东南亚国家影响深远。夹山寺为全国重点文物保护单位（图3-3-52）。

夹山寺占地50余亩，已有1130余年历史，享

图3-3-50 张家界普光寺山门（李旭摄）

图3-3-51 张家界普光寺罗汉殿（李旭摄）

图3-3-52 石门夹山寺山门

图3-3-53 石门夹山寺大雄宝殿

图3-3-54 石门夹山寺大悲殿1

图3-3-55 石门夹山寺大悲殿2

唐、宋、元"三朝御修"盛誉，曾长期居于澧水流域文化中心位置。原来的规模很大，从山门到大殿距离较远，俗有"骑马关山门"之说。大雄宝殿为清朝时期重建，面积500多平方米，五架梁，纯木结构，共有32根大木柱支撑起重檐歇山式的大屋顶，屋角起翘缓和，檐下只用券棚装饰，正脊中有宝葫芦，两端用鳌鱼收尾，为清朝常见的建筑形式（图3-3-53）。

夹山寺于1992年重建，现存佛教建筑主要有大雄宝殿、天王殿、大悲殿、法堂、藏经楼等，其中大悲殿系清初奉天明玉和尚所建。寺内藏有清朝碑记两通，一为康熙碑记；一为道光碑记。另外，夹山寺还有两座著名佛塔：一为开山祖善会和尚祖师塔；一为碧岩禅创始人圆悟克勤禅师塔（图3-3-54、图3-3-55）。

十四、蓝山塔下寺

蓝山县城东回龙山的塔下寺，是湖南省内塔寺并存的孤例。塔下寺，原名回龙寺，明万历前称净住寺，因传芳塔建于寺中，所以人们习惯称之为塔下寺。传说该寺始建于唐代，后历代均有修葺。而传芳塔始建于明嘉靖四十二年（1563年），到明万历六年（1578年）才建成。

塔下寺占地20余亩，据民国县志记载，兴盛时有大士阁、文昌阁、霞爽阁、观澜亭、水心亭、飞云亭、清音堂、祈嗣堂（注生堂）、传芳塔等名胜，为旧时县境十三寺中香火最旺的寺庙，号称"西域无双境，南平第一山"。现存建筑为传芳塔、大雄宝殿、戒堂、观音阁、观浪亭等建筑，四周香樟古槐环绕，苍松翠柏肃立（图3-3-56）。传芳塔为砖石结构，平面为正八边形，7层，高40米，塔基为天然岩石，塔体为青砖砌就。底层9.63米，外壁边宽4.03米，墙厚3.24米，从二层起逐渐内收。塔中空，塔中有186级内旋式阶梯，盘旋而上，直达塔顶。塔朝南，楣书有"峭塔凌云"四字，第二、三层塔檐用青砖平铺叠涩承托塔檐，第五、六层级之檐角嵌砺石并凿孔系铃，现已遗失。塔内每层均为八角平底和八角藻井顶，墙绘有"白蛇传"、"西游记"等传说故事，两层有券门（图3-3-57）。

塔下墙壁嵌有明万历间《塔下寺买田碑记》、《重建东塔碑记》、《新建东塔碑记》等碑刻4块。塔内各层均供有佛像，一层为寿佛，二层为皇，三层为真武，四层为星主，五层为龙殊，六层为文殊，七层为观音，每层四墙绘有壁画，历代香火旺盛。现因地基下沉，塔身向北倾斜，依然稳固屹立，堪比意大利的比萨斜塔（图3-3-58）。

塔的正前方是塔下寺的大雄宝殿，左侧是观音阁，右侧为传经堂、戒堂，塔寺并峙，是一组雄浑的建筑群。大雄宝殿为硬山顶小青瓦，砖木结构三开门，青石柱础均雕刻龙凤，藻井六面均有彩绘，

图3-3-56　蓝山塔下寺1（李旭摄）

图3-3-57　蓝山塔下寺2（李旭摄）

图3-3-58　蓝山塔下寺内部（李旭摄）

图3-3-59 长沙云麓宫前坪（柳肃摄）

图3-3-60 长沙云麓宫宫门（柳肃摄）

图3-3-61 长沙云麓宫整体格局（柳肃摄）

占地192平方米，内原供如来佛祖，左右立十八罗汉、二十四诸天神，门首悬"大雄殿"匾额。观浪亭为重檐四角攒尖顶式楼阁，砖木结构。山门为两重檐，单开间，青砖结构牌坊式建筑，寺内尚存碑刻十余方，至今仍为保存较好的佛教遗迹。

十五、长沙云麓宫

云麓宫是长沙地区最著名的道教宫观，位于长沙市岳麓山顶峰，相传为道教七十二福地第二十三洞真虚福地。明代初期，不少黄冠羽士在山修炼。明宪宗成化十四年（1478年）吉简王藩封长沙建为道院。明嘉靖年间（1522～1566年）孙复为长沙太守主持由道人李可经增修，使云麓宫道宫格局更趋完整。道宫四周广植松柏、桐梓、翠竹，使宫境极其幽雅，但不久遭废圮（图3-3-59）。

长沙云麓宫明隆庆年间（1567～1572年）道人金守分住持该宫修道，有殿元张阳和慕名拜访，因敬金守分道人玄机奥义、识度弘深，乃协力倡修云麓宫。增建三殿，前殿为关帝殿，中殿为玄武祖师殿，后殿为三清殿，三殿皆为石柱铁瓦。殿两厢为丹房。并于宫后建望湘亭。该宫为岳麓山巅峰，使之极为壮观，凭栏远眺令人心旷神怡。

明朝末年，云麓宫不幸毁于战火。清康熙年间（1662～1722年）又经修整，清咸丰年间（1851～1861年）又遭兵毁。清同治二年（1863年）武当山太和观道士向教辉居此宫，召集众道友募资，仍按昔日规模重修云麓宫，并于前殿左右建五岳殿、天妃殿，前殿增修宫门（图3-3-60、图3-3-61）。有临湘先士吴獬游此撰"对云绝顶犹为麓，求道安心即是宫"一联于宫门，联内嵌"云麓道宫"四字，为一时名联。云麓宫前有拜岳石，又名飞来石，石方丈余，因其可瞻望衡岳而拜，故名拜岳石。近处古树杈中有钟，钟上铭文为"明万历四年

图3-3-62 永州武庙大殿（柳肃摄）

造"，经风霜雨雪而无锈，道人作息时鸣钟，其声激越清扬，偶听之如同"归来"之音，故又名"归来钟"。

十六、永州武庙

武庙又名关圣庙、关帝庙、关云长庙，坐落于永州古城东山上高山寺右侧，东西向，建筑面积约700平方米，系砖木结构，歇山重檐式，红墙青瓦，翼角高翘，端庄雄伟。现存正殿，殿前有宽3米的檐廊，廊前有六柱，直径约0.6米（图3-3-62）。其中青石龙凤柱四根，浮雕雌雄蟠龙，龙头硕大，张嘴含珠，势动欲腾，其中两雌龙怀抱小龙，小龙形态活泼天真，精美绝伦，是现已存在不多的古代雕刻艺术精品（图3-3-63、图3-3-64）。殿内关云长神像前原有"秉烛岂避嫌此夜心中思汉，华容非

图3-3-63 永州武庙龙柱（柳肃摄）

图3-3-64　永州武庙龙柱细部（柳肃摄）

图3-3-65　永州武庙青石丹墀（柳肃摄）

报德当日眼底无曹"等对联，20世纪50年代毁。殿正门上方原挂有一横匾，正书"与天地参"四个大字，系清光绪十二年（1886年）零陵总兵才勇巴图鲁长明敬献。殿台基前有石狮二尊，青石丹墀浮雕云龙，气势雄伟。殿后有歌颂关云长功德的圣谕碑一块（图3-3-65）。武庙建筑造型宏伟，石刻石雕富有民族艺术风格，因年久失修，四檐残破，石龙拆缝。1988年永州市人民政府拨专款维修，1996年被列为湖南省文物保护单位。

十七、新邵文仙观

文仙观位于巨口铺镇文仙村文斤山中部，东南距邵阳市35公里，东距巨口铺镇7.5公里。创建于北宋初年，为纪念晋代高坪县县令文斤在此修道成仙而建的道观。明清重修，现观内幸存有城隍殿、三官殿两座殿宇建筑物和玉皇殿、五岳殿、文仙殿等三座殿宇遗址。经湖南省文物专家鉴定考证，该观系湘西南地区道教发源地，为湖南省省级文物保护单位。

文仙观道院殿宇齐整，规模宏敞。自宋代创建以来，经过多次维修和扩建，至明万历年间（1573～1620年）已基本定型，建筑占地面积达5000多平方米，形成了一个独具特色的宫殿群。其平面呈不规则椭圆形，坐西朝东，分为宫殿区和住宅区两大片，中间为文斤街。街口建有灵真宫（早毁，仅存资料记载），宫前约50米处筑山门，灵真宫后街之左为宫殿区，街之右为道士住宅区。宫殿区中轴线上依次为城隍殿、三官殿、玉皇殿、五岳殿（又称东岳殿）、文斤殿（又称真人殿、雷公殿）。城隍殿之前，有一块平地，称为"老殿场"，可能是文仙观最早的宫殿基址。观院的台基前低后高，从老殿场开始，依次梯级而上，前后形成较大的落差。而宫殿建筑，又是前面的矮小狭窄，后面的宏伟宽敞，从观外一眼望去，气势宏伟。观内的神像皆为木质，多为明代雕刻。

十八、桃源星子宫古建筑群

明洪武三年（1370年），道教名师张道会慧眼独具，在此潜心修行，修筑了三元宫，并将星子山改名为星德山。后香火日盛，信徒扩展至鄂西南、湘西北两省十八县。明天启二年（1622年）桃源、慈利二县官员奉诏修灵霄行宫，三元宫易名为灵霄宫，以后又经几代道人数度扩建，形成了以星子宫为主体的古建筑群。因此山紫砂岩开采便利，所以古建筑皆为石结构，石墙、石阶、石门、石瓦、石柱、石梁，雕刻精美，珠联璧合。星德山现存的星子宫、寝宿殿、火工殿、王爷殿、百子堂、南天门等建筑，风格统一，结构严谨，蔚为大观，为湖南乃至国内所罕见，具有极高的艺术观赏价值与历史价值，是研究古代建筑艺术和道教发展脉络的活化石（图3-3-66）。

星德山中古墓众多，明、清两代，道教在沅澧流域得到空前的繁荣和发展，在当时的桃源，南有桃花源的桃川宫，北有星德山的星子宫，均是首屈一指的知名道观。民国时期因战乱频繁，百业凋敝，道教亦由盛及衰，星德山风光不再。"文化大革命"时期，星子宫古建筑群遭到了严重的破坏，很多精美的碑碣、神像、雕塑毁于一旦，残垣断壁。2013年，星子宫古建筑群被列为全国重点文物保护单位。

星子宫的旧貌恢宏壮丽，建筑布局因山就势，疏密适度，高低错落，有正殿三重，偏殿六间，两翼还分布着王爷殿、百子堂、火工殿、寝宿殿、三生殿、南天门、观星坛、望月楼、玉霄殿等诸多建筑，呈众星拱月之状（图3-3-67）。

星子宫的老山门高3米，经风沥雨，阅尽了世事沧桑，至今依旧耸立。其正面立柱上刻有楹联"石壁星辉，观其上，如近碧天尺五；佛宫月朗，到此间，顿忘尘世三千"。字为行楷，笔力劲挺奔放，笔势畅达而腴润。山门两边嵌刻着名为"星德山之

图3-3-66　桃源星子宫全貌（陈晓明摄）

图3-3-67 桃源星子宫整体格局（陈晓明摄）

由来"的碑石，后面的门楣上雕凿着"毫无四相"四个浑圆大字，蕴含道教的无尽玄机与奥秘，每个字均饰有简洁的花边。在通往山门的石阶边，有石狮和石象各一对，形制小巧，虽有残缺，但造型非常独特，于古朴厚拙中透出一份灵气。

星子宫古建筑群中的各类石雕，工艺都相当精湛，有着极高的艺术品位。从灵霄宫的遗址中清理出的一块石制构件，上面浮雕"喜鹊闹春图"，左侧的桃树和右边的芍药花枝层叠，相映生辉。桃树上的三只喜鹊，或飞或跳或栖，远近、高低、神态各不相同，但眼神却都聚集在芍药花的一个花苞上。其空间立体感之强，其神态之逼真，称得上是惟妙惟肖，呼之欲出。

古人修造寺庙和道观，格外注重风水地理，所谓"藏风聚气"、"负阴抱阳"，凝聚着人类远古的智慧。建在星子宫下30米外的王爷殿，遵循着同样的理念。王爷殿背西面东，高8米，占地面积27平方米，为牌楼式建筑，除了穹顶被重新加固以外，其他的地方都保持着古色古香的原貌。它的修筑先以长方形条石在峭壁巉岩间垒砌基础，其围栏、台阶、梁柱、墙体、重檐、翘角也都是由方方正正、规格不一的石料构成。牌楼上部叠设着斗栱，造型极具湘西地方特色，牌额镶嵌有四块石匾，分别雕镂着"二龙戏珠"及众多戏剧人物图案。王爷殿殿内供奉的是雷音普化天尊神像，两侧还侍立着雷公、闪母，姿态肃穆，赫赫巍巍（图3-3-68）。

十九、洞口秀云观

洞口秀云观坐落在山门镇黄泥江畔风景秀丽的秀云山上，距洞口县城约22公里。该观俗称秀云南

图3-3-68　桃源星子宫王爷殿（陈晓明摄）

岳，始建年月不详，清光绪丙子（1876年）版《武冈州志》有"南岳殿……地灵神显，不知起自何代"之记载。父老相传，早在宋代，这里的寺庙宫观颇具规模，历元、明、清几代，不断扩建修葺，建成了南岳殿、观音殿、大雄宝殿、地母殿、关圣殿、山门牌楼等，占地面积8026平方米，形成了一个以道教为主、佛教为辅的道佛双参的宗教活动场所。

二十、凤凰天王庙

天王庙也称三侯祠、三王庙，位于城东南观景山麓，是一组工艺精巧的古建筑群，占地3000余平方米。天王庙相传是为祭祀"统三十六人，杀苗九千"，替朝廷效忠，残酷镇压苗族兄弟，分别被皇上封侯，最后又被朝廷毒害的宋代杨业第八世孙杨应龙、杨应虎、杨应豹三兄弟建的祠庙。正殿坐南朝北，由24根朱红大柱支撑，长14米，宽15米，高10多米，内置袍褂整齐、怒目威严的赤、白、黑三王神像，正门及门窗屋檐有许多奇特的古老浮雕。

二十一、通道白衣观

通道白衣位于湖南通道侗族自治县播阳乡，清乾隆二十四年（1759年）由侗族道士募建，供奉太上老君和侗族崇拜的诸神。它又名"千丘百塔"，为5层八角穿斗式木结构塔楼，通高18.92米，底边长5.7米，占地面积920平方米。楼内架木梯呈螺旋状直达顶层。每层四周开方格窗户，以利采光透气。主楼四周用干砌盒斗式砖墙围合成院落。原各层都置有神龛，可惜现已不存。

湖南古建筑

第四章 文教建筑

湖南文教建筑分布图

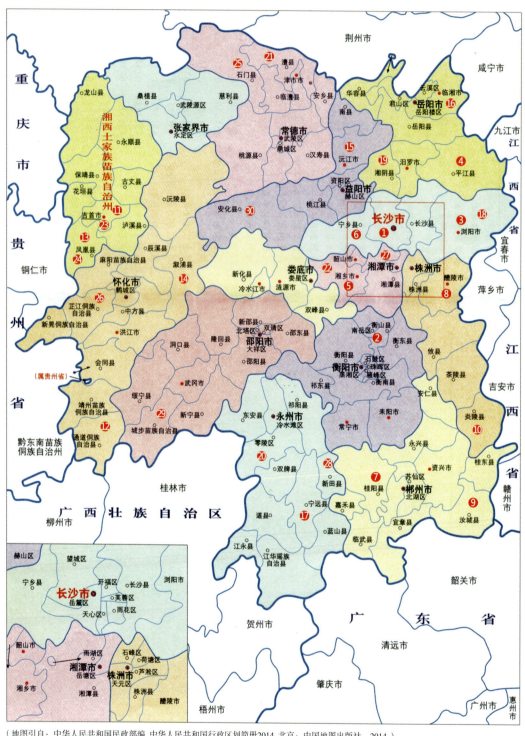

（地图引自：中华人民共和国民政部编. 中华人民共和国行政区划简册2014. 北京：中国地图出版社，2014.）

- ❶ 长沙岳麓书院
- ❷ 南岳邺侯书院
- ❸ 浏阳文华书院
- ❹ 平江天岳书院
- ❺ 湘乡东山书院
- ❻ 宁乡云山书院
- ❼ 桂阳鉴湖书院
- ❽ 醴陵渌江书院
- ❾ 汝城濂溪书院
- ❿ 炎陵洣泉书院
- ⓫ 吉首潕溪书院
- ⓬ 通道恭城书院
- ⓭ 凤凰三潭书院
- ⓮ 溆浦崇实书院
- ⓯ 沅江琼湖书院
- ⓰ 岳阳文庙
- ⓱ 宁远文庙
- ⓲ 浏阳文庙
- ⓳ 湘阴文庙
- ⓴ 永州零陵文庙
- ㉑ 澧县文庙
- ㉒ 湘乡文庙
- ㉓ 吉首乾州文庙
- ㉔ 凤凰文庙
- ㉕ 石门文庙
- ㉖ 芷江文庙
- ㉗ 湘潭文庙
- ㉘ 新田文庙
- ㉙ 城步文庙
- ㉚ 安化梅城文庙

第一节 古代文化教育与文教建筑

所谓"文教建筑",是指与文化教育相关的建筑,实际上就是学校。中国古代的学校分为官学和私学两类:官学是指中央和朝廷以按地方行政区划的地方官府所直接创办和管辖的学校,也叫"学宫";私学指私人办理的学校,多数为"书院"。湖南古代文教发达,现存于省内各地的文教建筑作为湖南古代教育的载体,实则是湖南古代教育和湖湘文化发展的历史见证。并大致可划分为四个阶段:即两汉时期为初始期;隋唐五代时期为成长期;两宋时期为蓬勃发展的高峰期;元明清时期为完备期和鼎盛期。

一、两汉——湖南教育的初始期

学校教育在湖南的出现比在中原晚得多,楚国时期,湖南教育都处于原始状态,教育水平低下,教育内容是根据原始人群生产劳动和生活的需要并在生产劳动和生活过程中产生的,这是原始的广义的教育,有教无校,没有专门的机构、施教人员和固定的施教场所,更无从谈起文教建筑。到春秋战国时期,湖南全境被纳入楚国的势力范围,逐步跨进"文明社会"的门槛。据《左传》记载,春秋战国时期楚国建有名为"渚宫"的学校,但设置地点在今湖北江陵,湖南地区当时是否建有学校,由于史料缺乏至今不得而知。但据史学家从长沙马王堆汉墓出土的28件共12万多字的帛书推测,这很可能是太傅们教育王侯的教材,这种教育不一定是学校教育,但由此可推论湖南长沙在汉初开始正式有了有意识的教育,但可惜史料记载不详。

关于湖南学校教育的最早记载,始见于《后汉书》。东汉时期,据《后汉书·宗均传》记载,宗均奉任武陵太守,在降服起义的"武陵蛮"后,大兴学校。可见湖南的文化教育在东汉时期逐渐由长沙地区向桂阳、辰阳、武陵等偏远地区扩散,有的地方还相当发达。此为湖南学校教育的初始期。

二、隋唐时期——湖南教育的成长期

三国两晋南北朝时期,战乱频繁,湖南的文化教育也处于沉寂状态。隋唐五代时期,湖南虽也经历农民起义,但所受战乱波及和直接影响较小,社会和经济相对较稳定。特别是隋唐科举制度的建立极大地刺激了士人求学的热情,但湖南在中原人看来仍是"南蛮瘴疠"之地,成为朝廷"罪臣"贬谪放逐之所,很多文人墨客因此来到长沙,正是这批文化名人使湖南文化教育呈现初步繁荣,尤其是湘南的官学普及率远高于其他地区。不仅州县学更加普遍,私学也开始发展,而且出现了书院教育形式的萌芽。究其原因,正是因为湖南官学起步较晚,地方官学历史不长,并没有在地方上形成根深蒂固的习惯势力,加之安史之乱后,湖南地区得天独厚,临界南北,既最先感受北方的先进,又免受战乱,但习惯上仍被视为贬谪之地,被流放的文人墨客多出自于私学,且习惯于私学自由讲学、潜心学问的氛围,从而多方面地促成了湖南在中国古代私学发展史上的重要地位。唐代全国共建书院17所,而湖南占有5所。这一时期为湖南教育及文教建筑的成长期。

三、两宋时期——湖南教育发展的高峰期

两宋时期,北方少数民族南下,中原地区战乱频繁、国家政治、经济、文化中心逐步南移。湖南经济得到迅速发展,文化教育事业也呈现前所未有的发展势头。湖南各州、县大多设立了学校,地方上还设有小学、乡学、义学、武学及私学。湖南古代教育在宋代出现了有史以来的第一个发展高潮。

宋代湖南教育的大发展,首先是由于国家重视发展地方教育,实行"重文抑武"的文教政策。特别是宋代三次兴学运动,直接推动了地方学校教育事业的普及和发展。在这种背景下,北宋徽宗前后及宋室南渡以后,湖南各地州县学大规模发展。

其次,宋代科举制度的改革,规定科举必由学校。据考证统计,湖南官学的建立相当普遍,几

平每县均有县学,当时全国县学普及率为44%,而湖南为92%,有明确记录创建于宋代的湖南文庙有40余所。学校的发展为偏远地区的士子提供了实现"朝为田舍男,暮登天子堂"理想的良好条件。

再次是理学对宋代教育的推动。湖南是理学的发源地,理学创始人周敦颐就是湖南道州(今道县)人。理学的影响直接推动了书院的兴盛和发展,理学是书院的灵魂和内容,书院是理学传播的阵地和形式,湖湘学派的兴起与湖南书院发展的高潮是同时来的。除湖湘学外,朱学、陆学、陈学、吕学等南宋理学门派对湖南书院的发展都产生过很大影响,从而使书院成为湖南宋代教育发展的一大特色,湖南书院成为全国书院的楷模,从而也促进了书院建筑艺术的发展。

北宋后期书院呈现官学化倾向,岳麓书院成为湖南省内的最高学府。同时,宋代湖南书院达56所之多,遍及全省30余县,分布之广,规模之大,堪称全国一流。

四、元明清时期——湖南教育的鼎盛期

元朝时期,国家统一,多民族融合,中西往来和交流增多,有力促进了我国经济、政治、文化的发展,湖南地区在教育、文化、科技等方面也随之有所成就,但由于元末的湖南处于元军和红巾军的斗争中,社会不稳定,所以总体上元代湖南的教育不如宋代发达。

明初,国家采取了一系列整顿吏制、奖励垦荒、重教兴学等措施,湖南不仅经济上随之呈现"湖广熟,天下足"的盛况,而且学校教育的发展和政治文化人物的涌现均超过宋元时期,并发生了很大变化。一是强化巩固了宋代理学家程朱在科举和各级学校教育中的主导地位;二是学校制度更加完备,建立了从中央到地方以儒学为主体的官学教育系统,形成了社学——府州县学——国子监的地方官学与中央官学相衔接的学制系统;三是书院教育更加发达,开始向农村地区普及。

发展至清代,湖南省的学校更加普及,100%的州府、66%的厅、100%的县都建立了学校。在官学——私学横向联系的学制系统基础上,学校教育进一步向偏远少数民族地区延伸,书院数量之多、分布之广,大大超过了学宫。据统计清代湖南所建书院达385所之多,几乎每县都建有书院,成为古代教育制度的一个重要组成部分,与官学形成鼎立之势。至清光绪二十七年(1901年)行新政,诏改书院为学堂,至此,曾经在中国历史上辉煌过的书院最终成为历史。

第二节 古代文教建筑的类型及其特点

中国古代,视教育为民族生存发展的命脉。中国古代教育的发达首先体现在教育制度的完善,它们具体包括官办的学校和私立的学校两类。

一、文庙建筑

中国古代最早的官办学校几乎是与国家同时产生的。西周官学发展为中央"国学"和地方"乡学"两级。湖南省作为地方行政区之一,也设有塾、庠、序、校等类型。唐代制度规定凡办学必祭奠先圣先师,由此开始政府官办的地方学校中都设立孔庙。宋代赐封孔子为"大成至圣文宣王",孔庙被称为"文宣王庙",简称"文庙"。因此今天全国各地大多数地方叫"文庙",少数地方仍叫"孔庙"。因为庙和学必须建在一起,故又被称为庙学,它涵盖了孔庙和学校,并主要指地方官学,一般分为府学文庙、州学文庙和县学文庙三级。

学宫和文庙建筑作为官学教育的场所,在长期的发展中已形成一定的规制,基本格局一般为左庙右学,反映以左为尊的文化特点,但也有少数例外的。由于孔子的思想被尊为国家正统,孔子本人也被历代皇帝赐封,祭孔的礼仪也属于国家级的祭祀,因而孔庙建筑在等级上等同于皇家建筑。强调其庄重和权威感,群体布局采用中轴对称、纵深发展的多进院落,建筑形式一般采用官式做法,红墙

黄瓦，类似皇宫，在府州县地方建筑中的地位特别突出。

建筑群体分为三个部分：前导部分、主体部分、后部及附属建筑。由万仞宫墙至大成门为前导部分，其中有泮池、棂星门等。大成门至大成殿为主体部分，构成文庙的二进院落。大成门及两庑多为硬山式建筑，突出两边的封火山墙，具有显著的地方特色。大成殿为文庙的主殿，是祭祀孔子的殿堂，多为重檐屋顶，覆黄色琉璃瓦。

湖南的文庙建设最早始于唐代。据《湖南通志》统计，在各府、州、县学宫文庙中，明确记载创建于唐代的有永州、道州、衡山、江华的学庙。另外还有一些宋代迁建、改建、重建的，估计始建年代也是宋以前。建造文庙最多的是宋代，据志书记载湖南80余所学宫文庙中，有40多所创建于宋代，明代增建10多所，清代增建10多所。反映了宋代湖南文教发展，理学盛行的历史特点。宋元以后，湖南文庙因多地处城中而屡遭战火毁坏，明清一再重建重修。因此湖南现存20余所文庙遗址中，多数已不完整，且为清代遗构。唯岳阳文庙大成殿尚部分保留有宋代的构件做法。湖南的文庙大成殿檐下多施卷棚，殿前有石砌月台、丹墀御路。两庑与大成门之间的两侧多设钟鼓亭；大成殿至崇圣祠为文庙的后部及附属建筑，构成第三进院落，崇圣祠供祀孔子的父母，启圣祠则供祀孔子的五代先祖，其他附属建筑，如乡贤祠、名宦祠、魁星楼、奎文阁、碑亭等，则因规模大小，条件不同而相应配置，非所有的文庙都有。唯有湘潭文庙的大成殿后面是亚圣祠，祭祀孟子，这在中国各地其他文庙中少见。

二、书院建筑

与官学比较而言，私学受政府权力的直接干预较少，故而可以获得相对独立的发展。按程度而言，古代私学也有小学和大学程度之分。前者为初级教育——蒙学，如汉代的书馆，宋元的乡学、家塾、冬学等；后者相当于高等教育，典型代表是由汉代的精舍发展而来的书院，并成为中国封建社会后期私学最重要的教学场所。但在各地民间，一般把初级的和高级的都叫作书院了。

书院是一种由儒家士大夫创办并主持的独特教育机构，是在我国悠久的私学基础上形成的一种社会办学形式，所谓"乡党之学"。书院起于唐，盛于宋，为文人聚居求学之处，且多为退隐之士所主持，并参与建设经营、捐资修建，故书院在群体、环境、造型、意境等各方面多受儒家文化的深刻影响。

书院建筑讲求风景环境的选址和经营，追求"天人合一"的理想境界，寓教化于游息之中是书院建筑的突出特点。书院虽是一组较为庞大、严谨规整的建筑群，但重视地形的利用，层层叠进，错落有致，加以庭院绿化，林木遮掩，以及亭阁点缀，山墙起伏，飞檐翘角，构成生动景象，与自然景色取得有机结合，因而收到"骨色相和、神采互发"之效。院外景色，则尽量利用山林之胜，"自在天然之趣，不烦人事之工"，重在"巧于因借"之妙。

书院严谨的建筑群体，是社会群体意识的表现，反映"礼乐相成"的思想观念。采取中轴对称、多重院落天井组合、对外封闭、对内开敞的形式。其三大主要功能——讲学、祭祀、藏书，在布局上分区明确，排列有序，十分严谨。根据书院自身的特点，讲堂、祭殿、藏书楼等主体建筑一般位于中轴线上，形成二进或三进院落，多达五六进者，则增设二门、文昌阁等建筑。讲堂为书院讲学、讲会、宣教等重要礼仪活动的中心场所，一般三至五开间，面对庭院开敞，以增活动余地。祭祀是书院的重要活动。故书院一般都设有礼殿、专祠，以供祀孔子和有关学派祖师以及地方学者名流或建院有功之臣等，反映其重视传统教育的特点。受官学的影响，明清时期少量规模较大的书院还设有文庙，如岳麓书院就在其左侧设有文庙，而一般的书院只在里面设一座殿堂祭孔子。藏书楼多处于书院后部，取其幽静，一般为2层楼阁。斋舍是生徒住宿之处，分布于中轴两侧，构成廊院，以适应其居学为重、自学为主的教学要求。整个建筑群表现出主次、尊卑、内外有"序"，又与独具匠心的天井庭院及园林环境融为一体，正是"礼乐相成"的具体表现。

书院建筑的造型追求朴实自然之美，反映"善美同一"的观念。现存的湖南书院建筑，多为清代遗构，但多承旧制发展，始终保持其传统特点，提倡简朴之风，强调社会实用功能，"依善"为根本的美善统一的美学思想。一般以砖木结构为主，构架以穿斗和抬梁结合，硬山搁檩，简洁清新；突出封火山墙，起伏连续，形成具有节奏变化的轮廓线。一般以单层为主，晚期亦多2层，密集组合，突出个别歇山楼阁，形成紧凑的整体造型；装修装饰较少雕饰彩绘，点缀素雅，比较讲求表现材质、色调和体量、虚实的对比效果，因而显示其朴素自然之美，突出反映了文人的建筑观点。

湖南书院的发展历史悠久，在全国占有重要地位。据统计全国17所唐代书院中，湖南至少占有5所以上，宋代四大书院中，湖南就有两个。自后历代发展多达500多所，居全国各省的前列。不仅数量多，且分布均匀，甚至在一些边远的乡村都有书院。尤因宋代理学大师如周敦颐、朱熹、张栻、吕祖谦、王阳明、湛若水等及其诸多弟子在湖南各地讲学、创院活动，深刻影响了书院建设及地方文风的发展。

第三节　现存建筑实例

一、长沙岳麓书院

位于长沙市岳麓山东麓，今湖南大学校园之内。岳麓书院创建于北宋开宝九年（公元976年），为我国著名的"四大书院"之一，是中国古代历史悠久的教育和学术研究机构。早在唐末五代，岳麓寺僧人"辟地建屋"，在此办学，遂成为书院的前身。

宋太祖开宝九年，潭州（今长沙）太守朱洞所建书堂"因袭增拓"，正式创建书院，初有"讲堂五间，斋舍五十二间"。宋真宗咸平四年（1001年）加以扩建，真宗大中祥符五年（1012年）再次扩建，祥符八年（1015年）山长（即院长）周式以品学著称，"朝廷重之，士望归之"（光绪《湘阴图志》），御书赐额——"潭州岳麓书院"，从此，"书院之称闻天下，鼓箧登堂者不绝"（张栻《岳麓书院记》），岳麓书院遂成为我国四大书院之一。南宋绍兴初，书院毁于兵火，乾道元年（1165年）刘珙重建，邀请张栻主教，书院才得以复兴。乾道三年（1167年）理学大师朱熹跋涉千里自闽来访，两人在书院讲学月余，成为史上著名的"朱张会讲"，全国各地学子云集听讲。南宋淳熙十五年（1188年），书院再度扩建。南宋绍熙五年（1194年）朱熹任湖南安抚使，再次来书院讲学，并将斋舍扩建。南宋淳祐六年（1246年）又获理宗御书"岳麓书院"匾额。南宋德祐年间（1275—1276年）元将阿里海牙率兵围攻长沙，书院毁于兵火。元世祖至元二十三年（1286年）重建书院，元延祐元年（1314年）大重修，元至正末（1368年），书院又毁于兵火。明宣德七年（1432年），周辛甫始捐修讲堂，明成化五年（1469年）复建礼殿，自此以至明末，对书院的修葺增补达三十次之多，其中较有影响的为弘治、正德、嘉靖三次。明崇祯十六年（1643年）书院遭兵火，毁败无余。清康熙七年（1668年）重建书院，修建礼殿、成德堂、静一堂、崇道祠、六君子祠等。不久，吴三桂占据湖南，书院复遭破坏。康熙二十三年（1684年）重修书院，奏请赐额颁书。康熙二十六年（1687年）得御书"学达性天"额及《十三经》与《二十一史》等书；清乾隆九年（1744年）又得御书"道南正脉"额。清同治七年（1868年）重修书院，这次维修规模较大。书院现存建筑都是这次大修以后的遗构。

清光绪二十八年（1902年），清政府实行"新政"，改革学制，诏谕各省"于省城改设大学堂"。次年废书院，改为湖南高等学堂。学堂仍以此为校舍，仅将"东西斋舍悉改新式"，而自大门以上，讲堂、文昌阁、藏书楼及周、程、朱、张等祠堂保留不变。1912年在此设湖南高等师范学校，1918年湖南省立高等工业专门学校迁设书院。1926年法政、商业专门学校于此与工业专门学校合并，成立湖南大学。岳麓书院自宋代开办，直到近代转型改为新式学堂，再改为湖南大学，一千多年间办学不辍，故有"千年学府"之称。

岳麓书院建筑在布局上采用中轴对称、纵深多进的院落形式，占地面积2.1万平方米，建筑面积7000多平方米，坐西朝东。中轴线上自东而西依次为赫曦台、大门、二门、讲堂、御书楼，左右有斋舍、文庙和百泉轩等。

赫曦台的建筑形式实为戏台，最初建在岳麓山上，朱熹和张栻常登台观日出，取名"赫曦"，因年代久远而塌毁。清乾隆五十五年（1790年）山长罗典为追念朱熹和张栻，重建赫曦台于书院前。建筑平面呈"凸"字形，石砌台基，前部单檐歇山与后部三间硬山屋顶相结合，两边是具有湖南特色的弓形封火山墙，上盖小青瓦，饰以空花琉璃脊，挑檐下设卷棚。台前后左右两壁端头堆塑戏曲故事。左右外壁上有道教暗八仙图案，左右内壁上分别塑有"福"、"寿"两个丈余高的大字（图4-3-1）。与赫曦台正对的建筑为中门，三开间双面廊式，硬山屋顶，中间大门两侧书有"唯楚有才，于斯为盛"的著名对联（图4-3-2）。

全院的中心建筑为讲堂，面阔五间，进深三间，单檐歇山顶，前面做成轩廊形式，朝庭院一面全开敞。主体屋架结构采用抬梁式与穿斗式相结合的形式，外接卷棚屋顶（图4-3-3）。堂内墙壁嵌朱熹手迹"忠、孝、廉、节"石刻，前廊内壁上嵌"整齐严肃"四个石刻大字，为书院院训。前檐悬挂"实事求是"匾，为书院改高等工业专门学校

图4-3-1　岳麓书院赫曦台（柳肃摄）

图4-3-2　岳麓书院中门（柳肃摄）

图4-3-3　岳麓书院讲堂（柳肃摄）

图4-3-4 岳麓书院讲堂内部（柳肃摄）

时校长宾步程于1917年所提，毛泽东早年在此求学时受其影响。讲堂大厅中央悬挂两块镏金木匾，一是清康熙二十六年（1687年）御赐的"学达性天"，一是清乾隆八年（1743年）为表彰岳麓书院传播理学的功绩所御赐的"道南正脉"（图4-3-4）。

后部的核心建筑为御书楼，是书院的藏书楼，因历代皇帝御赐匾额、书籍等收藏于楼内，故名"御书楼"。抗日战争时期被日军飞机炸毁，现存建筑是1986年重建的仿宋建筑。面阔五间，"凸"字形平面，前出门廊，后置山墙，为3层楼阁式建筑。重檐歇山顶，卷棚沿口，琉璃瓦当，脊端置坐狮，琉璃鸱吻。楼前所悬"御书楼"匾系集朱熹手迹而成（图4-3-5）。

书院左侧有一座独立的文庙，此为国内书院中少有。按古代礼制凡办学必祭孔，但只有在官办的学宫才有独立的文庙，而书院一般只有一座殿堂祭孔子，没有独立的文庙。岳麓书院有独立的文庙，说明其地位高于一般民办书院，类于官学。文庙中轴线上依次为：照壁、大成门、大成殿、崇圣祠。

图4-3-5 岳麓书院御书楼（柳肃摄）

在照壁与大成门之间两侧各立一石牌楼，构成一进院落；牌楼全部为麻石砌成，四柱3层，上雕有龙等饰物，内侧题额分别为"贤关"、"圣域"，外侧题额分别为"德配天地"、"道冠古今"。照壁与大成门仍为明清时期的建筑。大成门的石阶前，有一对明代石狮，雕工精美，最特别的是石狮形态妩媚可爱，与一般大门前凶猛的石狮形象截然不同。大成门与大成殿以及两侧厢房构成二进院落。大成殿面阔五间，重檐歇山顶，覆黄色琉璃瓦，殿前有月台，月台前的丹墀为明代遗物，在"文化大革命"中遭受一定程度的毁坏。大成殿与两庑均在抗日战争期间被日本飞机炸毁，现存大成殿为抗战后重建，两侧厢房为1993年重修。第三进院落由崇圣祠、明伦堂和文昌阁组成。早在明代就有了崇圣祠和明伦堂，抗战时期毁于日机轰炸。2004年仿明代建筑风格在原址重建。根据地势，崇圣祠位于中轴线后端，且置于高台之上。建筑呈"凸"字形平面，中间突出单檐歇山顶，两侧有人字形山墙，具有官式建筑与地方特点相结合的特征。明伦堂在崇圣祠的左侧，单独一个小院落，前有垂花门，院内一棵直径约1米的大枫树，已有三百年的树龄。明伦堂采用硬山式屋顶与具有湖南地方特色的封火山墙相结合，陈列于建筑前的石碑和部分建筑石构件均为修复时出土的明代原物，是非常珍贵的历史文物。

书院右侧有园林，岳麓山泉水汇聚于此，该处与爱晚亭景区相连，林木茂盛，岳麓山众多山泉汇聚于此，终年不涸。1984年旧址重建百泉轩，五开间单檐歇山顶，此处为古代书院山长（书院的院长叫"山长"）居住之所（图4-3-6）。借景岳麓山，汇集山泉，组成以水为主的园林。主园景以岳麓山清风峡谷口溪泉水为中心展开，曲廊环绕，水中以曲桥、蹬石、驳岸及大小树木点缀，增加景观层次变化，使之与园林其他景观穿插渗透，收小中见大之功效。元人吴澄称"书院之右有泉不一，如雪如霏，如练如鹤；自西而东，趋而北折而东，还绕而南，渚为清池，四时澄澄无发滓，万古涓涓无须

图4-3-6 岳麓书院百泉轩（柳肃摄）

臾。"园林旁有山长舍，名曰"百泉轩"，直至清嘉庆年间（1796~1820年）改建半学斋，志载其"后庭有莲池，池上有大树，有石山……泉出其左，凿石为池"。说明建筑虽有扩建变迁，仍有园林布置。但自近代学堂后，屡加扩建，致使园林淹没，抗日战争中被毁成墟。

岳麓书院1956年被列为湖南省文物保护单位，1981年以来经过全面整修，正式对外开放。1988年由国务院公布为第三批全国重点文物保护单位。

二、南岳邺侯书院

邺侯书院又称明道山房、端居室。为纪念唐代名相李泌而建。邺侯书院原有两处，一处在山下，一处在山上。现存书院位于南岳区南岳镇延寿村烟霞峰下。公元820年前后，李泌之子为纪念其父，特于南岳大庙左前方择地兴建"明道书院"，后为"南岳书院"。因书院毗邻闹市太过喧嚣，南宋宝庆年间（1225~1227年）迁书院于集贤峰下，改称"邺侯书院"。元初书院遭破坏，至元年间（1264~1294年）修复。明万历二十年（1593年）夏良胜重修，增祀韩愈、赵清献、周濂溪、朱熹及张栻，并更名为"集贤书院"。万历年间（1573~1620年），在烟霞峰端居室旧址右侧建明道山房。清乾隆九年（1744年）修复明道山房旧

馆，兴办义学，并改称"郐侯书院"，但书院仅办了十三年，即并入集贤书院。清光绪十六年（1890年）衡山人陈治与集贤书院院长戴心葵到烟霞峰访得郐侯书院故址，呈请县令重建书院，但以原址地僻深山，乃移建于烟霞峰左地势较平坦处的古寿佛寺侧数百步，即今院址，仍称郐侯书院，纯属纪念郐侯，已无书院其他功能。

郐侯书院原占地面积2630平方米，现仅存一单体石木结构建筑，坐北朝南，建筑面积180平方米。面阔五间，进深一间，中间三开间设有前廊（图4-3-7），立有两根石柱，石柱上刻有衡山人宾凤阳撰写的楹联："三万轴书卷无存，入室追思名宰相；九千丈云山不改，凭栏细认古烟霞"。麻石墙承重，为一般讲学型书院很少用的庑殿顶，覆黄色琉璃瓦，石屋脊，表明其等级之高。

1956年由湖南省人民政府公布为湖南省文物保护单位，1969年和1972年先后两次拨专款进行局部维修。1995年降格为南岳区文物保护单位。

三、浏阳文华书院

位于浏阳市文家市，始建于清道光二十一年（1841年）。从院内现存碑记可知，清同治四年（1866年）在书院东西两侧增建武帝庙、文昌阁、魁星楼等。1901年更名为里仁学校。除魁星楼已毁外，其余基本保留书院初期的建筑格局。现为秋收起义纪念馆，全国重点文物保护单位。

书院坐北朝南，砖木结构，中轴线上自北向南依次为照壁、大门、讲堂、大成殿、成德堂，两侧有关帝殿、文昌阁及斋舍等。

文华书院的入口形式独特，既具有鲜明的导向性，又比其他书院入口略显活泼。在照壁两端各设一过街亭作为入口（图4-3-8），歇山顶四边亭，四面开敞，边长为3.21米，高7.12米，覆小青瓦，泥塑脊饰尺度较大，屋檐下为卷棚，卷棚下为木雕挂落。两亭之间为三开间的双面廊，中间设墙体，廊顶覆小青瓦，两边廊道各宽0.75米，各柱细而长，柱径仅为0.2米，各种木制构件及装饰都较

图4-3-7　郐侯书院（罗明摄）

图4-3-8　文华书院过街亭（罗明摄）

为单薄，具有清代建筑的特点。两座过街亭和中间的双面廊成为书院的第一进建筑，颇具园林建筑的轻松之感，而无官学建筑的"衙门"之威。大门为牌楼形式，置于高台阶之上，前面较封闭，后面出廊，中间设木质板壁。

文华书院或因文昌阁改建所致，受官学影响，大成殿位于院落中心的高台之上，且为廊院，成为

书院的中心建筑，此为其他书院所少见（图4-3-9）。大成殿面阔三开间，进深三开间，接近于正方形平面，四周环绕通廊一周，南面中间设台阶，东西两侧各设两处台阶。2层楼阁式建筑，下层为殿堂，上层为藏书楼，重檐歇山式屋顶，覆小青瓦。全殿由20根石方柱和4根金柱支撑，屋架为九架梁，殿内设覆钵形藻井，正面檐柱之间有挂落，木雕装饰虽不华丽，但不失精致。

讲堂面阔三间，进深一间，前后出廊，2层硬山顶，每开间都出马头山墙，墀头有泥塑彩绘，正面檐柱间有挂落和带雕琢的穿插枋装饰，坡顶草架为九架梁外带双步梁，屋面为小青瓦。

建筑装饰纹样细腻，讲堂檐下的挂落，大成殿的隔扇式屏墙等都装饰精美，题材内容大致有"忠孝节义""渔樵耕读""福禄寿"等，具有浓厚的民俗色彩和伦理教化含义。

四、平江天岳书院

位于平江县城书院路。据清同治《平江县志》记载，天岳书院始建于清康熙五十九年（1720年），因书院原址建在县城南郊小天岳峰下而得名。清乾隆四十年（1775年）移建于城内青石巷。清嘉庆九年（1804年）知县徐以垣再迁至城西五龙山，改名"昌江"。清同治六年（1867年）移建于现址。1903年后改为学堂。1942年改为平江县立中学。因1928年彭德怀等在此发动平江起义，现为平江起义纪念馆。

书院坐东面西，建筑为砖木结构。中轴线上有大门、讲堂、大成殿，两侧为斋舍、罗孝子祠和藏书楼。

大门为凹入式，有门廊三间，上嵌石额"天岳书院"，旁有石联"天经地纬，岳峙渊亭"（图4-3-10）。进大门左右两侧各有两排斋舍，共有48间。大门与讲堂之间有一个开阔的庭院，东西长约

图4-3-9 文华书院大成殿（罗明摄）

图4-3-10 天岳书院大门（罗明摄）

39米，南北宽约25米。主体建筑自西向东分为中厅、过厅和后厅，中厅为讲堂（图4-3-11），面阔三间，进深一间，两端有山墙，前后出廊，中间为讲堂，廊内外都设有隔扇门等隔断，且门槛高约40厘米；过厅两侧各有2米×2米的小天井，既有别有洞天的感觉，又便于采光通风；后厅为一开间的大成殿，两侧各有一开间的小庭院，前面出廊，与北侧的罗孝子祠和藏书楼，南侧的屈子祠、九君子祠各自成一组。现存建筑基本保持原貌，青砖黛瓦，封火山墙层叠，与湖南地区典型的担子山墙相比，略带弧线，连绵的灰墙勾以白色檐带，天际线生动流畅，墙面点缀雕琢精美的青石花窗，表现出突出的地方特色。1988年天岳书院被公布为第三批全国重点文物保护单位。

五、湘乡东山书院

东山书院位于湘乡县城南涟水南岸东台山北麓。清光绪十六年（1890年），乡绅集资筹建书院，光绪二十一年（1895年）动工，始名东山精舍。光绪二十六年（1900年）六月全部落成，历时十年。落成后，当年十一月十五日，东山精舍更名为东山书院。光绪三十一年（1905年）七月，东山书院改为湘乡市公立东山高等小学堂，1910年，毛泽东在此读小学。

东山书院面临涟水，背依东台山，与湘乡县城隔河相望，环境幽静，传为"宝地"，有所谓"东台起凤"之说。书院建筑保存完整，占地约3500平方米，建筑群周围原有三口池塘呈"品"字形环绕，后将池塘挖通，形成20余米宽的环状水面，仅留10余米通道，以为"龙脉"所在。环状清池的外围建有高耸的围墙，围墙正南一段为照壁，照壁东西两侧设有两座台门，与书院正门形成正三角形布局，书院正门前有一长约60多米的青石桥横跨清池，但桥与主体建筑中轴略有偏移（图4-3-12）。书院主体建筑坐北朝南，中轴线上自南而北依次为大门、讲堂、大成殿。纵向两进院落，横向七进院落。

书院大门为五开间，外设小青瓦廊道，硬山屋顶，覆小青瓦。进入大门后即为主体建筑讲堂，面阔三开间，进深一开间，两侧各为一开间夹壁，虽然面积不大，但前面出檐深远，东西两侧墙壁开隔扇门与小天井相连，东边天井内有一处小巧精致的2层藏书楼。讲堂前廊与两侧的东西厢房外廊围合成院（图4-3-13）。讲堂横梁上悬有一块"公诚勤俭"的牌匾。两侧厢房面对中心院内没开门窗，而是朝东西设狭长的天井，五排2层楼的斋舍同向排列，共有斋舍60余间。讲堂后设大成殿纪念孔子。整个建筑为砖木结构，青砖黛瓦，色彩古朴，装饰简而不陋，仅在月梁和梁头等处有木刻工艺。现为全国重点文物保护单位。

图4-3-11　天岳书院讲堂（罗明摄）

图4-3-12　东山书院石桥（罗明摄）

图4-3-13　东山书院讲堂（罗明摄）

图4-3-14　云山书院西八斋（罗明摄）

六、宁乡云山书院

位于宁乡县云山乡云山村境内的水云山下。始建于清同治二年（1863年），为曾任陕西巡抚的邑人刘典捐建；清光绪二十八年（1902年）改为高等小学堂；辛亥革命后这里首创新学，改称"云山学校"，且延续办学至今。书院现存石碑一座，记载该院的历史沿革。

云山书院坐南朝北，砖木结构。规模较大，四周由院墙围合，占地1.3万平方米，现建筑面积约5500平方米。书院原有步云桥、总会门、讲堂、崇道堂、希贤堂、先贤堂、仰极台、凌云亭、奎光阁、文昌阁、藏书楼、东西八斋等建筑，大小共计158间，但1992年维修完全改变了书院的原状，仅西八斋基本保持原状（图4-3-14）。现中轴线上依次为大门、讲堂、藏书楼和先师堂，纵深发展，庭院深深。藏书楼为2层，从两侧庭院中设有直跑楼梯进入藏书楼的二层，斋舍分设东西两侧，共八列，合计72间，可见当年生徒之多。各单体建筑均为抬梁式屋架，硬山屋顶覆小青瓦，两端为封火山墙，装饰简朴，色彩素雅。1983年被公布为湖南省文物保护单位。

七、醴陵渌江书院

渌江书院位于醴陵市城关镇西山半山腰，以宋、元、明的西山书院作基础，于清乾隆十八年（1753年）创建。据《醴陵县志》记载：渌江书院初址在城内朱子祠（现醴陵一中）右侧，经乾隆十九年（1754年）、三十一年（1767年）和五十二年（1788年）三次修葺才逐渐完善并具备一定的规模。鉴于书院在城内，市声喧嚣，不便讲习，清道光九年（1825年）将书院迁建到西山半山宋淳祐年间的西山书院遗址上。清光绪二十七年（1901年）在靖兴寺旁增建宋名臣祠，同时增设斋舍。清末废除科举制，于是将书院改为学堂。光绪三十年（1904年）冬改为渌江高等小学堂。1982年醴陵市人民政府拨专款对书院按原貌进行较大的修葺。1996年由湖南省人民政府公布为湖南省文物保护单位。

渌江书院整体布局并非完全对称，而是依山就势，坐西朝东，俯瞰渌江，遥望城垣，周边自然人文环境俱佳。书院保存完好，大门、讲堂、大成殿位于同一纵向轴线上，整个建筑均为砖木结构，硬山屋顶，穿斗式构架，小青瓦屋面，青砖墙上刷白

图4-3-15 渌江书院宋名臣祠和靖兴寺（罗明摄）

图4-3-16 渌江书院讲堂（罗明摄）

石灰，接地1米为红色石灰墙面，紧邻书院。有建于清光绪二十七年（1901年）的宋名臣祠和建于唐代的靖兴寺（图4-3-15），现均为书院的一部分。

大门面阔三间，前立方形石檐柱两根，方形柱础，柱头上设斗栱挑檐。大门两侧立石狮一对，门前设华表，讲堂面阔三间，进深两间，正脊施黄色琉璃瓦，陶质蓝花葫芦宝顶。前立两根方形石檐柱，内立四根方形石柱，均为方形柱础（图4-3-16）。大成殿前立红漆圆木柱两根，方形石柱础，厅前两侧各设一个天井。湖南省现存书院中保留考棚的不多，渌江书院的考棚位于主体建筑的左侧，有单层和双层考棚各一栋（图4-3-17）。且依地势而建，并非完全的中轴对称布置。

八、汝城濂溪书院

位于湘南汝城县西郊，是为纪念理学大师周敦颐而建造的。周敦颐世称"濂溪先生"，北宋仁宗庆历六年至九年（1046～1049年）任桂阳县令（今汝城县），在官衙后辟莲池，写就千古名篇《爱莲说》。为了纪念他，从南宋宁宗嘉定十五年（1222年）起，先后九次兴建、扩建了纪念性建筑，其名称为"濂溪先生祠"、"希濂祠"、"濂溪阁"等。明嘉靖三十三年（1554年）邑令徐兆先生在"濂溪阁"增建讲堂学舍，正式创办了"濂溪书院"。清顺治年间毁于战火。清康熙四年（1665年）重建，后又圮毁。清嘉庆九年（1804年）迁建于桂枝岭对岸（即今址）。现为汝城县文物保护单位。

图4-3-17 渌江书院考棚（罗明摄）

书院倚山临水，坐北朝南，为四合院式建筑，大部分为2层楼阁的砖木结构，硬山屋顶，覆小青瓦。三开间大门的中间为通道，各设日、月门相对，喻日月齐光之意，两侧为门塾和书斋（图4-3-18）；正对大门为一列1层的教室，设有前廊，中间既为讲堂，又为供奉孔子和濂溪先生的祭堂，庭院两侧为2层的斋舍，因教室位于山坡之上，地面正好与斋舍的二层楼面相接（图4-3-19）。四合院之东侧也为四进斋舍，形成两个庭院，清净雅致，庭院西侧设一通廊联系四栋斋舍，中间两排斋舍两面都设有回廊，不仅空间灵活，而且适合湖南地区夏热冬冷的气候特点。

九、炎陵洣泉书院

位于炎陵县城新市街。清康熙六十一年（1722年）创建于县署西北隅，原名黄龙书院。清乾隆十八年（1753年）春，旧址重修，因传说炎帝出生在烈山而易名为烈山书院；清嘉庆二年（1797年）增修斋舍，因洣水发源于南境之根索岭下，自东南流入西北，贯穿县境，故而改名为洣泉书院；清道光五年（1925年）改建于北城外校场坪，再更名为鄢湖书院；清同治二年（1863年）书院迁回旧址，仍名洣泉书院，并形成了一定的规模，然而1929年于战乱中被烧毁。经书院多方筹资才将书院修复并继续办学。1949年以后则为它用，几经拆建，原貌已改。1968年鄢县（今炎陵县）县委决定，按同治年间（1862～1874年）书院的规模，在原基脚上重建洣泉书院，1969年动工，1970年落成，最后形成现在的规模。

书院坐北朝南，中轴线上自南而北依次为大门、讲堂、大成殿；东西两侧为对称的斋舍。整个书院为砖木结构，硬山顶为主，小青瓦屋面。

大门位于高台之上，为三开间门廊，门前立有两根圆形檐柱，六边形石雕柱础，门上悬挂黑底金字"洣泉书院"匾额。讲堂为书院的中心建筑（图4-3-20），面阔三开间，进深三开间，接近于正方形平面，四周不设廊道，但出檐0.9米，东西为封

图4-3-18 濂溪书院大门（罗明摄）

图4-3-19 濂溪书院庭院（罗明摄）

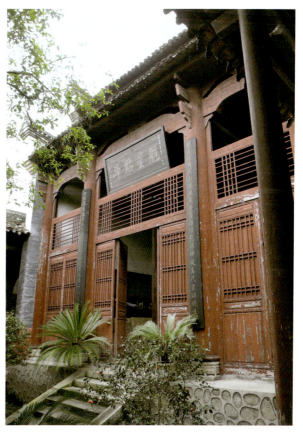

图4-3-20 洣泉书院讲堂（柳肃摄）

火山墙，南北为木制隔扇门窗。因鄠县位于清代湘南地区的衡州府，夏季闷热多雨，冬季比湘中、湘北稍微暖和，所以木制板壁下以0.2米高的麻石勒脚用以防潮，且层高较高，上部木板壁基本镂空，利于空气流动，但为了防止雨水飘进室内后造成室内积水，在条麻石勒脚处都开有一直径为1米左右的洞口，以保持排水通畅而不会漫过麻石勒脚，从而保护了木制板壁，同时在东西两侧山墙的外部留有边天井，一来可以使内廊采光，二来防止砖墙冬季结露。这种封闭式讲堂虽然没设外廊，但采取很多其他措施来适应湘南地区的气候特点。屋顶为硬山式，东西两侧山墙两端略为起翘。建筑实为1层，外观却像2层，显得特别高，造型不同于常。堂内立有四根圆形木柱以支撑抬梁式屋面，柱下均设有六边形石雕柱础。讲堂两侧的走廊与回廊将三进院落连成一个整体，经过回廊可以进入大成殿和东西斋舍，大成殿前两侧分别设有天井，天井旁有圆洞门，过圆洞门即进斋舍，空间分割很有情趣。斋舍房间不多，围绕长方形天井排列，环境清幽（图4-3-21）。

十、吉首潕溪书院

潕溪书院又名吴鹤祠，新文昌阁，位于湘西吉首市鳌鱼峰上，今吉首市师范学院内。明正德八年（1513年）王阳明的弟子吴鹤在此开设蒙馆。清康熙五十四年（1716年），设立镇溪所学；清雍正十二年（1734年）开设学宫；清乾隆三年（1738年）在乾州设立两座经馆，位于乾州西关的为"潕溪书院"，位于里所（今吉首）的名为"镇溪书院"；清乾隆三十八年（1773年）书院扩建；乾隆六十年（1796年）毁于战乱；清嘉庆十二年（1807年）在乾州建"立诚书院"，里所原"镇溪书院"改名为今"潕溪书院"；清咸丰十年（1860年）书院毁于战火；清光绪十八年（1892年）集资重建，并新建鹤公祠；光绪三十六年（1906年）废科举，书院停办。现已发展为吉首大学师范学院，为吉首市文物保护单位。

潕溪书院依山就势，中轴线上自南而北依次为大门、讲堂、先师殿，但大门与讲堂、藏书楼并非完全对齐于中轴线上，两侧原有斋舍、文昌阁、吴鹤祠等部分被毁，右侧现为大成殿和新建文昌阁。

鳌峰树木葱郁，东有小溪由北向南，过小桥伴溪水而行，再登石级曲折而上，经一石牌坊可见一路亭，亭前转折再登几十级陡峭踏步，绿荫掩映下即为三开间硬山屋顶的大门，前导空间曲折深幽。进入大门，穿过三级台地隔一小院则为三开间讲堂（图4-3-22），中间开敞为过道，两侧封闭，讲堂前右侧圆洞门内有以文昌阁（已毁）和斋舍为主的

图4-3-21　洣泉书院斋舍（柳肃摄）

图4-3-22　潕溪书院讲堂（罗明摄）

图4-3-23 濂溪书院小园林（罗明摄）

图4-3-24 恭城书院大门（罗明摄）

仿江浙小型园林（图4-3-23），至今留有从杭州移植的紫藤、白月季、白梅等；讲堂前左侧圆洞门内为纪念吴鹤的鹤公祠，院落虽小，但简朴严谨。轴线最后则是两层高的硬山式藏书楼，与讲堂构成廊院。书院建筑规模不大，但别具一格：一是依山而建，规整却不失变化，错落有致；二是多处设有仿江浙小型园林，院内水池、古树等小巧精致；三是墙体色彩大部分为官式建筑特有的朱红粉墙，但其他装饰和色彩又比较素净，体现了文人建筑的斯文之气。

十一、通道恭城书院

恭城书院位于通道侗族自治县县治西北43公里的县溪镇罗蒙山下，原名罗蒙书院，亦称罗山书院。书院始建于北宋崇宁四年（1105年），后毁于火灾。清乾隆五十七年（1792年）在原址重建，因书院西北方有一条小溪，叫恭水，故更名恭城书院；清咸丰五年（1855年）民众自筹资金对局部进行了维修；清同治三年（1864年）辟作私塾，内设讲堂和藏书楼。1921年落架维修，更换二进屋架等构件，并设立县立高校。1999年，由怀化市人民政府公布为怀化市重点文物保护单位。

书院坐东朝西，沿山势逐级上升，且不同于其他书院之处在于其平面布局呈一纵四横"圭"字形，即门楼、两栋斋舍和讲堂四栋建筑，全为木结构，沿纵轴方向依次排列在中轴线上，正中一条纵向通廊将四栋建筑串联为一个整体，各栋建筑之间均有天井，整个建筑均为上下2层。

前栋大门位于高台之上，面阔五开间，进深四开间，四周挑廊一圈，为2层的楼阁式建筑，一层明间为双面廊道开设正门，次间及梢间设为内外塾，而且其外塾面对中间的外廊开敞，类似于两边封闭的内廊，外门塾面积为34平方米，扩大了正门前能遮风避雨的集散空间，内门塾则起到门房的作用。二层为五开间、四进深的大堂，但通面阔为11.75米，通进深为4.315米，比一层各方向缩进1米。木板壁和各木构件均为素色原木，一层每开间设有两扇方格木棂窗，衬白色窗纸，二层为通长直棂窗，可登楼远眺，屋顶为单檐歇山顶，覆小青瓦，腰檐处绕四周为小青瓦披檐，屋脊以白色粉边，整座正门既具有侗族建筑的装饰色彩风格，又显得庄重而清雅（图4-3-24）。

后面三组建筑为近代西式四坡屋顶，由中轴线的廊道串联而成。两进斋舍上下2层都设有外廊（图4-3-25）。第四进为讲堂（图4-3-26），面阔三开间，进深七开间，设有2.35米宽的前廊，一层为全开敞式堂屋，供讲学用，为了使室内空间更为开阔，沿东西两山面为穿斗式屋架，中间两列屋架各使第三排和第七排柱子没有落地，采用抬梁式与穿斗式相结合的构造方式。前半部分设有第二层，作

图4-3-25 恭城书院斋舍（罗明摄）

图4-3-26 恭城书院讲堂（罗明摄）

图4-3-27 三潭书院讲堂（罗明摄）

为藏书楼。屋顶为重檐歇山顶，穿斗式屋架，山墙处立柱几乎根根落地，因而中轴线上柱网较密，更加增强了通廊的纵深感。建筑挑檐、门窗等装修简朴，构件做法和当地民居相同，反映了少数民族地区书院建筑的特点。

十二、凤凰三潭书院

位于湘西自治州凤凰县吉信镇碑亭吉信完小内。始建于清同治十一年（1872年），由苗族乡绅吴自发捐资而建，初名"新吾书院"，以提高苗民文化素质，清同治十三年（1874年）落成；清光绪六年（1880年）吴自发回乡省亲，登院眺望，因其地处罗布潭、总井潭、漆树潭的"三潭"中间，便将其改名为"三潭书院"。1914年为纪念创办人吴自发（字诚哉），乡人将书院更名为"存诚学校"。2002年由湖南省人民政府公布为湖南省文物保护单位。

三潭书院位于山坡之上，坐北朝南，依山势而建。因地基狭窄，中轴线上原为照壁、讲堂和厢房，其布局不同于一般书院，经过照壁，登上台阶即可直接进入讲堂。现仅存讲堂。

讲堂面阔三间（图4-3-27），四周外设廊道，正面当心间的廊道外侧设有可拆卸的木板壁，两侧开间的廊道开敞，其余三面的廊道外侧筑有砖砌镂空花墙，室内北面两端设有楼梯，楼上为藏书楼，故在歇山屋顶上还设有一小歇山屋顶阁楼，覆小青瓦，脊中置宝瓶，两端为鳌鱼尾，翼角飞扬。整个建筑由六根木金柱、14根廊柱和12根檐柱构成，鼓形麻石柱础，为穿斗式与抬梁式相结合的屋架结构，既节省用材，又扩大了室内空间。装饰色彩为原木色，清雅秀丽，廊坊上雕刻有动植物图案，天花上有方形藻井，装饰工艺精细。

十三、溆浦崇实书院

位于溆浦县龙潭镇岩板村。始建于清道光十四年（1834年），属私塾性质，由吴氏族人捐资筹建。始建时为两进庭院式建筑，书院原名为炎陵书院，因系吴姓族校，校门上至今保留"吴氏蒙养"的匾额。清咸丰五年（1855年）更名为崇实书院，清光绪三十二年（1906年）奉令将"崇实书院"更名为吴氏族立初等小学堂，清宣统年间始吸收异族学生。1921年书院扩建后厅，成为现存的三进规模，保存完好。

书院坐北朝南，砖木结构，屋面均为悬山屋顶。中轴线上自南向北依次为泮池、照壁、大门、前厅、阁楼、中厅和后厅。

受官学建筑的影响，在照壁南侧，即院外设有半圆形泮池，由花岗石砌筑。照壁为院墙的最南端，院墙墙基为花岗石，墙身为青砖。照壁东西两侧各辟一侧门，均为造型独特的象鼻角亭式建筑，西门上嵌有"吴氏蒙养"的匾额（图4-3-28），东门上嵌有"崇实书院"的匾额。院内大门为三开间塾门式，中间为通廊，两侧为门塾，大门与前厅之间以廊道相连，廊道顶部为通高9米的四角亭式屋顶，类似于湖南地区民居中常用的"罩"式屋顶（图4-3-29），前厅中间为一开间的讲堂，厅内悬有宣统元年（1909年）谌白端书写的"大学之基"竹丝金匾一块。后厅略高0.7米，为大成殿。书院内分布了六个大小各异的天井，分别以廊道或八角门相连，巧妙地将不同功能的建筑组合在一起。

中轴线两侧的建筑均为2层，建筑转角和外立面窗户上都饰有西式线脚和柱饰，尤其大门两侧

图4-3-28　崇实书院西门（罗明摄）

图4-3-29　崇实书院罩式屋顶（罗明摄）

的2层楼阁，除门上的"德业高门"和"文明捷径"的匾额尚有中国传统建筑的气息外，其余为典型的近代西式建筑装饰风格，一层为拱券门，二层为拱券窗，建筑转角饰有护壁式柱饰，屋顶为近代复兴式建筑中常用的四坡屋顶。整体风格对内为中国传统民居建筑形式，对外则带有典型的近代西洋式建筑的痕迹，为书院建筑中不多见的中西合璧式书院。

十四、岳州文庙

岳州文庙位于岳阳市郭亮街，始建于北宋，属岳阳府学文庙。宋治平初年（1064～1067年），知州赵尚之奉诏修葺文庙后，将文庙改为"大成至圣殿"。明代洪武末（1398年）始建明伦堂。明正统三年（1438年）知府易善更创四斋及号舍。明成化年间（1465～1487年）知府吴节"庙庑门堂俱创而新之"。明弘治元年（1488年）知府李镜又增修扩建。此后多次修葺，明末毁于战乱。清初顺治时重建，清康熙十二年（1673年）再毁于战火。随后清代康熙、雍正、乾隆、嘉庆、道光、同治各朝相继重修，自宋治平年间（1064～1067年）至清同治十一年（1872年），历时800余年，岳州文庙修葺和扩建近30次。光绪《巴陵县志》载："岳州府学在县治南高阜，中为大成殿，殿之旁为东西庑；前为大成门，门左为名宦祠，右为乡贤祠；外为棂星门，棂星门外为泮池，围以红墙，左右门书：'德配天地，道冠古今'，殿后为崇圣祠，祠东为明伦堂。"成为清代的最后规模。

民国初年，开始在此兴办新学堂，逐渐对文庙古建筑群进行了改建，除大成殿、东西庑、大成门、泮池、状元桥等保持了原貌或部分改建外，其余皆遭拆毁。

地方文庙一般都建在城中，由于特殊的地理位置，很多文庙因战争或火灾被毁。岳阳文庙得益于滕子京将其迁建在城东南杏无人烟的学道岭山头，故960年来没有遭受过毁灭性的破坏而保留了下来。岳州文庙坐北朝南，保存至今的古建筑群仍占地万余平方米，主入口位于泮池的东西两侧，中轴线上自南而北依次为：泮池、棂星门、大成门和大成殿，并依地势逐级而上，西侧入口与大成殿所处位置的高差达到3米之多，更加突出了官学建筑的庄重肃穆之感。

岳州文庙的建筑既具有官式做法的特点，又反映出地方建筑风格和工艺特色，其共性与个性得到了完美的统一结合。在建造文庙时，建造者就充分意识到了其"官学"的地位。使它在总体的风格上，既符合一定的官式建筑的程式规则，又因地制宜，恰如其分地糅入了地方做法。大成殿保留着宋代官式建筑特征。但天花板以上采用的都是湖南常见的穿斗结构；上檐斗栱的栱头部分造型、屋面脊饰等方面都有本地的特点。

从西侧入口进入后即可看到半圆形泮池，上架设拱形三孔麻石状元桥，桥首尾两端石柱柱头为石狮，中间石柱为莲花状柱头。走过状元桥拾级而上，即为五门六柱式棂星门（图4-3-30）。大成门两侧廊庑已局部改动。大成殿坐北朝南（图4-3-31、图4-3-32），上悬的"大成殿"金字牌匾为宋代遗物（图4-3-33），置于月台之上，月台比庭院地面高1.2米左右。平面布局呈长方形，面阔五间，进深四间，南面设有前廊。殿内以14根楠木金柱和楠木枋穿插构成抬梁式主屋架，最粗金柱直径为78厘米（图4-3-34）。最为特别的是大殿内的

图4-3-30 岳州文庙棂星门（柳肃摄）

图4-3-31　岳州文庙大成殿1（柳肃摄）

图4-3-32　岳州文庙大成殿2（罗明摄）

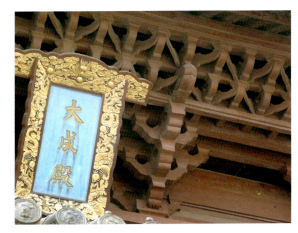

图4-3-33　岳州文庙大成殿牌匾（柳肃摄）

图4-3-34　岳州文庙大成殿内部梁柱（柳肃摄）

木柱还保留了宋代梭柱的做法，殿内有八根直径达580~760厘米的楠木金柱，呈梭形，柱础为莲花式花岗石。柱和柱础之间垫有30厘米厚鼓形横木，叫"楯"，柱楯呈横纹状放在中间，这是便于柱楯中毛细水的散发。此构件应为宋代遗物。大殿周围的檐柱共有20根，都是方形石柱。整个石柱分前檐柱、两山及后檐柱。前檐石柱础上有卷草雕刻图案。但由于风雨的侵蚀、风化，雕刻的卷草图案已经斑驳。两山及后檐柱础大多在墙内，石柱棱角用素线稍微装饰。

大成殿为砖木结构，重檐歇山顶，覆黄色琉璃瓦，殿廊置斗栱13座，二层普柏枋上置五铺作斗栱42座，而且并不像清代斗栱那样仅起装饰作用，而是真正起到承担屋面、檐廊负荷的作用。主脊饰四条浮雕金龙腾云，分东西两组组成相向宝顶，栩栩如生，主脊两端饰鳌鱼；四条垂脊下端饰瑞兽；琉璃脊饰浮雕式瑞草，戗脊饰鳌鱼。整个墙面为红色，殿内外地面铺金砖（一种古代特殊工艺制作的方形青砖）；明间、次间的天花板有彩绘，天花以上穿斗式梁架及前廊、尽间可能为清代修葺改动所致。

大成殿的整个构架分为上、下2层。下层是宋代抬梁式大木结构，大梁跨南北并放置在两根金柱上。前后端放在前后檐相应的斗栱上，它的下面有多层木枋，梁枋中都垫放着大型云形墩，前廊双步梁前端放在方形前柱上向外伸出，后尾插在老檐柱中。梁枋均为琴面，闪缝对隼，严实规整，且无彩绘雕饰，体现了宋代建筑粗犷大气的风格。天花板以上，从南到北共有19根木檩，脊檩在中央，木檩是由下面柱子托起的，柱子与柱子之间是穿枋拉接。上层为明显的穿斗结构，比较简陋，是清代同治年间改建的。大成殿的斗栱分为上、下两层，都是宋代以后维修了的。斗栱层次分明，进出有序，非常富有艺术性。下层斗栱前檐没有柱头、转角斗栱，只有平身科。斗栱只有南面有，北面没有，但在耍头做了卷云。下层斗栱不承重，只是起装饰点缀作用，由伸向外面的双步梁搁在廊柱上进行承重。根据现场察看分析，这种做法，不是宋代制作的，应为后代改建。上层斗栱都为七踩斗栱。它既起上层檐部承挑负重作用，又更具艺术性，给整个建筑增添秀色，又不失其庄重。

据志书记载，岳州文庙自宋以来虽屡经重修，但未见彻底重建的明确记录。其中可能有较大变动者为：明正德十年（1515年）"庙视昔加高，材良而质美"，说明其上部结构可能有所加高；清顺治十一年（1654年）"革故创新，工半于创"；清乾隆八年（1743年）"大修正殿"。因而，岳州文庙既体现了宋《营造法式》建筑规范，又有强烈的地方特色。其大成殿应为宋代建筑，经明、清两代重修，部分构件仍保留原物，是湖南唯一保持宋代建筑特点的现存文庙，具有较高的历史和科学价值，2001年由国务院公布为全国重点文物保护单位。

十五、宁远文庙

宁远文庙位于湖南省永州市宁远县城关镇，始建于北宋乾德三年（公元965年）。元末以后屡遭兵火。明洪武二年（1369年）重建；明洪熙初年（1425年）、明成化十一年（1475年）相继进行修复；明弘治六年（1493年）加建棂星门；明嘉靖十五年（1539年）迁庙于县城东郭，嘉靖二十六年（1550年）复移旧址重建；明隆庆六年（1572年）改棂星门木坊为石坊。明崇祯末年文庙再次毁于战火。清康熙至乾隆年间多次修葺。乾隆十四年（1749年）于乡贤祠、名宦祠前围墙加建腾蛟、起凤二门。现存建筑为清同治十二年至清光绪八年（1873~1882年）重建，历时十年，耗银六万多两，被称为"规模之宏阔，湖湘所仅有也"。1996年由国务院公布为第四批全国重点文物保护单位。

宁远文庙规模庞大，建筑雄伟，布局合理，主次分明。中轴线上自南而北依次为照壁、泮池、棂星门、大成门、大成殿、崇圣祠，两侧有登圣坊、步贤坊、腾蛟门、起凤门、乡贤祠、名宦祠、东西庑等。

图4-3-35 宁远文庙棂星门（罗明摄）

图4-3-36 宁远文庙大成殿（罗明摄）

棂星门为三门四柱冲天式石牌坊（图4-3-35），采用当地盛产的青石所造，四根石柱以须弥座为柱础，柱头各坐一石狮，门前两侧各设一石狮，造型厚重，石雕精美华丽。

大成门为三门三开间，高13.5米，宽6.1米，深12.4米，单檐硬山屋顶，檐下置卷棚，前、后檐下各设汉白玉石雕蟠龙柱一对，雕琢精美，栩栩如生。东西两侧分别为名宦祠与乡贤祠。

大成殿位于高1.6米的月台之上（图4-3-36），面阔五开间，进深三开间，四周挑出一圈通廊，并以石栏杆环绕。屋顶为重檐歇山屋顶，黄色琉璃瓦，檐下无斗栱，前后檐下设卷棚。殿内设有16根木柱，檐下四周为22根石柱，南北檐下的各六根石柱通高5米（图4-3-37），南向六根檐柱中的第二根和第五根为高浮雕的凤柱，其余四根为圆雕蟠龙柱；东西檐下的各五根石柱为八边形柱，雕工精细。而且柱础形状多样，不仅雕刻内容各异，而且将狮子、麒麟等动物形象置于柱础下（图4-3-38），形成吉兽抬柱的造型。月台前面丹墀上所刻的"五龙戏珠"浮雕，构图严谨，雕刻精良。台基栏板上20方石雕所刻飞禽走兽，形象逼真，千姿百态，是湖南乃至全国文庙石雕艺术中的珍品。山墙

图4-3-37 宁远文庙大成殿石柱（罗明摄）

及墀头多处运用灰塑，主题内容为龙凤起舞、状元及第、福禄寿喜等吉祥民俗内容，工艺精细，立体感强，具有极强的装饰效果。大成殿后为崇圣祠，

图4-3-38 宁远文庙柱础（罗明摄）

崇圣祠东西两侧也设有两庑，与大成殿围合为一处院落。崇圣祠面阔三开间，进深三开间，规模较大，前檐柱为一对凤柱，柱础为四座麒麟抬柱，重檐硬山屋顶，覆黄色琉璃瓦，红色粉墙，山墙墀头上泥塑有戏剧故事。

整座建筑群最为突出的特点为其石雕工艺，从棂星门到大成殿、崇圣祠等各建筑单体的石制构件，都综合运用了浅浮雕、高浮雕、圆雕、镂空、线刻等工艺手法，工艺细腻精湛。

十六、浏阳文庙

浏阳庙学始建于宋，其间经历十次维修。清嘉庆二十三年（1818年）迁建今址；浏阳祭孔乐舞始于清道光年间（1821～1850），湖南浏阳文士邱之稑依据山东曲阜祭孔音乐（即宫廷颁布的祭孔乐谱）而创制的一套在祭孔典礼上演奏的仪式乐舞。在乐章、古乐器和舞乐三个方面对清代宫廷祭孔乐舞进行了革新，在发掘整理古代韶乐的基础上创制而成了浏阳祭孔乐舞，并在咸丰末年达到鼎盛时期，甚至曲阜孔庙反过来向浏阳取经，实现了中国古代韶乐的完美再现，并一度获得"国乐古礼在浏阳"的美誉。现存浏阳学庙即为浏阳祭孔乐舞创始人邱之稑于道光二十三年（1843年）创制浏阳祭孔乐器之后，进行的一次大规模扩建和维修，迁崇圣祠于右，扩建大成殿，增建奎文阁，故其乐舞仪式空间成为浏阳学庙建筑群的突出特色。1983年10月，被公布为湖南省文物保护单位。1986年，湖南省人民政府拨专款对其进行了落架大修。1991年，浏阳学庙被辟为浏阳市博物馆。

浏阳庙学初址位于城东，庙址数次变迁。明

弘治十年（1505年）迁建城西，清嘉庆二十三年（1818年）因志书中"天象"记载的"文昌六星东北隅……处僻壤不居然协鲁也哉，志学校。古来俱不依照天上依照以推地理远近者多差误也"，受天象学说的影响而迁建于城外东北角（今浏阳市城关镇圭斋路），位于东北角城门"文星门"附近。文教建筑中仅南台书院和考棚位于城内，也由此可见私学在湖南清代教育的发展过程中越来越起到实质的文教作用，而官学更多的则是精神信仰的物质载体。

学庙坐北朝南，呈台阶式、中轴对称布局，占地面积6100平方米。由（万仞宫墙、泮池、状元桥、棂星门已毁）大成门，钟楼，鼓楼，御路丹墀，月台，东、西舞亭，大成殿，御碑亭，名宦祠，乡贤祠，忠孝祠，更衣所，东、西廊庑，奎文阁等建筑组成（图4-3-39）。建筑群中所有建筑的脊饰、檐口、瓦当均采用青花瓷剪边，勾勒出整个建筑群错落有致的天际轮廓线。

虽然浏阳学庙的前导空间已毁，但大成门却在常规的平面形制下，结合富有湖南地域特色的封火山墙，构成了错落有致的空间节奏。从如意踏跺登上1.1米高的台基进入大成门，大成门为三开间三门通廊，廊道两侧有石栏杆，明间两根方形石柱前各设一座小型石狮坐于石栏杆望柱之上，屋顶为硬山屋顶，覆黄色琉璃瓦，明间雀替为沥金二龙戏珠木雕。从大成门两侧的院墙门洞中进入庭院后，则为乡贤祠或名宦祠，以东西向担子封火山墙与大成门相隔，又以南北向担子封火山墙与南面的更衣所和忠孝祠相隔，更衣所和忠孝祠的南面都为猫弓背式山墙，山墙外出一廊道，这些纵横交错、造型各异的封火山墙形成了丰富的入口空间层次和天际轮廓线，红色粉墙以白色勾边，屋顶覆小青瓦，红、白、灰三色交相辉映，虽不富丽堂皇，却斯文雅致。

主体空间基址面积达3547.5平方米，在县学中属面积较大者。穿过大成门后两侧为钟亭和鼓亭（图4-3-40），形成"东钟西鼓"的格局。县志

图4-3-39 浏阳文庙鸟瞰（浏阳市文物局摄）

图4-3-40 浏阳文庙钟鼓亭（罗明摄）

中记载邱之稑本人非常重视钟、磬、鼓等打击类乐器，故钟鼓亭也设计得格外精致。4.7米×4.7米的正方形平面，重檐歇山顶，屋顶与大成门门廊屋顶垂直相连，前置小重檐屋顶，加高了内部空间高度，便于置放钟鼓。四面以木板封闭，三面设有隔扇窗，面对大成殿一面设有外方内圆的窗洞，没有窗扇，以便声音传播出去。檐下及屋顶木雕装饰精美，为了免遭风雨侵蚀，在木雕上沥金粉漆彩绘。装饰题材多为桃园三结义等戏剧内容，带有民间俗乐的气息。

正对大成门的主体建筑为大成殿和月台。自清末民初，浏阳祭孔音乐的编钟、编磬数目由原来的每套16枚增至24枚，且与宫廷的排列方法完全不同：24个编钟或编磬，各分四架排列，每架6个，使用时每次只用"阳律"的两架，或"阴律"的两架。乐生和歌工主要在大成殿和月台进行表演。殿口两侧设有条桌若干，乐生就站立在桌前演奏，每桌二至三人；歌工则分两行站立于靠中邻近桌边和回廊，手持笏板歌唱乐章歌词。由此可知，种类、数量如此之多的浏阳祭孔乐器，必然需要大量的乐生和歌工，据县志记载当年确实采取了迁走崇圣祠，扩建大成殿的方法以容纳如此之多的乐器和演奏人员，故大成殿面阔五开间，明间开间为6.1米，次间开间为3.36米，梢间开间为2.24米，在县级孔庙中属较大规格。且四面设有2.5米宽的回廊，三向设透雕石护栏，使得歌工的演奏场所不仅限于室内，还可利用回廊空间，甚至延伸至月台（图4-3-41）。大成殿为孔庙主体建筑，重檐歇山顶，覆黄色琉璃瓦、青花瓷脊和脊饰，殿内中央设置八方彩绘藻井，藻井不仅雕刻盘龙、八角饰边和

图4-3-41　浏阳文庙大成殿（罗明摄）

图4-3-42 浏阳文庙舞亭（罗明摄）

八八六十四卦，极为精美，而且高4米有余，利于聚音。

正因浏阳祭孔乐舞中对舞蹈的创新和重视，所以浏阳学庙主体空间中还有其他学庙不多见的舞亭（图4-3-42）。舞亭平面尺寸为7.4米×7.4米，因舞亭主要为32名舞生提供场地，所以比一般园林建筑中亭的尺度要大；为了便于对舞生定位，地面用方砖和条砖按一定要求铺砌，每人的起舞范围"绝对不能超过前后两口砖"；亭内八根方形石柱分内外两圈布置，石柱正面镌刻对联；屋顶为重檐攒尖顶，覆黄色琉璃瓦、青花瓷脊，中置五色葫芦宝顶脊饰，翼角起翘深远；亭内屋顶设有八方彩绘藻井，绘有"八仙过海"彩绘，檐下梁柱间饰有透雕瑞兽雀替、鳌鱼撑栱等。

因主体空间院落进深达86.8米，所以其东西两庑从北至南分为三段，最北端的为九开间的廊道；中间一段为五开间带外廊的东西庑，一般学庙的东西庑多为硬山屋顶，而这段东西庑为歇山顶；最南端的东西庑为三开间，进深与中段一致，但为硬山屋顶。这三段东西廊庑中，中段最高，且屋顶形式的等级也最高，都覆小青瓦，但屋脊和瓦当都为琉璃制件，饰青花瓷脊饰，既与中轴线上的建筑形成主次有别的关系，又在装饰色彩上达到整体和谐。

清道光二十三年（1843年）为了扩建大成殿，而将崇圣祠迁于右侧，但已毁。所以现大成殿后2.2米处不是常规的崇圣祠，而为御碑亭。御碑亭为三开间2层楼阁式建筑，通高10.5米，通面阔16.166米，通进深5.26米，设1.25米宽的前廊，前廊披檐向东西两侧延伸至御碑亭两侧的单开间厢房，屋面为歇山顶，覆黄色琉璃瓦，青花瓷屋脊及脊饰。

总之，浏阳市的学庙建筑群结合祭孔乐舞的功能需要而设，布局严谨，规模宏大，主次有别，功能完整，形制多变。建筑有歇山、硬山、悬山、重檐歇山、四角重檐攒尖等各种类别屋顶。装饰集石刻、木雕、泥塑、镶嵌、墁铺、书法彩绘、脊饰剪边等精湛艺术于一体，是江南地区保存完好的六大学庙之一。

十七、湘阴文庙

位于湘阴县城关镇东湖西岸。始建于北宋庆历八年（1048年）。几经兴废，现存建筑为清乾隆九年（1744年）重建，后经清道光十年（1830年）和清光绪六年（1880年）两次较大修葺。

文庙坐北朝南，占地6600平方米，中轴线上自南而北依次为"金声玉振"冲天坊、泮池和泮桥、"太和元气"坊、大成门、大成殿等。

前导空间层次丰富，第一进的"金声玉振"冲天坊由三座冲天坊组成（图4-3-43），中间为六柱五门三楼式石牌坊，各柱柱头坐有石狮和石象，柱下设有须弥座基座，两侧为石制透雕护壁，中间为石制宝瓶；两侧为四柱三门二楼式石牌坊，基本形式与中间的牌坊一致，但高度略低，装饰略为简化。随后为半圆形泮池，直径16米，深3米，用花岗石垒砌，池周环以石栏，栏板上雕有梅兰竹菊等植物图案。状元桥跨池而过，桥宽4米，两侧砌石栏杆，两端为踏步。跨过状元桥则为"太和元气"石牌坊（图4-3-44），六根石柱形成"＞＜"形平面，每根石柱底部都有石狮和石象夹护，正间额枋4层，中间夹透雕花板，屋檐为石构庑殿顶，次间额枋三层，中间夹透雕和高浮雕花板，屋檐两层，也为石构庑殿顶，梁柱枋交接处均仿木构榫卯出头，屋脊脊饰为湖南长沙府地区惯用的鱼尾脊饰。"＞＜"形平面以及精美的石雕使其建筑层次丰富，立体感极强。

主体空间由大成门、乡贤祠、名宦祠、大成殿和两庑组成。大成门为三开间，两端各为两开间的

图4-3-43 湘阴文庙"金声玉振"牌坊（罗明摄）

乡贤祠和名宦祠，共七开间，四道封火山墙将硬山屋顶分为三段，覆黄色琉璃瓦；大成殿为砖木结构（图4-3-45），面阔五开间计21.5米，进深五间计17米，高18.3米。四周出廊，环以石栏杆，栏板上透雕各种花纹图案，殿宇由16根石金柱和20根石檐柱支撑，但中间四根金柱为木质的，直径52厘米，下置鼓形石础。屋顶为重檐歇山顶，二层正面挑出抱厦，抱厦屋檐下悬有"大成殿"牌匾。二层设有腰檐平座，上檐施如意斗栱，下檐置卷棚，覆黄色琉璃瓦，琉璃透雕屋脊，翘首饰以立凤和鲤鱼，正脊覆宝瓶，梁枋都绘有彩绘。整座殿宇装饰华丽，色彩鲜艳。前面为9米宽的须弥座月台，正面和两侧都设有台阶，故无丹墀，四周环以石栏杆，将金碧辉煌的大成殿衬托得更为庄重雄伟。

湘阴文庙原有的明伦堂、尊经阁、崇圣祠、钟鼓楼、仰高亭等建筑均早已无存，同时由于城市改造，步行街横穿大门与"太和元气"坊之间，由于其独具特色的大成

图4-3-44 湘阴文庙石牌坊（罗明摄）

图4-3-45 湘阴文庙大成殿（罗明摄）

殿二层的抱厦和石雕、木雕艺术，于1983年被列为湖南省省级文物保护单位。

十八、永州零陵文庙

位于永州市城南区东门巷，始建于南宋嘉定元年（1208年），初址在永州潇水以西、黄叶渡愚溪桥之左。元至正二十年（1360年）首次迁至城东门内。明洪武三年（1371年），文庙再移城南，规制如旧；弘治三年（1490年）文庙第三次迁至城北；嘉靖二十一年（1542年）择定城东百户康庄宅地（即今庙址西南侧）建庙。清顺治十四年（1657年）重建文庙并经康熙、雍正年间三次维修；乾隆四十年（1775年）迁至明嘉靖二十一年所建庙址东侧的高地，即现存文庙之所在地，后虽经道光元年（1821年）、道光二十六年（1846年）、同治八年（1868年）先后三次修葺，但均维持旧制未作迁徙，且一直保存至今。现仅存大成殿及东西两庑。

因月台为石制构件，所以月台几乎都保存完好。其长宽比为1∶2，月台上还设有一对石狮。月台南面中间为丹墀，丹墀中间为圆雕汉白玉龙头，两侧各一条高浮雕青石龙盘绕，丹墀两侧各一尊石象。但月台四周没设台阶，而是从大成殿前廊东西两侧步入大成殿前廊及月台。大成殿面阔五间，进深三间，因湖南地区雨季较长，所以四周都设有近3米宽的外廊。正面不像一般文庙大成殿的主立面那样全设规整的隔扇门，而在明间设木质月亮门（图4-3-46），两侧为隔扇窗，没有官学建筑的肃穆，而多了一点民间建筑的轻松之感。屋面为重檐歇山顶，黄色琉璃瓦，屋脊为泥塑二龙戏珠的形式，翼角飞翘。殿前六根柱子的材质及装饰分别不同，明间两侧的汉白玉石柱上为汉白玉浮雕盘龙；次间两根青石柱上为青石浮雕飞凤；梢间两根木柱为木雕蟠龙，并施以红、白、绿三色彩绘（图4-3-47）。正面六根柱子用三种不同材质制作，这种做法极为特殊，为国内罕见。

十九、澧县文庙

澧县文庙为清代直隶澧州的州学，位于澧县城关镇南门内，旧名澧州文庙。始建于北宋乾德三年（公元965年），据清《直隶澧州志》载：宋建学宫（即文庙），位于城南。明初建大成殿及门庑，后为明伦堂，明末毁于战乱。清康熙元年（1662年）修殿庑，饰神牌，规模甫就；康熙十年（1671年）建乡贤祠；康熙二十三年（1684年）恢复旧规；康熙二十八年（1689年）、四十年（1701年）及清雍正七年（1729年）相继加修、重修；雍正十年（1733年）移大成殿，原明伦堂改为崇圣祠，改建明伦堂于殿东北隅；清乾隆二十八年（1763年）奉文

图4-3-46 零陵文庙大成殿（罗明摄）

图4-3-47 零陵文庙檐柱（罗明摄）

重修，经历了三年；清嘉庆四年（1799年）重修泮池；清嘉庆十六年（1811年）、清道光二十一年（1841年）相继增修，现存建筑为清光绪三年（1877年）修建。

澧州学庙坐北朝南，平面布局较完整，中轴线上自南而北依次由头门、大成门、大成殿、崇圣祠组成，两侧有钟鼓亭和厢房。中轴线上的建筑除崇圣祠覆绿色琉璃瓦外，其余屋顶都为黄色琉璃瓦，两侧的建筑除钟鼓亭覆黄色琉璃瓦外，其余都覆绿色琉璃瓦，具有明显的等级高低之分，形成主次分明的布局特色，具有湖南文庙形制的典型性，为湘北地区规模较大的古建筑群。

学庙的前导空间开阔，形成南北向长56.03米，东西向宽35.6米的院落。庙门为正面进入式，仅设正门，正门为三开间塾门式建筑，屋顶为硬山屋顶，覆黄色琉璃瓦，门前设一对石狮，门头两侧为"德配天地，道观古今"的对联，上书"斯文在兹"的横批。穿过头门，则是半圆形泮池，上面架设一单孔石制状元桥，状元桥与大成门之间原有棂星门，现已毁。

大成门砖木结构，门内三楹，通面阔17.41米，通进深9.65米，硬山顶，覆黄色琉璃瓦。大成门左有名宦祠，右有乡贤祠，覆绿色琉璃瓦，以红色山墙相隔，大成门的地坪与屋顶都比两侧祠堂高20厘米。大成门、名宦祠和乡贤祠三者形成前后通廊，两侧前后有台阶，中门前后御路均置浮雕五龙戏珠丹墀。南面丹墀两侧各立一座喜气洋洋的石狮（图4-3-48）。

大成殿置于月台之上（图4-3-49），从月台东西两侧抄手踏跺登上月台，大成殿面阔七间，进深

图4-3-48　澧县文庙大成门（罗明摄）

图4-3-49　澧县文庙大成殿（罗明摄）

三间，四周环以2.6米宽的通廊。大殿通面阔21.74米，其中明间面阔6.14米，仅南面设有22页雕花隔扇门，上雕戏剧故事或神话传说，如太白醉酒、三打白骨精等内容，其余三面为红色粉墙。每根檐柱上都有斗栱，仅起装饰作用。大殿为砖木结构，构架为抬梁式，高敞的空间，用材较大，以内柱、明栿、穿枋构成主架，带有明显官式做法。八根圆木金柱为主要承重构件，柱由明栿和枋木穿接。外廊双步梁前端置于外檐柱之上，后尾插于内柱中，内檐柱和内柱之间为湖南地区常用的卷棚顶，每榀屋架的两根落地内柱之间有五根不落地的短柱，柱根插于穿枋之上。总之，在以抬梁式加大内部空间的基础上，又结合湖南地方惯用穿斗式结构和地方工艺节省工程造价。总体装饰精细，尤其体现于石雕工艺和彩绘工艺。青石柱础形式多样，既有动物形象的，也有各种几何形状的，都雕刻精美细腻（图4-3-50）。

凡木制构件，除木柱、部分花牙子及隔扇门窗油红色国漆以外，其余大小梁枋及斗栱无不施以彩绘，主要为旋子彩画，虽然近看颇觉过于烦琐，但因其用色主要为蓝灰、灰绿色等，局部以黄色勾边，所以始终处于灰色系中，远观反而与红墙、黄瓦、蓝天三原色相得益彰。

位于名宦祠、乡贤祠与两庑间的钟鼓亭为典型的六边形开敞式，边长为2.2米，通高6米有余，由六根立柱构成。东钟西鼓，屋顶为重檐攒尖顶，覆黄色琉璃瓦，绿色琉璃屋脊，红色国漆圆木柱，梁枋施以彩绘，二层为镂空木雕圆窗。虽然面积不大，但造型轻盈，装饰得鲜艳热闹，颇具湖南民俗特色。

图4-3-50　澧县文庙柱础（罗明摄）

附属部分的崇圣祠位于大成殿后，置于1米高的台基之上，与大成殿有一院之隔，东西两端有厢房，但附属院落两侧无东西庑。在各地崇圣祠中属规模较大者，通面阔三开间16.35米，通进深两开间10.98米，前置3.6米宽的通廊与两侧厢房相连，为单檐硬山屋顶，覆绿色琉璃瓦。

总之，澧州学庙整体保存得较为完整，为湖南清代典型的学庙布局和建筑风格，主体建筑以官式建筑做法为主，而附属建筑则在遵从建筑等级制度的基础上融入湖南地方工艺和民间做法。

二十、湘乡文庙

位于湘乡县城关镇，现湘乡市第一中学内。始建年代不详。清乾隆四年（1739年）知县陈嘉谷主持迁建于此，乾隆六年（1741年）正式将神位迁入新庙。乾隆三十八年（1773）年，清嘉庆五年先后重修，清同治三年（1864年）又进行了大修。民国6~8年（1917~1919年）南北军阀在湖南混战，明嘉靖年间（1507~1566年）的百余件祭器、匾额、御制赞碑及各朝分别御书的"万世师表"、"民生未有"、"与天地参"、"圣集大成"等额都毁于一旦。

现存棂星门、钟鼓亭、大成殿及两庑，虽所存建筑不多，但各单体较为完整精致。棂星门平台三方由花石砌成，围以1.2米高的石栏杆，栏杆间为雕有植物、鸟兽等内容的祁阳白石栏板。棂星门耸立在平台前沿中间，六根竖立的花岗石柱上端石狮、石象昂首挺立，雕有"棂星门"三字的大理石牌匾悬挂于中间两根石柱之间。大成门为单檐硬山顶，前出走廊通左右耳房和钟鼓亭。钟鼓亭为四柱正方形平面，为上下2层楼阁式，整体形象类似于民间的小型戏台（图4-3-51），一层为交通空间，二层放置钟鼓，二层几乎全开敞为廊道，四根立柱直顶歇山屋顶，覆绿色琉璃瓦，镂空琉璃屋脊雕琢精美，檐下卷棚顶小而不失精巧，栏杆及梁枋上的木雕图案丰富，极富民间戏台建筑的世俗之美。大成殿前月台的石栏杆保存完好，栏板上还雕有花草

图4-3-51 湘乡文庙钟鼓楼（罗明摄）

图案，月台前沿中间为汉白玉丹墀，也围以石栏杆，丹墀两侧设台阶。大成殿开间五间，进深三开间，四周环绕柱廊。屋顶为重檐歇山顶，红墙黄瓦。抬梁式结构，整个屋面由16根金柱和20根檐柱支撑，正面檐柱之间饰以花牙子，檐柱下置莲瓣八方柱础，上雕刻八仙隐纹图案。梁头、撑栱、隔扇门窗及梁枋上均为本色木雕，以寓意吉祥的龙凤为主题，雕工精细，风格古朴，体现了湖南地方建筑风格和装饰工艺特色。两庑为硬山屋顶，弓形封火墙轮廓圆润，湖南俗称"猫弓背"，墙面虽仍为红色，但屋面为小青瓦，体现了中轴线上建筑与两侧建筑的主次尊卑关系，通过对比突出重点，形成华而不躁，飞动而不失平和的建筑色彩环境，从而营造了一种庄重肃穆的建筑环境气氛。

二十一、吉首乾州文庙

乾州文庙为清代直隶乾州厅厅学，位于湘西土家族苗族自治州吉首市乾州古城内。乾州文庙始

建于清雍正七年（1729年）学使者习寯、同知沈元曾创建，雍正十一年（1733年）竣工；《厅志》中《乾州厅建学记》记载："辰郡乾州，向为苗人出入之地。蠢兹有苗，相率归命，于是建宫设学，岁科如小学例，取进弟子员八名"。清乾隆五十九年（1795年）在湘西苗民起义中烧毁；清嘉庆六年（1802年）重建；清道光十七年（1837年）重修大成殿；道光二十六年（1846年）将右侧拓宽，并于此设立头门、庭院、明伦堂、尊经阁；清咸丰年间（1851～1861年）再度重修；抗日战争中安徽国立八中女师部迁来乾州文庙内，1946年后改为小学。乾州文庙是湖南现存庙学中唯一保存有学庙和学宫两部分的官学建筑。

乾州厅学的学宫位于沿道路走向学宫学庙的西北角，为左庙右学的布局模式。学宫建筑群院址面积794平方米，学庙建筑群院址面积2272平方米，明伦堂的面积与文昌阁相差无几，可见其教学的功能已很弱，主要发挥文庙的祭祀功能，起到精神教化的作用。

学庙建筑群保存较为完整，坐北朝南，砖木结构，中轴线上自南而北三进院落，依次为照壁、棂星门、泮池、大成门、大成殿和崇圣祠，中轴线两侧为东西庑和钟鼓楼。与湘中地区学庙的琉璃瓦屋顶不同，所有建筑都覆灰色筒瓦或小青瓦，不像一般学庙那样金碧辉煌，主要是因当时雍正时期虽然办学不多，却有不少开拓之举，在新归附的偏远落后少数民族地区新建了不少学校，但为了表明民族的等级差别，在少数民族地区所建的学庙基本都沿用本地材料，而不用红墙黄瓦，以示不同民族间的主次尊卑关系。

据湖南清代民间传说，因未出过状元，故没设正门，只能在照壁两旁设掖门作为主要出入口，门洞上出小青瓦屋檐，题有"德配天地"与"道观古今"的牌匾。棂星门位于泮池与照壁之间，棂星门为四柱三门式，半圆形泮池半径为3.9米，保存较为完整，四周有栏杆，均为当地盛产的红砂岩砌筑。上面架设单孔状元桥，宽2.56米，因大成门始建于清雍正七年（1729年），受到西洋建筑的影响，故大成门的风格与一般学庙的清式大成门完全不同，为三开间2层的门塾式建筑，中间为通廊，两侧为封闭房间，二层为连通的平面。外立面的中间为拱券门洞，门洞四周饰有石柱饰和线脚，两侧的直棂窗上边为三角形，具有中西建筑交融的风格（图4-3-52）。大成门的东西两侧分别为乡贤祠和名宦祠，以四座湖南地区常用的担子封火山墙相隔三座硬山屋顶，立面风格也与大成门类似。

穿过大成门即进入主体空间，大成门和两庑之间东西两侧为六边形木构楼阁式钟鼓亭，边长为1.45米，亭内为2层，内有木楼梯，钟悬于东亭顶层屋顶，鼓则置于西亭底层地面。屋顶为单檐六角攒尖顶，檐下为卷棚，亭身为全木构，一层开敞，二层为带圆洞木窗，比例修长挺拔，造型独特，工艺精美。

主体建筑为设于1.15米高台之上的大成殿（图4-3-53），平面通面阔三开间，通进深为三开间，四周绕以2.1米宽的回廊，南面设以隔扇门，其余三面为朱红粉墙，大成殿为重檐歇山屋顶，覆灰色筒瓦，屋顶起翘深远，屋脊为泥塑双龙戏珠，其余各脊为水纹屋脊，凤凰状翼角，龙主水，凤主火，阴阳平衡，水火得当。殿前的月台中间设有无龙头的龙身丹墀，带有浓厚的湘西巫文化意蕴。装饰风格结合苗族地区盛产木材、精于木雕的特点，所有木

图4-3-52 乾州文庙大成门（罗明摄）

图4-3-53　乾州文庙大成殿（罗明摄）

制构件除柱身没有雕琢外，其余木构件从门窗，到梁枋、撑栱、雀替、花牙子等无不精雕细琢，且都为原木素色木雕，没有任何金粉漆画装饰，但雕刻题材大多是龙纹装饰，可见建造者虽然在装饰色彩上有所顾忌，但题材上却尽量采用等级较高的内容。

大成殿后为崇圣祠，通面阔三开间，通进深三开间，平面接近于正方形，南面为隔扇门，其余三面为青砖墙体。屋顶为单檐歇山顶，覆灰色筒瓦，泥塑水纹屋脊，龙头木梁枋。

对比《乾州厅志》中的学宫图，现存学宫建筑群仅存文昌阁和明伦堂，南面的头门已毁。明伦堂和文昌阁围合的院落宽11.195米，深17米，明伦堂位于中轴线北侧，坐北朝南，通面阔三开间计11.195米，通进深单开间计5.935米，另设2.255米宽前廊，建筑面积不到80平方米，按照古代一般书案的尺寸排列，最多不会超过20人，可见当时学宫的教学功能已越来越弱。屋顶为硬山式，覆小青瓦，瓦屋脊，脊饰为湘西民居中最常用的瓦脊饰，除隔扇门上雕有如意纹式外，其余各处无多余装饰，非常简朴（图4-3-54）。文昌阁位于明伦堂东侧，崇圣祠西侧，与明伦堂围合成一院落，也为三

图4-3-54　乾州文庙明伦堂（罗明摄）

图4-3-55 凤凰文庙大成殿（罗明摄）

图4-3-56 凤凰文庙丹墀（罗明摄）

开间带前廊平面，面积和明伦堂相差无几，但层高比明伦堂高半米，屋顶为歇山顶，覆灰色筒瓦，泥塑水纹屋脊，葫芦宝瓶脊饰，可见文昌阁等风水建筑的等级比明伦堂等纯粹的学校建筑等级要高。

文庙和学宫整体色彩淡雅，各建筑规模都不大，甚至远小于一些县学学庙，但建筑群天际轮廓线节奏鲜明，建筑单体的屋脊、梁枋、雀替、花牙子、柱础等木雕、石雕工艺细腻，既体现了浓厚的湘西少数民族地域特色，又于细微之处体现了文庙建筑的等级地位。

二十二、凤凰文庙

凤凰文庙位于凤凰县第一中学内。始建于清康熙四十九年（1710年），雍正、乾隆、嘉庆、道光各代不断扩建，直到道光十九年（1839年）秋最终形成了具有一定规模且结构较完整的县级文庙。原由泮池、棂星门、大成门、大成殿及两庑组成。民国33年（1944年）改建为中学。后随着学校规模的扩大，拆除了东西二庑、大成门、棂星门，将泮池填为操场，现仅存大成殿和月台。2002年由湖南省政府公布为湖南省重点文物保护单位。

大成殿坐西朝东（图4-3-55），殿前设有月台，高1.7米，月台前设有三龙戏珠丹墀，雕工细腻，形态栩栩如生（图4-3-56）。大成殿砖木结构，面阔三间，进深一间，整个结构由15米高的金柱和12根廊柱、12根檐柱支撑，檐下四周为卷棚。内部结构为抬梁式和穿斗式相结合，正立面四根木制檐柱盘绕木雕金龙，镂雕工艺精细，形态逼真，梁枋及撑栱木雕也以龙形图案为主题，重檐卷棚下还施以彩绘。屋顶为重檐歇山顶，屋面不像湘中地区的文庙一样为琉璃瓦，而是小青瓦，以蓝绿色琉璃瓦当和屋脊勾勒建筑轮廓线，屋角飞檐起翘较高，整体色彩和造型具有湘西少数民族地区的地域特色。

二十三、石门文庙

石门文庙位于石门县楚江镇。据清同治《石门县志》记载：文庙始建于北宋皇祐四年（1052年），庙址多次变迁；明弘治十七年（1504年），文庙改迁于长溪以北，即现在的位置，修建了棂星门、大成门、大成殿、崇圣祠等建筑；嘉靖四十年（1561年）建名宦祠、乡贤祠、启圣祠等；万历四年（1576年）、万历十七年（1589年）、万历四十二年（1614年）、万历四十七年（1619年）均

图4-3-57 石门文庙棂星门（罗明摄）

图4-3-58 石门文庙钟鼓亭（罗明摄）

对文庙进行过修缮。清顺治八年（1651年）建五开间大成殿、两庑、三开间启圣祠、五开间明伦堂；康熙四十七年（1708年）进行维修；乾隆四十五年（1780年）重修崇圣祠；乾隆四十七年至五十四年（1782～1789年）对大成门、大成殿、两庑、名宦祠、乡贤祠、崇圣祠和文武官厅等进行维修，并另外建了宫墙；光绪十二年（1886年）增修左右门楼和尊经阁；民国末年（1946～1949年），石门简易师范学校设于此。

石门文庙坐北朝南，按南北中轴线对称布局，纵向三进，中轴线上自南而北依次为：头门、泮池、棂星门、大成门、大成殿、崇圣祠（已毁），两侧有耳房、碑廊、文武官厅、钟鼓楼、厢房、礼（乐）器库等，而且所有单体建筑都以有石栏板的廊道相连，既可遮风避雨，又增加了整体感。

头门为门屋式，立面为三段式，须弥座麻石勒脚，中间为朱红色粉墙，上部为绿色琉璃瓦歇山顶，檐下为等级较高的和玺彩画。墙面对外较封闭，对内则为开敞的廊道。中间设拱形门洞，门上悬有"文庙"二字的匾额，为现在国内保存不多的题有"文庙"二字的文庙门之一。穿过头门，则为半圆形泮池，上架设一单孔状元桥，桥洞上边中间有龙头伸出，池内有石龟装饰。状元桥后3米处为棂星门，四柱三门三楼，高8.7米，宽8.27米，主楼明间七踩斗栱五攒，次楼为七踩斗栱三攒，明间、次间大小额仿上两面都为二龙戏珠、五龙捧圣、双凤朝阳镂空木雕，三门均嵌有木雕云墩雀替，"棂星门"匾额为清乾隆皇帝御书（图4-3-57）。

大成门与乡贤祠、名宦祠相连，前后置通廊，通廊中间都设有丹墀，两侧分置台阶。大成门北面两侧分置钟鼓亭，为六角形单檐攒尖顶、纯木结构，比例瘦长，飞檐翘角（图4-3-58）。大成殿面阔五间，进深三间，四边环以通廊，檐下无斗栱而作卷棚（图4-3-59）。重檐歇山顶，覆黄色琉璃瓦，正脊为双龙戏珠缠绕，中置宝瓶葫芦。上下檐各四条戗脊上也都为龙形脊饰。整个屋面由八根金柱、16根廊柱和16根檐柱支撑。各檐柱均置雕花撑栱、雀替，为麒麟抱子、丹凤朝阳等图案。殿前有石砌月台，长11.5米，宽8.5米，高0.6米，四周绕以石栏杆，栏板上雕刻花鸟、乐器、文房四宝等图案。月台前御路上置有丹墀，为浮雕五龙戏珠图案，神态十分逼真。大成殿两侧以廊道与东西两庑相连，两庑为单檐硬山顶，盖绿色琉璃瓦，两庑正脊也配有二龙戏珠琉璃饰件，为一般文庙所少见。

图4-3-59 石门文庙大成殿（罗明摄）

图4-3-60 芷江文庙大成门（罗明摄）

图4-3-61 芷江文庙大成殿（罗明摄）

二十四、芷江文庙

原为沅州府文庙，坐落在芷江侗族自治县芷江镇小北街。关于芷江文庙的始建年代，府、州、县志均无记载，仅在清同治年间迁建文庙竣工记中提及——创建于明代中叶。清咸丰九年（1859年）知府张樾、知县李惟丙到任，同感文庙所在地"地处卑微"，议定迁文庙至治北高地。同治元年（1862年）六月动工，同治二年（1863年）正月告竣，除部分建筑被毁外，主体建筑保留至今。

芷江文庙坐北朝南，占地面积1870平方米，建筑面积1101.94平方米。现存主要建筑有：大成门、大成殿、崇圣祠、东西庑和钟鼓亭。

大成门位于高台之上，为三开间、二进深的双面廊，中间设一座双扇板门，为重檐歇山屋顶，覆灰色小青瓦。两侧为名宦祠和乡贤祠（图4-3-60）。

大成殿面阔五间，进深三间，四周都无外廊（图4-3-61），为湖南地区少见。当心间两侧方形壁柱上都刻有龙凤呈祥图案，但为少见的"凤上龙下"图案，殿内四根方柱为砖砌，每边宽半米，其余为石柱。须弥座后石柱上镌有文字：左柱刻"知沅州府事张樾敬立"，右柱刻"知芷江县事李惟丙敬立"，其余石柱刻里甲捐款字样。殿顶设藻井，中绘太极八卦图，八府虎狮鹿图依稀可见。墙身为朱红粉墙，梁枋为沥金木雕，上下檐间均置五层如意斗栱。屋面为重檐歇山顶，也覆小青瓦，脊中置莲座葫芦形宝顶，飞檐翘角，翘角下悬挂风铃。大成殿前的月台低于大成殿阶沿0.43米，高于地面1米，月台前置二龙戏珠丹墀，为整块青石雕刻而成，月台上设青石石狮一对。月台前院的东西两庑为厢

图4-3-62 湘潭文庙大成殿（湘潭文物局摄）

图4-3-63 湘潭文庙亚圣祠（罗明摄）

房，硬山屋顶，覆小青瓦。大成殿与两庑之间是钟鼓亭，为四方亭，重檐攒尖顶，活跃了整个院落空间的天际轮廓线。大成殿后的崇圣祠为面阔三间，进深一间，四周设外廊一圈，正面全为隔扇门，中间悬有"崇圣祠"匾额，檐下为卷棚。芷江文庙的装饰风格较为华丽，上至屋脊，下至丹墀，无不雕琢细腻，并以朱红和沥金色为主，唯独屋面为灰色小青瓦，表现了清政府对不同民族的建筑也有尊卑贵贱之分。

二十五、湘潭文庙

位于湘潭市雨湖区正街，今湘潭师范学院内。文庙始建于南宋绍兴初年，原址在小东门侧，因而小东门也称文星门。元至正十一年（1351年）毁于兵火，明洪武二年（1369年）重建，洪武十六年（1383年）相继加建。明正德十一年（1516年）因避水害迁建，明督御史黄宝有《迁学记》记载。明末再度毁于战乱。清顺治九年（1649年）重修，雍正四年（1726年）扩大规模；乾隆十九年（1751年）重筑大成殿，其后经各代重修。民国3年（1914年）再修，抗日战争期间损毁不堪，仅留大成殿、圣亚殿、钟鼓楼及东西厢房；民国16年（1947年）修复了部分建筑。2009年由湖南省人民政府公布为省级重点文物保护单位。

湘潭文庙占地面积约2000平方米，坐南朝北，砖木结构，庙前原有学宫坪，坪南端有照壁，上有"万仞宫墙"四字。正门为"奎星门"，门内有半月形泮池，池旁原有石坊三座，均毁无存。现存中轴线上主体建筑自北向南分别有大成门、大成殿、圣亚祠，两侧还有钟、鼓楼和东西厢房。

大成门为双面廊，面阔三间，进深一间，中间墙上开设三座板门，硬山屋顶，覆黄色琉璃瓦，两侧分列名宦祠、乡贤祠和忠孝祠等，并与八字形院墙形成天井。大成门后东侧为钟亭，西侧为鼓亭，大小形状做法一致，均为正方形平面，八根柱子内外两层布置，中间放置钟鼓。屋顶为重檐歇山顶，覆绿色琉璃瓦，檐下置卷棚，花牙子、梁枋及撑栱木雕工艺细腻。大成殿面阔三间，进深三间（图4-3-62），四周为通廊，北面设有隔扇门，其余三面为朱红粉墙，重檐歇山顶，覆黄色琉璃瓦，檐下无斗栱，无卷棚，内外枋、檩、藻井、斗栱、隔扇均五彩施绘。殿前设有月台，高约1米，长约18米，宽约9米，月台中置汉白玉丹墀，为正面双龙戏珠浮雕，丹墀两侧分置台阶。大成殿前东西两侧为厢房，同为黄色琉璃瓦，以封火山墙相隔，山墙墀头灰塑松树仙鹤图案，寓"延年益寿"吉祥之意。湘潭文庙与其他各地文庙所不同的是，大成殿后设亚圣祠，祭祀孟子，湖南现存文庙中设立亚圣祠的仅此一处（图4-3-63）。亚圣祠面阔三间，进深三间，较封闭，硬山屋顶，覆黄色琉璃瓦，脊中置宝瓶。

二十六、新田文庙

位于新田县龙泉镇立新街1号。据清光绪《新田县志》记载：明崇祯十二年（1639年），析宁远县新田堡（军屯）置新田县，于县治左建新田文庙；崇祯十六年（1643年）毁于战火；清顺治十一年（1654年）于旧址重建。清康熙五年至八年（1666～1669年）重修。清乾隆二十七年（1762年）迁建新田文庙于县治右。清道光四年至五年（1824～1825年）返迁至县治左旧址。清光绪二十年（1894年）重修新田文庙，形成现有规模。

新田文庙坐东朝西，现存建筑中轴线上自西而东依次为泮池、棂星门、大成门、大成殿。崇圣祠已毁。

棂星门全部采用青石构筑而成，四柱三门（图4-3-64），三门上方正面用汉白玉石楷书阴刻"灵星门"、"太和"、"元气"匾额，背面阴刻"灵星门"、"金声"、"玉振"匾额，"灵星门"中的"灵"字依旧为棂星门最初的名称，在国内现存文庙中较为少见。横额、竖额浮雕人物、瑞兽、花鸟，中镶镂空双龙戏珠石板，柱顶各置一石狮。棂星门前为半圆形泮池，上无泮桥。大成门位于高台之上，为三开间双面廊，每开间都设有一朱红板门，中间的门洞最大最高。硬山屋顶，覆黄色琉璃瓦，饰镂空黄、绿两色琉璃屋脊，中置三星宝瓶，两端山墙墀头堆有泥塑装饰。大成殿面阔五间，进深三间，四周设有外廊（图4-3-65），砖木结构，重檐歇山顶，盖黄色琉璃瓦。正脊饰琉璃双龙戏珠屋脊，腰檐处也为二龙戏珠泥塑压顶。檐下无斗栱，作卷棚。装饰华丽，梁、枋、窗上及檐下有彩绘木雕数十幅，内容多为民间传说、神话故事，中间也有反映清代永州八县城郭地貌、风土人情的雕板。殿前有石砌月台，月台前置丹墀，为浮雕五龙戏珠图案。

新田文庙规模虽小，但其木刻和石雕工艺精细生动，1982年由新田县人民政府公布为新田县文物保护单位。2002年由湖南省政府公布为湖南省文物保护单位。

二十七、城步文庙

位于湘西边陲的城步苗族自治县儒林镇。现存建筑为清光绪十五年（1889年），湖北提督龚继昌回原籍时倡建，将文庙从城北迁至宋代的普和寺原址；光绪十七年（1891年）迁棂星门于大成门前。1935年又将原文庙的魁星阁迁至庙后。

图4-3-64 新田文庙棂星门（罗明摄）

图4-3-65 新田文庙大成殿（罗明摄）

图4-3-66 城步文庙侧门

文庙坐北朝南，依山就势而建，建筑自南而北依次为：照壁、棂星门、大成门、大成殿及东西庑。崇圣祠及魁星阁于1974年倒塌。

从门坊式侧门进入文庙的前导空间（图4-3-66），院内无泮池，但有四柱三门的冲天柱式石牌坊，各柱前后都有须弥座护壁夹合。大成门为五开间门屋式建筑，两端尽间为名宦祠与乡贤祠，整体为硬山屋顶，屋顶中间还架设一小型歇山屋顶，前导空间院落的东西两侧既设两庑，也为歇山屋顶。大成门后为面阔三开间的大成殿（图4-3-67），四周设有外廊，外墙已被后世改动，木制檐柱设雕琢精美的麻石柱础，此为仅余可见的装饰，腰檐处不像湘中文庙那样开设隔扇窗，而是粗犷的梁枋构架，也无任何木雕装饰。屋顶为重檐歇山顶，覆小青瓦，屋脊也为简单的立瓦屋脊。各建筑单体都较为简陋，但所有的山墙都为曲线优美的"猫弓背"形式。

图4-3-67 城步文庙大成殿

二十八、安化梅城文庙

位于安化县梅城镇西北。安化县城旧在梅山，北宋熙宁五年（1072年）章惇开梅山，置安化县城，安化第一任知县毛渐始建文庙于安平；北宋建炎四年（1130年）毁于战火；南宋绍兴十四年（1144年）知县升改迁至梅城镇东；南宋宝祐三年（1255年）知县彭道徙建今所；南宋景炎三年（1277年）毁于战火。元至元二年（1265年）县尹耶律敦武重建；至顺二年（1331年）西夏侯李纳加台重修；至正十一年（1351年）复遭兵毁。明洪武三年（1370年）知县海源善重修戟门，外为泮池；天顺五年（1461年）重修；崇祯元年（1628年）复迁今址，增建前后宫墙，东西角门及礼门、义路。清康熙四年（1665年）知县王丕振重修；康熙二十四年（1685年）知县吴兆庆重修；道光二十九年（1849年）再次修整。清同治六年（1867年）和民国23年（1934年）先后两次进行局部维修，1949年在文庙内设立安化县立初级职业学校；1950年后改为安化县立中学。

安化文庙占地3100平方米，坐西朝东，砖木结构。中轴线上自东而西依次为照壁、泮池、棂星门、大成门、大成殿、崇圣祠，但棂星门已毁。从东西院墙的侧门进入文庙，照壁位于最东端，但与一般文庙的照壁中常题的"万仞宫墙"不同，正中镶嵌明万历朝知县陈阳明所书的"瀛洲"、"龙门"石刻，石刻高50厘米，宽90厘米，"瀛洲"面朝院外，"龙门"面朝院内（图4-3-68）。

石刻上方环列三个直径为48厘米的圆孔，这种题刻内容和形式在国内文庙的照壁中比较少见。泮池尺度较大，直径为23.7米，以青石垒砌而成，池上没有架设泮桥。大成门面阔三间，为双面廊，开设三门（图4-3-69），大成门左侧为名宦祠，右侧为乡贤祠，三者共一硬山屋顶，两侧山墙起翘弧线优美。

大成殿面阔五开间，通面宽20.2米，设有前廊，通进深14.5米，殿高10.6米（图4-3-70）。屋顶为重檐歇山屋顶，脊中置三星宝珠，戗脊饰各类飞禽走兽，屋角青龙倒衔。屋面防水处理特殊：先在底层铺设一层小青瓦，再在其上铺一层铸铁大瓦，最上层才是黄色琉璃瓦。六根木制外檐柱的青石柱础为两层，下层为六边形，每面刻龙、虎、鸟等吉祥动物，上层为鼓形柱础。抬梁式与穿斗式构架相结合，且从明间两侧的柱子开始，柱径依次减小，既扩大了空间，又节省了材料。大成殿前的青石月台并不高大，但四周环以精致小巧的栏板，正面中间为丹墀，两侧为台阶。大成殿地坪比月台高

图4-3-68　安化文庙照壁

800厘米,中间为丹墀,丹墀两侧为带栏板的台阶。大成殿后墙尽间各开一门,以封闭的两庑通向崇圣祠,因崇圣祠所处位置比大成殿低0.47米,故在两庑中间设有台阶。崇圣祠平面为五开间、二进深,前设外廊,抬梁式构架。

安化文庙柱础的石刻、梁枋及花窗的木雕、殿顶的彩绘都较有特色,题材丰富,既有几何纹样,又有吉兽祥物,极富湖南地方特色。

图4-3-69　安化文庙大成门

图4-3-70　安化文庙大成殿

湖南古建筑

第五章 风景园林建筑

湖南风景园林建筑分布图

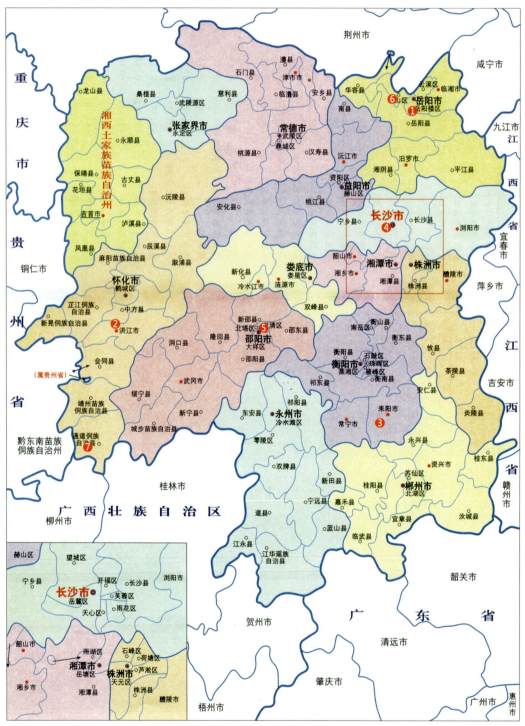

(地图引自：中华人民共和国民政部编.中华人民共和国行政区划简册2014.北京：中国地图出版社，2014.)

❶ 岳阳楼　　❸ 耒阳环秀楼　　❺ 双清亭　　❼ 马田鼓楼
❷ 黔阳芙蓉楼　❹ 爱晚亭　　　❻ 朗吟亭

第一节　风景园林建筑概况

建筑是风景园林的重要组成部分，在传统景观中具有较高的观赏价值，它具有使用、点景、观赏和被观赏的多重功能。传统园林中的建筑（亭、台、楼、阁等）造型丰富，文化艺术特色鲜明，其富有地域特色的外观，结合环境中的水、石、花木等共同表达着独特的艺术形象和艺术境界。

湖南具有典型的丘陵地貌特征，有着优美的山水自然环境，众多的人文胜迹遍布各地，经过历史上众多朝代的发展，各地都有不少有名的亭台楼阁，成为地方人文景观的重要标志。相传在远古时代舜帝到南方巡视，死于苍梧，葬在九嶷山，二妃娥皇女英前往寻夫，死于湘水，葬于洞庭湖中君山岛，与之相关的建筑古迹则分布在岛上不同的地方，从而成为君山岛乃至岳阳市一处重要的人文景观。

一、楼阁

在古时楼与阁是有区别的，两层以上的屋叫"楼"，即"重层曰楼"，且上下层都用；阁则是下部架空，主要是利用其上部空间，后来则楼阁通用，区别就慢慢淡化了。楼阁作为风景园林中的主景，多选在城市和风景名胜区的高处而建，从而使其位置鲜明而突出，加上周边优美的自然环境与丰富的人文环境，更衬出其魅力。风景区中的楼阁建筑，除了点缀风景外，更多的是依托文学作品对风景的描述来抒怀与言志，比如岳阳楼、《岳阳楼记》及其周边大的环境氛围共同造就了闻名于世的"岳阳楼之大观"。

湖南的气候炎热潮湿，加上以前的建筑多为木结构体系，在经历天灾人祸后容易毁坏，所以不少著名的建筑大多经过数次重建，其建筑风格、规模，甚至建造地点等都可能发生变化；现存的楼阁也大都是清朝时期留下来的。楼阁周围的门窗通透，大都设上下围廊，供游人观景之用。藏书楼、藏经楼则比较封闭，这与其藏书兼具保护功能有关。还有一类楼阁属于风水性质的，如各地的文昌阁、魁星楼、镇江阁等。

湖南的楼阁大都是全木构或砖木结构，以2～3层为主，多数是歇山屋顶，而采用大型盔顶建筑式样的只有岳阳楼，为国内所独有。也有少数达4层的，如耒阳环绣楼。具有风水性质的楼阁则多采用六角形或八角形攒尖顶式样。

二、亭

中国的亭子历史悠久，用途广泛，是风景园林景观中不可或缺的重要部分和人文特色的体现。一般来说，有景就有亭，甚至景以亭来命名，如岳麓山脚下的爱晚亭，位于清风峡谷之中，成为"万山红遍，层林尽染"景观中的中心，同时起到点景、组景与赏景的作用；亭在风景园林中的重要性可见一斑。

三湘大地多是丘陵地貌，山清水秀，风景优美之处不可胜数，亭的数量及种类也多，加上唐宋后中原战火不断致使经济、文化中心往南转移，亭与诗词更密切地结合为园林景观增添了厚重的人文内涵。

湖南风景园林中的亭子主要有两种类型：一类是纪念型的，如益阳的裴公亭——纪念唐代荆南节度使裴休读书的场所，株洲的分袂亭——念朱熹与张栻告别之处；另一类是实用型的，可供人休息、避雨的，凉亭、路亭、钟鼓亭等，它们造型多样，在园林中间起着"点景"与"引景"的作用。

亭子平面形式多为四角，也有六角、八角、长方、圆形和半山式的，高度方面多为双层或单层，结构形式则纯木或砖木结合居多，也有石柱或石构的。

三、台

在中国古代商周至秦汉时期颇为流行修建高台建筑，即先用砖石砂土砌筑一个高台，再在上面建造宫殿建筑。也就是《道德经》中"九层之台，起于累土"的说法，如商朝建有"鹿台"，周朝有"灵台"，汉代长沙的"定王台"（现在只保留了该地名），三国曹魏的铜雀台等。这些台式建筑大都具有防御、眺望或纪念意义，到后来则向景观意义的方向发展了，例如宋代岳麓山上曾建有赫曦台，以观日出；建道乡台，以祀邹道乡。长沙的湘江之滨曾建有八景台以观景；桃江建有天问台，以纪念屈原作《天问》于此，等等；东汉以后高台建筑建造的就少了，但在风景和园林中仍常有出现。

湖南的风景园林建筑很好地体现并继承了中国古典园林建筑的文化艺术特色，在崇尚自然、模仿自然的基础上，形成了"虽由人作，宛自天开"的意境与"缩影山水"、"咫尺山水"的神韵，也表达人与自然的和谐关系。其中岳阳楼、爱晚亭、天心阁就是有名的代表。

第二节 风景园林建筑实例

一、岳阳楼

岳阳楼位于岳阳古城西门城头，面向广阔的洞庭湖。"洞庭天下水，岳阳天下楼"，与南昌的滕王阁、武汉的黄鹤楼并称为江南三大名楼，并且是其中唯一一座保存下来的清代遗构（其余为后来重建的仿古建筑）。

相传汉末三国时期，东吴大将鲁肃曾在此操练水军，在西城门上建谯楼便于指挥与检阅（图5-2-1），并命之为"阅军楼"，此即岳阳楼的前身。南朝时岳阳设巴陵郡，谯楼称"巴陵城楼"，中唐时巴陵城改名为岳阳城，巴陵城楼也随之称为岳阳楼。千百年来，无数文人墨客在此凭栏抒怀，吟诗作画，使岳阳楼声名远播。诗人颜延之在《始安郡还都与张湘州登巴陵城楼作》写道："清氛霁岳阳，曾晖薄澜澳"，是有文字记载中最早描绘其湖光山色的。唐天宝、大历年间，张九龄、孟浩然、李白、贾至、杜甫、韩愈、刘禹锡、白居易、李商隐等诗人曾登临并留有诗咏名篇。宋庆历四年（1044年）滕子京被贬为巴陵郡守，次年重修岳阳楼"增其旧制，刻唐贤今人诗赋于其上"，并请范仲淹作《岳阳楼记》，苏子美书写，邵悚刻额，被誉为"四绝"。"先天下之忧而忧，后天下之乐而乐"，则成为家喻户晓的千古名句。岳阳楼因《岳阳楼记》而名声大振（图5-2-2）。

据记载岳阳楼曾多次重修、重建，各朝代的建筑式样也不尽相同。现存的岳阳楼是在清代样式的基础上于1984年重修的。主楼坐东朝西，建筑宽17.24米，深17.56米，接近正方形平面。3层通高20.35米，内有四根通长楠木金柱，二层加四根金柱承接屋顶荷载；二层出半步立檐柱12根，形成回廊。屋顶是穿斗式结构，为国内现存的古建筑中极为少见的盔顶式样，是椽子上垫以小木方而形成弧

图5-2-1 岳阳楼下城门"岳阳门"（柳肃摄）

形，使屋顶的造型饱满生动，巍峨壮观（图5-2-3）。建筑飞檐翘角，翼角装饰琉璃构件，每层不同，一层为茶花凤凰，二层是海藻游龙，三层是彩云如意。在各层斗栱的头上插有不同的雕饰，分别是靴头、龙头、凤头、云头。门窗隔扇也是各层有别，一层是靴头回纹，二层是步步紧，三层是田字格。屋顶檐下是非常有地方特色的如意斗栱，隔层隔扇门窗浮雕花卉鸟兽图案，装饰华丽（图5-2-4）。楼内正面整个墙为木雕屏板，雕刻范仲淹的名篇《岳阳楼记》（图5-2-5）。

图5-2-2　岳阳楼前临洞庭湖（柳肃摄）

图5-2-3　岳阳楼（柳肃摄）

图5-2-4　岳阳楼廊下做法（柳肃摄）

图5-2-5　岳阳楼内屏板木刻《岳阳楼记》（柳肃摄）

岳阳楼左有仙梅亭，右有三醉亭，形成"品"字形的布局，三者相互之间既有对比又有统一，主次分明，层次丰富，形成和谐大气的群体建筑及园林景观，引人入胜。登楼眺望，湖水共长天一色，气势磅礴，令人心旷神怡，流连忘返，从而很好地在空间与时间上体验岳阳楼景区的"大观"。

二、黔阳芙蓉楼

芙蓉楼坐落在洪江市黔城镇沅水与潕水汇流之处的香炉岩，为纪念唐代诗人王昌龄而建，这座典型的江南古典园林建筑被誉为"楚南第一胜迹"。"夕阳的余晖映红滚滚而去的江水，也映红了对面的一片粉墙黛瓦，还有那高挑的芙蓉楼"。清乾隆四十年（1775年）叶梦麟在城东始建芙蓉亭。清嘉庆二十年（1815），黔阳县令曾钰因原有场地低洼地隘、环境不佳而迁建到现在的位置，并作《重修芙蓉楼碑记》，现建筑为清代重修后的遗构（图5-2-6）。

图5-2-6　芙蓉楼远眺（柳肃摄）

全园占地10250平方米,以芙蓉池为中心,依据地形巧妙布局园中的亭台楼阁,有芙蓉楼、凌波榭、玉壶亭、半月亭、耸翠楼、碑廊等。主楼芙蓉楼为纯木构2层楼阁,平面宽12.8米,进深8米,高9.5米。正面三开间,上下设有围廊,可登高远眺(图5-2-7)。建筑为重檐歇山顶,翼角高翘,屋脊翼角等处饰以龙凤等构件,门窗则雕以人物、山水、禽兽等内容,制作精美严谨,整体上显得庄重大气。周围有玉壶亭、耸翠楼、半月亭等古迹,与自然的山石、江水、林木巧成布局,构成了"登眺则群山拱翠,俯视则万木交阴,沅水自北来环其下"[①]的壮丽景象。园内立有80多块历代精心制作的名人镌刻、碑石等,像颜真卿、岳飞、米芾等。园内绿树成荫,环境幽雅。

大门临潕水边,是青砖结构的牌坊建筑式样,属于中西合璧的风格。门高7.5米,宽5.8米,厚0.38米,中开拱门,两边设四根冲天柱,柱设葫芦宝瓶,坊顶正中塑一指南针。牌坊两边各有一堵石墙,呈"八"字形。整个牌坊立面为各式线脚所分隔,其上用泥塑的手法做了很多题材多样、构思巧妙的水墨画,中西合璧的装饰艺术手法显得极富特色(图5-2-8)。大门前悬崖临水处有一座六角形单檐攒尖式样的送客楼,周边怪石嶙峋,崖下江水流向远方,让人联想起王昌龄所写送客诗的情境。

三、耒阳环秀楼

环秀楼位于湖南省耒阳市东南角,又名望江楼,原为耒阳古城通津门的城楼,始建于明洪武

图5-2-7　芙蓉楼（柳肃摄）

图5-2-8 芙蓉楼牌楼门（柳肃摄）

图5-2-9 环秀楼（柳肃摄）

年间（1368～1398年），后多次重修。楼为砖木结构，高4层，平面呈八角形，底层平面直径约10米，基座为红砂石砌筑，座高3米。墙厚0.8米，楼高20米，一至三层为青砖砌筑，每层设窗，一层北向有拱门，四层为木结构，由八根木柱构成八角形亭式结构，攒尖顶，檐角高翘，檐下设卷棚；脊檐上饰多种瑞兽石雕，檐柱上端饰木雕彩狮戏球，形态生动。上三层外环以砖护栏，栏下施彩绘。楼内设有通往上面楼层木楼梯，各层顶棚均做藻井，屋面按八卦图形构筑，蕴含"天人合一"之意，这在古建中并不多见。下面三层外窗形式受西洋古典建筑的影响，设有窗套，并在窗顶做拱券装饰；花窗上所饰人物花卉浮雕，制作十分精美，有较高的艺术价值。该楼为八角形盔顶，设石质宝瓶，屋顶盖小青瓦。现为省级文物保护单位（图5-2-9）。

四、爱晚亭

位于长沙市岳麓山下的清风峡。由岳麓书院院长罗典始建于清乾隆五十七年（1792年），曾名红叶亭、爱枫亭。后由湖广总督毕沅根据唐代诗人杜牧《山行》的诗句"停车坐爱枫林晚，霜叶红于二月花"，改名为爱晚亭。后又多次大修，从而形成了今天的格局。爱晚亭是中国古代四大名亭之一（图5-2-10）。

现在的爱晚亭重建于1952年，在1987年大修一次。亭西、北、南青山环抱，南面有山涧溪水流过，东边是两个依次跌落的池塘，视野开阔。亭为边长6.9米的正方形平面，高为10.7米。由内外两圈共八根立柱支撑，内圈为四根丹漆圆柱，外圈为四根花岗石方柱，建筑形式为四角重檐攒尖顶，上

图5-2-10 爱晚亭（柳肃摄）

盖绿色琉璃瓦，亭角高翘，置龙形构件，凌空欲飞。亭内顶棚做彩绘藻井，东西两面亭枋悬挂着红底镏金的"爱晚亭"额匾，是新中国成立后湖南大学首任校长李达专门请毛泽东主席亲手书写的。亭东面石柱上刻有对联："山径晚红舒，五百天桃新种得；峡云深翠滴，一双驯鹤待笼来"。亭前池塘边，桃柳成行。亭后清风峡，泉水叮咚。景色尤推深秋时节，爱晚亭周边的枫树林那"万山红遍，层林尽染"壮观美景。

五、双清亭

双清亭位于邵阳市双清公园内的一块巨石砥柱矶上，因资水和邵水两条清流汇于其下，故名"双清亭"（图5-2-11）。据《大清一统志》记载，亭始建于宋（一说始建于元代），历经多次整修，规模基本没有变化。相传亭旁原有登云阁、揽翠亭、高庙等建筑，现仅存双清亭为清光绪年间（1871～1908年）宝庆知府潘清主持重修的。数百年来，一直被誉为"宝庆十二景"之一。

亭为正方形平面，纯木结构，由八根木柱做支撑，分内外两圈顶托，重檐歇山顶，翼角高翘，脊饰龙凤，檐下设卷棚；上覆小青瓦，结构严谨，造型生动（图5-2-12）。

历代无数文人骚客游览于此并留下赞美的诗词。明代诗人李青的《游双清亭》："天天图画在双清，绿水青山泼眼明，风入琳琅摇凤尾，云移松桂偃龙形。望中隐隐窥衡岳，坐里闲闲瞰洞庭，送客如云冠盖集，举杯漫道别离情。"清代学者魏源："屿扼双流合，江涵一廓烟"；顾璘："阅尽狂澜色，何须问水神。"辛亥革命时期（1911～1912年）的

图5-2-11 双清亭远眺（胡彬彬摄）

图5-2-12 双清亭（柳肃摄）

图5-2-13 朗吟亭正门（柳司航摄）

蔡锷将军、宝庆翰林车大任以及车万育等名人志士都有题咏。登楼凭栏，游人可远眺江水，俯瞰轻舟，小憩消怀。

六、朗吟亭

朗吟亭位于岳阳洞庭湖中的君山岛龙腭山顶，传说中的八仙之一吕洞宾曾数游岳阳，并在此酒醉之后吟诗一首："朝游北越暮苍梧，袖里青蛇胆气粗。三醉岳阳人不识，朗吟飞过洞庭湖。"后人为纪念他建了一座"朗吟亭"（图5-2-13）。亭的始建年代已不可考，后来又多次重修，现在的朗吟亭是1981年在原址上重新修建的（图5-2-14），占地面积为125.5平方米，平面呈方形，高15米，长13.1米，宽3.4米，亭为2层重檐歇山顶，分别由四银金柱、八根檐柱支撑，顶盖黄色琉璃瓦，翘首饰鳌鱼戏凤，整个建筑美观大方，古色古香。

登临朗吟亭，远眺烟波浩渺的洞庭湖，以及对岸隐约可见的岳阳楼和高高耸立的慈氏塔，水天一色，优美景色。近处岛上有二妃墓、飞来钟、柳毅井、传书亭、龙涎井等，像是一幅幅画图尽收眼底。

七、马田鼓楼

马田鼓楼位于通道侗族自治县城以南32公里处的坪阳乡马田村，始建于清顺治年间（1638~1661年），距今300多年。马田鼓楼原名田心寨鼓楼，由于田心寨与马安寨于1961年合并为马田村，因而更名。曾历经数次重建，从最初的重檐3层到今天的9层，1978年则是在原有格局的基础上增建厢楼，呈对称形。一直到20世纪90年代，该鼓楼规模是湖南侗乡最大的，是全国重点文物保护单位。

鼓楼占地面积240平方米，底层平面为长方形，四周木凳围合，中间有火塘，是族群议事场所，二层为娱乐场所，向鼓楼坪一面不设板壁，作为戏台。鼓楼高18.72米；一至八层檐为四角，第九层做成八角攒尖顶。

和侗寨其他鼓楼一样，马田鼓楼也是干阑式抬梁木构架，两边对称的厢楼为重檐歇山式屋顶，其顶部檐口与下层檐口和主楼的同层檐口呈平行状态，从而使厢楼与主楼两个差异较大的形态很好地融为一个整体。鼓楼内的封檐板及梁枋等部位上有民族特点的彩绘花纹卷草图案，鼓楼外部每层封檐板上都装绘有各种花卉、鸟虫，线条明快，色彩绚丽。厢楼与塔楼各层脊饰有飞龙、麒麟、凤凰、孔雀、鳌鱼、雄狮、奔鹿等小构件，其神态各异，栩栩如生。鼓楼结构精巧、造型美观而端庄，很好地体现了侗族建筑的特色（图5-2-15）。

注释

① 引自《新修芙蓉楼碑记》。

图5-2-14　朗吟亭（柳司航摄）

图5-2-15　马田鼓楼（谭威摄）

湖南古建筑

第六章 祠庙建筑

湖南祠庙建筑分布图

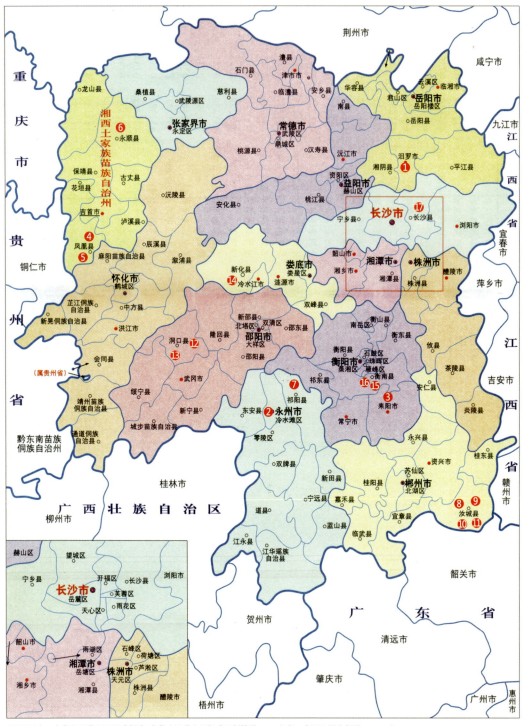

（地图引自：中华人民共和国民政部编.中华人民共和国行政区划简册2014.北京：中国地图出版社，2014.）

① 屈子祠
② 柳子庙
③ 耒阳蔡侯祠
④ 凤凰陈家祠（朝阳宫）
⑤ 凤凰杨家祠堂
⑥ 永顺土王祠
⑦ 祁阳李氏宗祠
⑧ 汝城古祠堂群——卢氏家庙
⑨ 汝城古祠堂群——叶氏家庙
⑩ 汝城古祠堂群——朱氏总祠
⑪ 汝城古祠堂群——范氏家庙
⑫ 洞口金塘杨氏宗祠
⑬ 洞口曲塘杨氏宗祠
⑭ 新化杨氏宗祠
⑮ 衡南渔溪村王氏宗祠
⑯ 衡南王氏宗祠
⑰ 长沙杨公庙

第一节 概述

一、祠庙建筑的性质

祠庙是中国古代的祭祀建筑，中国传统的祭祀不是宗教，而是一种感恩和纪念。宗教是遵守一定教义的行为规范，和对一个非现实的神灵的固定信仰。而中国传统的祭祀既没有明确的教义，也不是对于某个神灵的固定信仰，而仅仅是对某一个人物（而且是现实的、真实的人物）或者某个自然对象的感恩和纪念。

祭祀建筑有"坛"和"庙"两类，合称坛庙。一般祭祀自然对象的叫"坛"，例如天坛、地坛、日坛、月坛、社稷坛等。祭祀人物的叫"庙"或"祠"。而祭祀人物的祠庙又分为两类：一类是祭祀著名人物的名人祠庙，例如纪念屈原的屈子祠、纪念柳宗元的柳子庙、纪念蔡伦的蔡侯祠等；另一类是家族祭祀祖宗的，叫"祠堂"或"家庙"。因为中国古代的祭祀是属于儒家传统的礼仪活动，因此有的将坛庙称为"礼制建筑"。崇圣贤、祭祖宗活动，由来已久。《礼记·曲礼》说："君子将营宫室，宗庙为先，厩库为次，居室为后"，庙祠建筑居于重要的地位。

"祠堂"这个名称最早出现于汉代，当时祠堂均建于墓所，曰墓祠，后来发展为独立的建筑。古时修建祠堂有等级之限，民间不得立祠。《礼记·王制》："天子七庙，诸侯五庙，大夫三庙，士一庙，庶人祭于寝。"到明嘉靖年间（1507~1566年）"许民间皆联宗立庙"，后来倒是做过皇帝或封侯过的姓氏才可称"家庙"，其余称宗祠。家庙即家族为祖先立的庙。庙中供奉祖先神位，依时祭祀。建造祠堂有的是以小家族为单位，有的以大家族为单位，有的由同一姓氏组成的村落则以整个村落为单位，集资建造。作为家族财富地位的象征，成为家族之间相互攀比竞争的对象，极尽豪华富丽之能事。偏远贫瘠之地，则祠庙建筑往往也较为简单。

中国现存的家庙和祠堂大多为明清遗物。因地理位置和社会地位的不同，形制有所差别。总的特点是大多与当地民居形式风格一致，具有乡土建筑特点。在聚族而居的地方，族人众多，则一族建一祠堂。平时供奉祖先神位，有事则成为宗族会堂，因而宗祠往往是传统乡土建筑中最为重要的公共建筑。这种宗祠的建筑规格总是当地最高的，为彰显家族实力，很多地区宗祠建筑装饰都极丰富铺张，是当时当地最为隆重华丽的建筑。

二、祠庙建筑的功能

祠庙建筑可分为家族祠堂与名人祠堂两大类。

1. 家族祠堂

家族祠堂，又称宗祠、家庙、祖祠、祖厝等，各地方叫法不一。它是家族族人举行祭祖活动的场所，也是家族内部举行各种仪式活动、处理内部事务的地方。家族祠堂在民间数量最多，分布最广，是中国传统建筑中非常有代表性的一类建筑。中国民间有家祠祭祀文化的历史渊源："人必归族"，"族必有祠"，"效法先祖，不违祖训"。反映了伦理观念在中国传统社会强大的观念影响。

一般来说，家庙是祠堂中规格最高的一类，一般只有皇帝和贵族，或者社会地位极高的著名人物才叫家庙。皇帝的家庙叫"太庙"，今北京天安门城楼东侧的劳动人民文化宫，就是清朝的太庙，即清朝皇帝的家庙。又如，孔子家庙，因孔子地位特殊，其家族后人可立家庙。遍布全国过各地的孔庙、文庙是古代礼制规定的教育建筑，也可以算名人祠庙，性质有所不同。而孔子家庙则是孔子家族的祠堂。孔子家乡山东曲阜除了属于国家祭祀的孔庙以外另有孔子家庙，就是这个道理。浙江衢州也有一个孔氏家庙，是南宋时北方金兵南下，孔氏家族随朝廷南迁，在立脚处建立家庙，延续香火。一般人不知道，在湖南浏阳也有一个孔氏家庙，这是孔子后裔南迁以后，其家族的一支迁移到这里建立的家庙。

民间建造家族祠堂，上可追溯到秦汉代时期。宋代以后开始普遍发展，明清时期尤为兴盛，尤其是南方。由于战争、灾荒等原因，中原地区汉人大

量南迁。每到一处，聚族而居，建立祠堂，教育后人，认祖归宗。

家族每年固定时节祭祀先祖，族人的重大人生礼仪，如婚丧嫁娶等都在祠堂中进行。在祠堂里制订族规、族约，规范族人的道德行为。如忠君爱国、尊敬长辈、孝顺父母，禁赌、禁毒、禁嫖、禁盗等，其内容在目前看来大部分仍然具有教育意义，而又是在神圣的祖宗面前订立的规矩，更能引导族人自觉遵守。若有族人违反族规，干了坏事，则召集族人在祠堂里执行"家法"，以示惩戒，并教育族人。节日庆典活动时，祠堂里还请戏班来演戏，供大家娱乐，所以大多数祠堂里建有戏台。

祠堂也是公益事业的议事之所，如修桥、铺路、造凉亭之类的公益事业在祠堂里议就后，族人会出钱出力，并刻碑纪事，传之后人。

2. 名人祠庙

名人祠庙祭祀纪念历史上的著名人物，有的称"祠"，有的叫"庙"。性质、意义相同，例如孔子庙、关帝庙、屈子祠、柳子庙、司马迁祠、张飞庙等。《礼记·祀法》讲"夫圣王之制祭祀也，法施于民则祀之，以死勤事则祀之，以劳安国则祀之，能捍大患则祀之……"。

名人纪念祠庙是官方或民间为国家和地方名人建立的纪念性建筑，它的性质有别于宗族祭祖的宗祠。各地名人祠数量很多，往往由地方官吏首倡、民间集资共建。多有文人雅士参与其事。一般建在人物出生或去世的地方，或者他曾经活动过的地方，人们建庙以为纪念。例如汨罗屈子祠是因为屈原在汨罗投江而死，同时在屈原的家乡湖北秭归也有一座屈子祠。而且由于人们对屈原的敬仰，同时在全国很多地方都有屈子祠，不过规模最大，最宏伟的就是汨罗和秭归的这两座。又如永州柳子庙，纪念唐代著名政治家、文学家柳宗元。当年他被人诬陷，贬至永州做官，在此做了很多有利于当地百姓的事情，并写下了《永州八记》、《捕蛇者说》等千古名篇。永州人民建造了柳子庙，世世代代以为纪念。

名人祠庙一般不进行族姓的祭祀活动（但有的群众也上供品或进香，举行非集体的祭祀仪式），不设神主龛、神主牌，也不修族谱，仅为了弘扬历史名人的功绩、品德、气节等。一般堂中多有名人塑像或画像供后人瞻仰。同时，常陈列与名人有关的文物，等等。此类祠堂的形制与家族祠堂相似，建筑风格也从属于地方传统。

名人祠庙规格最高的是孔庙。作为思想家、政治家、儒家学派创始人和中国第一位大教育家，孔子自汉代以后备受历朝统治者尊崇，祭孔列入国家祀典，孔庙也均为官方建筑。在孔子死后第二年即公元前478年，鲁哀公下令，将他生前的三间住房改为祠庙，以行祭祀。祭祀先贤名士的祠庙开始出现。在随后的2000多年间，文庙和各种祠庙星罗棋布，蔚为壮观。

曲阜孔庙最初是就孔子故宅建立的简朴祀庙，后经历朝扩建修缮形成现在的规模。这是中国连续存在时间最长的一座古建筑群。孔庙的核心部分是一组廊院，中央是主殿大成殿与寝殿。两庑配享先贤。寝殿后有圣迹殿，主殿前庭院正中，有相传为孔子设教的杏坛。大成殿前的中轴线上，布置有一系列的门和坊，门坊两侧种植森森古柏，这是增加祠庙建筑纵深感并创造宁静深沉气氛的习惯手法。孔庙这类特殊的祭祀建筑在本书第四章文教建筑中有详细介绍。

与孔庙类似，关帝庙也是中国最重要的祠庙建筑之一。关帝庙就是为了供奉三国时期蜀国的大将关羽而兴建的，以义勇著称的关公近两千年来一直为世人所敬仰缅怀，并与后人尊称的"文圣人"孔夫子齐名，被人们称之为武圣关公。据不完全统计，现世界上共有30多个国家和地区建有关帝庙3万余座，仅日本和马来西亚就有关帝庙1000多座。清代中叶，仅京城之内，拜祀关公的庙宇，便多达116座。

文庙与武庙，即孔庙与关帝庙，是中国传统文化建设中价值核心的代表，许多传统城市至今保持着"县城居中，左文（庙）右武（庙）"的格局，可见这两种特殊的名人祠庙在中国传统社会中的重要地位。

名人祠庙虽然在数量上无法与家族宗祠相比，但其历史意义却远在一般宗祠之上，表现了中华民族传统精神和美德，至今仍起着潜移默化的教育作用。

三、祠庙建筑的特征

祠庙建筑平面布局，虽常因地形及用地限制发生变化，祠堂的建筑风格各式各样，建筑规模多数在1~20间之间，个别大的祠堂有数十间，都是以较严肃的殿堂组成。大部分祠堂有高大的墙门、门楼、照壁、正殿、庑房、享堂等房屋建筑，正厅两侧有厢房等建筑。庭院植有树木花草，庄严典雅。但总体上仍不外乎传统的中轴对称、纵深布局的方式。其纵向进深及横向路数，随祠堂规格、建造者财力及用地规模形态而变化，主要有以下几种。

（1）单进、单路祠堂：即由单座建筑（享）构成的祠堂，这类祠堂数量较小，是一种简式祠堂。

（2）两进祠堂：即由祠门、享堂构成的祠堂，两侧或由两厢或廊道连接，近似民居院落，侧翼有时设置祠丁居住的别院附房，这是乡镇祠堂的主要模式之一。

（3）三进祠堂：即由祠门、享堂、寝堂（或后楼）或祠门、二门（也可称仪门，其后部有时有享堂设有戏台）、享堂构成的祠堂，侧翼亦可能有祠丁居住的别院附房，这也是传统祠堂的主要模式之一。

（4）多进祠堂：即由三进以上的建筑组成的祠堂。摄友祠门或门楼、二门、享堂、后堂构成的祠堂，两侧可能有边路，此类祠多为敕建的官祠，规格较高，由官方定期祭祀。

第二节　祠庙建筑的发展与建筑特点

一、祠庙建筑历史发展

湖南历史悠久，为名人立祠风俗由来已久，可

图6-2-1　岳阳湘妃祠（宋盈摄）

上溯到秦汉以前。如岳阳君山的湘妃祠（图6-2-1），据《巴陵县志》记载："庙宇为秦王毁，废后亦久无构葺者。据此湘君之庙于君山盖自秦以前矣"。《史记》记载也可佐证："秦始皇二十八年，乃西南渡淮水之衡山南郡，浮江至湘山祠，逢大风，几不得渡。上问博士曰：湘君何神？博士对曰：闻之尧女舜妻而葬于此。始皇大怒，使刑徒三千人皆伐湘山树，赭其山"说明湘妃祠当在秦以前就有了。又如屈原庙，又称汨罗庙，王子年《拾遗记》中说：屈原死后"楚人为之立祠，汉末犹在"。郦道元《水经注》中载："罗渊（今汨罗江）北有屈原庙，庙前有汉太守程坚碑记"。地方志中也有相应的记载，这些都说明屈原庙是战国后期即屈原死后不久建的，到汉代时已有相当的年代了。后经历代修建或迁建，现仍存清代遗构。长沙的汉代贾谊故宅，后改为祠，历代增修，明代曾合祀屈原，称屈贾祠，规模崇宏，至今仍存其遗址。汉代蔡伦的故宅后也改为祠，以作纪念，历代修建，今仍存清代遗构。永州为纪念唐代柳宗元，自唐建有柳公祠，至今也留有清代遗构。直至清末长沙兴建曾国藩祠，规模庞大，"纵七十八丈，横四十八丈，中建宗祠四重，上下亭各一，门三……计堂、室、庭、厢等百七十有八间……"至今尤有迹可循。

湖湘文化源远流长，人才辈出，素有崇奉历史

名人的传统，因此祠庙建筑的发展也非常普及。从地方志的记载来看，古代各州县为名人而建的祠庙，比历代所建佛寺道观的总数还要多，只是现存完好的已为数不多了。

至于民间祭祀祖先的家庙祠堂，则更是数不胜数。汉代文学家王逸《楚辞章句》中说："楚有先王之庙及公卿祠堂，图天地山川神灵琦玮诡异及古贤圣怪物行事"。这说明湖南很早就有建筑祠庙的传统，是湖湘文化和湖湘建筑艺术非常重要的组成部分。

二、祠庙的建筑艺术

祠庙建筑由于其独特的功能性质，其建筑也与常见的宫殿、寺庙、民居有所不同。家族祠堂有规模大小之分，规模较大的一般中轴线上有三进。第一进大门，湖南的祠庙大门一般做成贴墙壁的牌楼式样，高大宏伟（图6-2-2）。牌楼各部分布满装饰，有石雕、泥塑、彩绘等。大门后面是戏台，戏台背靠大门，面对正殿，人进大门后即从戏台下面穿过，再进入庭院。规模小的祠堂就没有戏台了。第二进是过殿，或叫过堂、过厅，过殿一般是全开敞式的建筑，前后无墙壁门窗。因为一般举行祭祀仪式的时候，人是站在过殿里朝着正殿祭拜。第三进才是正殿或正堂，这里供奉着祖宗牌位，是祠堂中最神圣的地方。正殿靠后墙中央安放木制神龛，神龛雕龙画凤，装饰精美。龛中供奉祖宗神位（牌位），有的地方供奉"天地君亲师"牌位。正殿内神龛两侧各有一个小房间，叫"夹室"，分别存放家谱、族谱和祭祀所用器物。在中轴线两侧布置有厢房或连廊，在前部庭院有戏台的情况下，两侧的厢房、连廊常做成上下2层，供观戏所用。规模较小的祠堂一般只有两进，一进大门，二进就是正堂了。但是很多两进的小规模祠堂也有戏台，例如凤凰县陈家祠即是如此。

名人祠庙的建筑格局类似于家族祠堂，一般也是三进。一进大门，大门后面是戏台。二进过殿，也叫"拜殿"，专门用作祭祀仪式时的祭拜场所。三进是正殿，供奉所祭祀的人物的排位或画像，近代以后常做塑像，并陈列与此人相关的文物，以供人们瞻仰。不过名人祠的建筑布局没有一般祠堂那样固定，因为名人祠的作用一般就是纪念性的祭祀，没有家族祠堂祭祖宗和其他各种活动那样程式化，所以建筑的做法也就相应比较自由。

湖南祠庙建筑的文化底蕴很深，虽然经过了数百年的风风雨雨，却从一个侧面反映了民族文化的发展，记载着一个宗族的迁徙演变的历史。其精美的木构建筑艺术，已成为湖湘建筑艺术宝库中的瑰宝（图6-2-3），从祠堂留下的堂号、门匾、堂匾、楹联、书法、碑刻的字里行间，依然可以触摸到历史脉搏的跳动。

图6-2-2 精美的祠堂大门（宋盈摄）

图6-2-3 祠堂木构技术（张轶群摄）

（1）堂号：堂号一般作为匾额悬挂在正堂的檐下，或殿内神龛的上方，是一个家族特有的名号，是区别于他姓的重要标志，代表着一个家族的血统、历史和荣誉，也寄托着教育后代的深刻含义。如汝城叶氏家庙又叫敦本堂，意思是要"明世系、列昭穆、笃宗盟而敦一本之爱"，表示要思源念祖，不忘真本，睦亲敬宗。卢氏家庙叫叙伦堂。叙即秩序、条理，伦即人伦、五伦。意思是要重礼乐贵亲情，把儒家的伦理道德牢记心中。

（2）门匾：门匾一般悬挂在祠堂的门楣上，分姓氏派系门匾、祖先名号门匾、荣耀门匾、族人官职门匾等。如李氏宗祠、朱氏家庙就是姓氏派系门匾，南楚名家（卢氏家庙）则为荣耀门匾，太保第、中丞公祠则为族人官衔门匾。

（3）堂匾：堂匾一般挂在中厅，也有挂在门楼的。类型有地位官职匾、名人题赠匾、功德声望匾、亲友贺庆匾等。如太保第中的"太子太保"匾、朱氏家庙中的"资政大夫"匾则为地位官职匾，太保第中的"柱石名家"是明代理学家陈献章所赠，属名人题赠匾。

（4）楹联：楹联分门联、堂联两种。从内容上讲有寻根联、训勉联、史迹联、写景联、赐赠联等。楹联多是湖南古祠堂的一个显著特点，一般的祠堂都有多幅楹联，以营造祠堂的文化氛围。

（5）书法：湖南古祠堂的书法艺术具体表现在祠堂的门匾、堂匾、楹联、堂号、诗、词、赋及木雕、石雕等载体上。书法的来源主要有两类：一是民间书法；二是官宦文人书法。民间书法主要来源于本地、本族写字写得好的先生，或辈分高、有名望的长者，极少求助他姓他族。如中丞公祠中的颂扬范辂的《忠贞特传》屏风匾，出自明史，而由范氏后裔八世孙范廷杨书写。官宦文人书法大部分出现在匾额中。

（6）碑刻：古祠堂中的碑刻很多，有祠堂修建碑、祠堂配套设施碑、宗族兴办公益事业碑、族约家规碑、禁碑等，而数量最多的是祠堂修建碑。宗族修建祠堂，资金、土地都由各房各户捐派。竣工时，将捐派资金、土地的房派、人士及主管修建工程的负责人的名字刻碑立于祠堂予以表彰；又请名宦文士将修建始末、意义、祖宗功德、宗族概况等写成文章，刻于名单前面，称序或碑记。汝城古祠堂的碑刻中，蕴藏着大量民俗、民风、宗族、宗法、民族迁徙、人口繁衍等原始史料，是极为珍贵的文化遗产。

在历史上，祠堂的主要功能是安放祖先神位、祭祀祖先、实施族规家法、商议族内大事、举行族内的重大活动、宴请宾客等，起着维系封建统治、神权统治、族权统治，维系社会秩序、维系家族和族人利益的重要作用。既有封建的糟粕，也有传统的历史文化的精华，是中国封建社会的缩影，是研究中国历史文化的重要实物。

（7）安放祖先神位：每个祠堂都设神龛，神龛安放在上厅（后厅）中轴线的顶端。神龛内的中间最上端安放始祖神位，紧接着二世祖以座身从左至右按长房、次房、三房、四房顺序排列，三世祖、四世祖等按此顺序类推，不得紊乱。

（8）祭祀祖先：祭祀活动是经常的，逢年过节、婚丧喜庆都要祭祀。最隆重的祭祀活动是每年清明节，依规格分猪羊祭、台祭、三牲酒礼祭等。祭祀活动在祠堂举行，礼节繁杂，有点香烛、鸣炮、司仪主祭就位、祭孙就位、三上香、三敬酒、唱读祭文、三拜三侍等。然后，还要前往各祖先墓地扫墓、祭拜。

（9）实施族规家法：每个宗族都有族规家法，而族规家法实施的场所就在祠堂，循者褒奖，违者受罚。褒奖的方式有奖钱物、立传入族谱、竖碑旌表、立节妇坊、孝子坊等。惩罚的方式有劝诫、罚跪、鞭打、革族、押送官府等，最严重的甚至驱逐出村、罚死。

（10）商议族内大事：祠堂其实也是家族的议事厅。家族中的重大事务，如治山管水、修路架桥、劝诫子孙、宣讲族训家法、办学修谱、扶困济贫等都在祠堂进行。

（11）举行族内的重大活动：祠堂还是家族社

交活动的重要场所。家族内的婚丧嫁娶、寿筵喜庆、年节迎神、舞龙灯、耍狮子、猜灯谜、唱大戏等一些娱乐庆典活动也在祠堂举行。汝城有一个特殊的活动叫万人缘，每三年在祠堂举办一次，即春天农事开始前，要祭神祈求风调雨顺、五谷丰登；秋后立秋的第五个戌日，要设醮斋戒，念经忏礼，唱大戏，感谢神灵。由于这一活动的费用要向各家各户派钱，因此叫万人缘。

（12）宴请宾客：祠堂是家族设宴之地，凡重大活动宴请宾客，均在祠堂举行。祠堂里办宴席有规矩、有礼节，不可乱来。谁在主厅，谁在首席，谁在席次上的什么位置，要听从安排。菜肴放置有顺序，新上的菜放桌中心，下道菜上来时再移动，移动也有顺序。新上的菜，坐首席者邀大家动筷才能吃，否则视为少礼教。红白喜事需请吹馆师奏乐，一般小宴请四名吹馆师，大宴请六名吹馆师。

湖南祠庙建筑中的文化艺术和圣贤崇拜及族训家法、乡规民约中含有大量中国的传统文化，特别是儒家文化和理学思想，是中国历史文化的重要组成部分，值得我们认真地研究和探讨。

第三节　祠庙建筑实例

一、屈子祠

屈子祠，为纪念战国时代著名爱国诗人屈原而建的祠庙。秦军攻破楚都郢，屈原悲愤交加，怀沙自沉汨罗江而死。后人为纪念屈原，在汨罗城西北汨罗江畔的玉笥山上建造了屈子祠。亦称屈原庙，始建于汉代，清乾隆二十一年（1756年），将它移建至玉笥山上（图6-3-1）。

图6-3-1　汨罗屈子祠（柳肃摄）

屈子祠为建筑三进，坐北向南，祠正面为牌坊式三孔大门，上面镶嵌五龙捧白垂石雕刻，镌"屈子祠"三字。门坊和山墙上有17幅关于屈原生平故事的浮雕，如渔父谈心图、怀沙投江图等。由正门入中殿，可见巨幅雕屏，上刻司马迁《史记·屈原列传》全文，其上梁悬挂"光争日月"横匾（图6-3-2）。厅中木柱上有清代郭嵩焘、李元度撰写的楹联。中进有董必武撰写的联语。后进中厅两旁柱上有于立群书郭沫若集《离骚》句："集芙蓉以为裳，又树蕙之百亩；帅云霓而来御，将往观乎四荒。"东西两侧有厢房。由厅侧后行，则可见丹池，池中两花台内各植金桂一棵。丹池后行至二进，中殿为祭祀厅，设神龛，供"故楚三闾大夫屈原之神位"牌。过神龛出拱门至后院，可见过亭，亭侧天井植三百年树龄之金银桂（图6-3-3）。再后行即至三进，即为正殿，两侧各有耳房一间（图6-3-4）。

屈子祠整个建筑系砖木结构，由56根木柱支撑。厅、堂、池、廊、楼、阁浑然一体，结构严谨，雕花装饰精细。祠内还陈列着一尊国内今存最早的屈原石雕像，高103厘米，由商人曹端福捐献。祠内还建有东西两座碑廊，面积171.5平方米，镌刻着屈原作品与插图，历代名家题咏屈原的诗词。此内还有衣冠冢一座曰屈子墓。

二、柳子庙

柳子庙位于湖南永州，周边山清水秀，愚溪流经庙前，环境清幽（图6-3-5）。柳宗元（公元773—819），唐代著名文学家，唐宋八大家之一。柳宗元因参与王叔文改革失败遭贬至永州谪居10

图6-3-2　汨罗屈子祠门厅（柳肃摄）

图6-3-3　汨罗屈子祠院落（柳肃摄）

图6-3-4　汨罗屈子祠正殿（柳肃摄）

年，写下了《永州八记》、《江雪》、《捕蛇者说》等大量脍炙人口的诗文，同时因心系民众而广受百姓爱戴。永州虽有胜景恐亦在闺中人不识，但柳宗元在永州写下许多关于永州的华文诗赋，为永州作出了贡献。柳子庙就是永州人民为纪念他而筑建的。

柳子庙始建于北宋仁宗至和三年（1056年）。南宋始兴十四年（1144年），清光绪三年（1877年）重建。占地面积达2000多平方米，砖木结构，面对愚溪，背靠青山。主体建筑三进，分别是大门（后为戏台）、中殿和正殿。正门上方镌有柳子庙三字石刻竖匾，两边石刻楹联："山水来归，黄蕉丹荔；春秋报事，福我寿民。"两旁各有一个侧门，右侧门上方题"清莹"，左侧门上方题"秀澈"。

正门后为戏台，背门朝里，戏台中部突出做重檐歇山顶，两侧耳房做圆拱形封火山墙。整个屋脊做成蟠龙形状，生动活泼（图6-3-6）。脊中间有瓷葫芦，四角做鳌鱼，台檐柱上木刻浮雕彩色凤凰、麒麟。过戏台前庭院，跨石级十三而上即是中殿。中殿为三开间硬山屋顶，进深三间。穿中殿再拾级而上，即为后殿，进深亦为三间，中间有神龛，塑柳宗元像（图6-3-7）。

柳子庙内历代碑碣甚多，其中《荔枝碑》、《捕蛇歌》、《寻愚溪谒柳子庙》等堪称文物珍品。后殿后部有一个庭院，四周围廊，正面墙壁正中嵌四块石碑，世称三绝碑，为湖南省重点保护文物，碑文为韩愈所撰，由苏轼书写，内容却是颂扬柳宗元的事迹，因碑文首句为"荔枝丹兮焦黄"，故又名荔枝碑。

两旁竖明清两代很多名人拜谒柳子庙的诗歌碑刻。整座建筑规模庞大，古朴、庄重、雄伟，体现了湖南祠庙建筑的独特风格。2001年被列为全国重点文物保护单位。

三、凤凰陈家祠

陈家祠又名"朝阳宫"，位于凤凰古城北西侧的西门坡。民国4年（1915年）由乡绅陈炳、陈开藩等发动族人捐资兴建。民国12年（1923年）时任

图6-3-5　永州柳子庙（柳肃摄）

图6-3-6　永州柳子庙戏台（柳肃摄）

图6-3-7　永州柳子庙前殿（柳肃摄）

湘西巡防军统领的国民党中将、凤凰籍人陈渠珍率众族人扩建。有大门、戏台、正殿及左右厢楼，构成一组典型的四合院建筑。

大门为紫红色砖砌门楼，高8米。大门两旁镌有对联一副："瑞鸟起蓬蒿搏云高万里；嘉宾莅边隅眼看楼台总多情"。墙面左右对称装饰有堆塑山水花鸟浮雕12幅。建筑飞檐翘角，别具特色。入大门，从戏台下穿过，即为一宽敞的四合院天井，全用方形青石板铺成，整齐有序。戏台背靠大门牌楼，与正殿相对，离地2.1米（图6-3-8）。台上正中题曰"观古鉴今"，台前两侧悬挂对联一副："数尺地方可家可国可天下；千秋人物有贤有愚有神仙"，玄妙而又真切。台后正中彩绘福禄寿三星画，上面藻彩绘戏剧人物九幅，均是一副一典。台顶为重檐青瓦屋面，飞檐翘角，风格端庄典雅。

正面就是一栋三间木结构正殿，台基用红砂条石浆砌，高出天井坪1.2米。明间前铺设有九级红砂石台阶，呈半圆形，较为特别（图6-3-9）。正殿大门开椭圆形月门，月门四周镂冰纹花格，做法与众不同（图6-3-10）。两边次间正面均为花格通风木窗，前有木琢栅栏走廊。正殿左右两侧各建厢楼一栋，均为2层三间，下层空置，供人观戏，上层有雕花木栅栏，是身份地位较高的人观戏的场所（图6-3-11）。整座建筑雕梁画栋，红柱青瓦，华丽精美，雄伟壮观。

四、凤凰杨家祠堂

凤凰杨家祠堂是湘西典型的家族祠堂，位于

图6-3-8　凤凰陈家祠戏台（柳肃摄）

图6-3-9　陈家祠正殿（宋盈摄）

图6-3-10　从正殿内看戏台（柳肃摄）

图6-3-11　陈家祠内部厢房（宋盈摄）

图6-3-12 杨家祠堂大门（王铮摄）

图6-3-13 杨家祠堂精美的戏台（王铮摄）

图6-3-14 杨家祠堂宽敞的院落空间（刘琳琳摄）

凤凰县城沱江镇北边街，史家弄入口处。太子少保、果勇侯、镇竿总兵杨芳率族人于清道光十六年（1836年）而建。杨家祠堂的大门和一般的祠堂不同，侧开，比较奇特，是为风水的缘故。整体建筑呈不规则长方形，占地约800平方米（图6-3-12）。四合院建筑，砖木结构，上下2层，由大门、戏台、过厅、廊房、正厅组成。门楼后面为戏台，单檐歇山顶，木质结构，飞檐翘角，檐下饰如意斗栱，高16米，四根台柱雕龙刻凤（图6-3-13）。木雕彩画装饰精美，两边墙面壁画栩栩如生。

戏台两边有耳房、后台，专供演出者化妆休息。戏台各部分精雕细刻，技艺高超，雕花图案为民间传说和历史典故。戏台前为占地40平方米的小天井，铺红砂条石，周边厢房均为2层，为达官贵人家属看戏之处，唱戏之时，锣鼓喧天，热闹非凡，盛极一时；拾三步台阶进正殿，长方形天井鹅卵石铺地，极为讲究，为杨氏宗族祭祀、议事之场所，香烟缭绕，庄重神秘，令人产生敬畏之感（图6-3-14）。

庭院周围一层为回廊，二层厢房同戏台厢房相通，结构紧凑，布局合理。整体建筑历经岁月沧桑，曾改作他用，2001年县人民政府拨专款修葺，同年对外开放，现为湘西自治州州重点文物保护单位。

五、洞口金塘杨氏宗祠

杨氏宗祠位于洞口县金塘村社山，建于清朝末年，是洞口县现存最大的祠堂之一。建筑三进，前面是并列三座石构牌楼式大门，高大威武（图6-3-15）。大门石雕非常精美，有"葵花向阳"、"山间翠竹"、"喜鹊衔梅"、"猛虎候食"、"芙蓉出水"、"双人八卦"等浮雕约50幅。大门上石刻对联："金朗秋天，塘开一鉴；社农春雨，山洗千重"。巧妙地嵌入"金塘社山"的地名，同时也是对祠堂周边优美的自然环境的描述。

图6-3-15 洞口金塘杨氏宗祠（柳肃摄）

图6-3-16 洞口金塘杨氏宗祠戏台（柳肃摄）

图6-3-17 杨氏宗祠精美的雕刻（宋盈摄）

正门旁边有两个侧门，可进入两侧厢房。大门后面是戏台，进大门从戏台下穿过，然后进入前庭。戏台高大宏伟，上面高耸着一个八角盔顶，造型别致。顶上饰有宝瓶葫芦和空花屋脊，飞檐翘角，檐下做卷棚。顶上覆小青瓦，檐口瓦头滴水做成鲤鱼张嘴的形状，是湘中部分地区的特殊做法（图6-3-16）。前庭异常宽阔，两侧厢房做成上下2层，留有足够宽敞的观戏活动空间。正厅亦高大宽敞，硬山屋顶，覆小青瓦，两端高耸起宏伟的封火山墙，山墙造型具有湘中地方特色。

杨氏宗祠的最大特色是石雕装饰，尤以石雕柱础特别突出。祠内共有柱础94个，雕成石狮、石猴等各种动物形象，栩栩如生，巧夺天工，是湖南古代石雕艺术的典型（图6-3-17）。除石雕精湛外，木雕也是栩栩如生，杨氏宗祠中木雕主要以花、鸟、鱼、虫为图案，也有戏曲故事，题材丰富多样，现为湖南省重点文物保护单位。

六、洞口曲塘杨氏宗祠

位于洞口县竹市镇曲塘村，建于1914年。建筑坐西朝东，占地面积3590平方米。前后三进院落组成，主体建筑有大门（戏楼）、中堂、祖先堂、两侧厢房和钟鼓楼等。此祠堂的最大特点是正面并列三座西洋式的牌楼门，表明清末民初这里已受西洋文化的影响（图6-3-18）。中门四柱冲天，大门上方楷书阴刻"杨氏宗祠"石匾，石匾上部题有"清白第"三字。进入大门后，里面的建筑又全是中式，整个建筑完全是中西合璧。大门后面是戏台（图6-3-19），进大门后从戏台为下穿过进入庭院，戏台为重檐歇山顶。中堂、祖先堂及厢房均为单檐硬山顶，覆小青瓦。各建筑之间有封火墙分隔。后院天井两侧有钟楼和鼓楼，做成骑楼形式，一面靠墙，悬空架在庭院中，做法特殊。

曲塘杨氏宗祠建于20世纪初，正是中国处于东

图6-3-18 曲塘杨氏宗祠大门（宋盈摄）

图6-3-19 曲塘杨氏宗祠戏楼（柳肃摄）

西方文化交融的时期，杨氏宗祠的建筑立面上反映了这一时期特有的艺术特点，但在装饰纹样的内容上，还是以传统文化内容为核心，"西学为体，中学为用"，一个时代曲折的变迁就反映在这乡间的一座祠堂上。

曲塘杨氏宗祠是黄埔军校第二分校曲塘分部旧址。1938年秋，国民党中央陆军军官学校第二分校由武昌迁至湖南武冈，简称"黄埔军校武冈分校"，其曲塘分部就设于此。现为湖南省省级文物保护单位。

七、永顺土王祠

土王祠位于永顺县灵溪镇老司城村，它是古代老司城中土司王宫殿的一部分，位于宫殿的最后一进，专门供奉土司王的历代先祖。土司王宫的其他均已毁弃，仅存这座土王祠。现存建筑始建于明代，清代重建（图6-3-20）。

土王祠建在高高的台基之上，分为两进，前进为大门和耳房。大门全木结构，木屋架，木板壁，入口处凹进，两旁向前突出，下部木柱架空，呈吊脚楼状，长长的台阶直通大门。耳房用青砖砌筑，2层，开方形窗洞。大门两旁有一对精美的抱鼓石。这一部分建于清代，门窗线脚等处带有西洋风格。

前进和后进之间有一狭长的横向天井，天井正中立一块石碑（图6-3-21）。碑后面为正殿，正殿高大宽敞，梁柱粗壮。进门的屋宇设有附梁，上面刻有文字，记载着修建匠人的一些情况。正殿挑檐枋做法特殊，不是插入柱头，而是搭在额枋上承挑屋檐。金柱与檐柱间精美的卷棚天花装饰，工艺精湛。大殿后部靠墙做一长条高台，是祭祀神龛的位置，这里供奉着历代土司王及其祖先的神像。殿前狭长的天井透进柔和的阳光，使空旷的大厅内部产生一种神秘的气氛。

八、衡南渔溪村王氏宗祠

位于衡南县隆市乡渔溪村。始建于宋嘉祐六年（1061年），明永乐十年（1412年）重建。清康熙、雍正、嘉庆、道光、光绪年间五次维修。

宗祠建筑面积约1462平方米。建筑呈"四合院"形式，坐北朝南，分前厅、后堂两幢房屋，硬山顶上覆小青瓦，两屋间为一长方形天井，左右为厢房，前厅设三门。中为大门，门额有明永乐二十年（1422年）衡州知府史中题"衡阳第一家"匾额。匾额上有八仙浮雕。门侧有"古今忠孝门第，世代耕读人家"联（图6-3-22）。门墩为石狮座及抱鼓石。整个大门均为汉白玉质地，雕刻极为精湛。大门左侧为贤达祠，右侧为节孝祠。祠两侧另有两个院落，左为羹梅阁，右为培槐阁。后堂梁架为抬梁式，

图6-3-20　永顺土王祠（张星照摄）

图6-3-21　永顺土王祠石碑（柳肃摄）

图6-3-22　衡南大渔村王氏宗祠（宋盈摄）

图6-3-23 卢氏家庙全景（何志军摄）

有栏杆。前厅大门内建一歇山顶亭阁。内外檐下设斗栱，前后厅的梁、枋、额均有贴面雕花，做工精细。

全祠内外，有48根红砂石柱，柱上阴刻38副对联，均为明代以来尚书、太史、刺史所题。笔力苍劲、圆润，有较高的艺术价值。在湖南祠堂建筑中年代较早，具有较高的建筑和艺术价值。现该祠为全国重点文物保护单位。

九、汝城古祠堂群——卢氏家庙

卢氏家庙，又名"叙伦堂"，位于汝城县土桥镇金山村，始建于明万历四十八年（1620年），现存建筑建于清代。祠堂前面开阔空旷，民居建筑均比祠堂低矮，排列于两旁，突出了祠堂的高大和中心地位，象征着以祖先为核心的家族内部团结精神。祠堂前是一宽敞的空坪，有一半圆形水塘，仿古代学宫文庙"泮池"形制，民间亦有"藏风聚气"的风水信仰，进祠堂须从两侧绕行（图6-3-23）。

该祠堂坐西南朝东北，面阔三开间，三进深，二天井，面积367平方米。建筑布局仿文庙建筑，祠堂居村落建筑中心，左右为仿"礼门、义路"的笔直深邃巷道（图6-3-24）。两端做三重檐封火山墙，中间突出歇山式屋顶的大门，飞檐出挑深远，檐下做如意斗栱，做法特殊（图6-3-25）。斗栱间镶嵌各种雕刻装饰，异常华丽。大门上的额枋用浮雕加彩绘做装饰，雕有龙凤八仙、双龙戏珠等图案，生动活泼，栩栩如生。额枋正中书"南楚名家"，红漆大门。装饰华丽，色彩醒目，远观熠熠生辉。大门内为天井院落，正堂屋内有供奉祖先牌位的神龛（图6-3-26）。

门厅为砖木结构，重檐彩绘歇山顶，高大宏伟的七跳如意斗栱鸿门楼和三级彩绘墀头封火山墙都显出这是一座非常重要的祠堂建筑。额枋题镏金阳文"南楚名家"榜书大字，因宋太宗赵光义为嘉奖卢氏先祖的丰功伟绩，曾赐诗卢氏云："积世簪缨自范阳，煌煌事业远流芳。尚书光耀千秋史，太尉名扬五代梁。唐朝宰相威力强，卢氏英才呈忠良。楚国之南皆名家，家声远播耿朝纲"，为纪念先祖的光荣传统，让家族美名世代相传，土桥金山卢氏称其家族为"南楚世家"。

樟木镂雕精美的双龙戏珠鸿门梁，门厅梁柱上大量使用插栱方式饰阳雕和彩绘传统戏文驼峰木枋板；廊前卷棚，明次间5架抬梁穿斗结构；螺钿门神漆黑木大门门板，青石门槛。正厅高平屋硬山顶饰滴水沟檐（图6-3-27）。上厅设镏金木雕、彩绘隔扇门神龛，神龛供奉卢氏列祖列宗神主牌位；神龛前摆设青石阳雕瑞兽腿神杠、青石香炉和木方神台，用以摆放祭祖贡品和香烛。

祠堂装饰富丽堂皇，抬梁下饰木漏雕插栱雀替和彩绘驼峰枋板。门楼梁柱饰对联"君峰右列锦屏近，源水中环玉带长"；大门框饰对联"高门迎晓日，望族重清明"。中厅梁柱饰对联为"敬所尊爱所亲文内外贵交修，行其礼奏其乐述渊源忻勿替"；中厅上后厅饰木门联"念祖承宗敢不聿修厥德，持身涉世惟时允报其中"；后厅神龛上悬"叙伦堂"匾，两侧梁柱饰联为"祖德高深惟报以春祀秋尝曷淇奈何弗敬，孙谋远大必斯夫行成名立应亦莫若为仁"；横梁下悬挂大量名人题赠的匾额。祠堂墙壁上镶嵌有内还有五通青石叙事、捐款鸿名碑。

十、汝城古祠堂群——叶氏家庙

又称敦本堂，位于汝城县土桥镇金山村象形湾组，是一处始建于明弘治年间（1488年）的祠堂古建筑。祠堂坐南朝北，建筑面积178平方米，面阔三开间，两进一天井，建筑布局仿文庙建筑，祠堂居村落建筑中心，左右为仿"礼门、义路"的笔直深邃巷道。

图6-3-24 卢氏家庙大门（宋盈摄）

图6-3-25 卢氏家庙檐下斗栱（柳肃摄）

图6-3-26 卢氏家庙神龛（柳肃摄）

图6-3-27 卢氏家庙内景（柳肃摄）

图6-3-28 叶氏家庙朝门（宋盈摄）

图6-3-29 叶氏家庙二进大门（宋盈摄）

图6-3-30 叶氏家庙大厅内景（宋盈摄）

叶氏家庙与其他祠堂所不同的特殊之处是，在祠堂主体建筑前面还有一座朝门（图6-3-28）整个祠堂由家庙和朝门两部分组成，家庙和朝门相互独立。从外面看朝门很矮小，除了比一般民居的朝门多一点装饰以外，没有别的不同之处。进入朝门以后，横过一条巷道，才是祠堂的大门（图6-3-29）。朝门坐西南朝东北，建筑面积70平方米，三开间硬山顶覆小青瓦砖木结构饰滴水沟檐。朝门是汝城有名的"三条半"朝门之一，是湘南民居的典型代表，由清道光年间（1821~1850年）岭南著名的堪舆大师肖三四亲自堪形而定。梁枋下悬挂"孝廉方正"、"翰林院"、"大夫第"等匾额；朝门前梁柱饰对联"世系由来根叶尹，家声自昔著崖州"，点明金山叶氏始祖来自河南叶县，本系源于崖州都督；门框饰对联"七叶重光辉翰苑，三枝毓秀耀卢阳"；进朝门，过一小空坪，才是祠堂正厅（图6-3-30）。

门厅为砖木结构，高平屋饰硬山顶覆小青瓦和二级彩绘墀头封火山墙；梁枋下悬挂"叶氏家庙"牌匾，三层镂雕双龙戏珠樟木鸿门梁，云水纹环绕，层层相扣，木雕技艺高超；廊前卷棚，明、次间5架抬梁穿斗结构；两边门柱饰有对联；门厅下的大门为四对落地隔扇门，隔扇门雕刻精美的貔貅等传统吉祥图案。

与其他地方的祠堂建筑不同，叶氏家庙的门厅特别狭仄，进深不足2米。正厅高平屋硬山顶饰滴水沟檐，中厅后梁柱正中悬挂"府参军"匾额，落款"叶正馨，道光壬丑年"；左右各一匾，左匾额题"太守"，右匾额题"太傅"；中厅的后壁为一全落地三开间木板墙，正中大门背面饰木板画屏，画气势磅礴的云龙腾飞图，画屏下在红色底板上正楷书16对32条"报条"，记载叶氏子孙外出做官人员姓名、官职，用以光宗耀祖和激励后人。祠堂抬梁下饰木漏雕插栱雀替和彩绘驼峰枋板（图6-3-31）。其中一鱼形雀替雕刻精美，线条流畅，栩栩如生，是不可多得的精品（图6-3-32）。上厅设镏金木雕、彩绘木雕精美隔扇门神龛，神龛供奉叶氏列祖列宗神主牌位，神龛上悬挂"敦本堂"堂号木匾一块；神龛前摆设神杠、香炉和木方神台，用以摆放祭祖贡品和香烛。

在叶氏家庙的墙壁上尚保留有大量的"大跃进"时期壁画，反映当时的社会生产情况，是珍贵的"社建"文物。叶氏家庙风格古朴，布局别具匠心，在众多的汝城古祠堂中有特别的地位和价值。

十一、汝城古祠堂群——朱氏总祠

朱氏总祠位于县城南端上黄街口，坐西朝东，砖木结构，中西结合的建筑风格，由湘粤赣三省十八县朱氏族众集资建成，始建于1946年，新中国成立后由县人民政府征用为"人民大礼堂"，1973年改作县食品加工厂（图6-3-33）。

图6-3-31 叶氏家庙细部装饰（宋盈摄）

图6-3-32 叶氏家庙鱼形雀替（宋盈摄）

图6-3-33 朱氏总祠全景（柳肃摄）

图6-3-34 朱氏总祠钟鼓楼立面（宋盈摄）　　图6-3-35 朱氏总祠（柳肃摄）　　图6-3-36 朱氏总祠柱角石（宋盈摄）

朱氏总祠建筑面积2898.3平方米，占地面积5895平方米。由正中一主厅和左右两侧厢房组成，南北跨度58.2米，计有25条石拱门，主楼重檐攒尖顶，正厅宽大通畅，宽16米，进深49.8米，两坡顶。左右两侧副楼是仿钟鼓楼形式（图6-3-34），单檐攒尖顶。左右两厢房东西宽16.5米，进深13米，四坡顶，整座建筑飞檐凌空，气势恢宏（图6-3-35）。

朱氏总祠是汝城县保存完好的一座精美的民国时期建筑物，中西合璧样式的近现代乡土建筑的典型代表，其布局一改汝城古祠堂仿文庙式的布局，吸收西方哥特式建筑风格，建筑风格中西合璧，气势恢宏，是汝城最为壮观的民国建筑。但在建筑的结构表现和细部装饰上，仍保留有中国传统建筑的特点，在门楼转角处的柱角石上，我们看到了精致生动的蟠龙纹样，雕工精致，栩栩如生（图6-3-36）。

朱氏总祠由于建造年代相对较晚，所以将那个时代中，东西方文化碰撞与融合的时代特点鲜明地表现了出来，在汝城众多祠堂中独树一帜，是汝城古祠堂建筑演变发展中的一朵奇葩。这样记录时代与文化变迁过程的建筑，最形象地说明了"建筑是石头的史书"。

十二、汝城古祠堂群——范氏家庙

范氏家庙位于著名的绣衣坊旁，是益道村三拱门范家共同祭祀先祖之地（图6-3-37）。家庙坐北朝南，始建于明代，面阔三开间三进深两天井，家庙建筑面积467平方米。门前有石制彩色狮子一对，五步垂带台阶。大门屋顶檐下斗栱富丽多彩，丰富层叠斗栱下有八仙神像，表情栩栩如生（图6-3-38）范氏家庙匾额旁，有魁星点斗，木雕像，魁星右手持点笔，左手持墨斗，大门有绘制精美的门神一对，门前有一对抱鼓石座，石座雕刻精美，可惜鼓石已失。

大门上悬挂"翰林第"等匾额，表明了范氏家族一门出了范渊、范辂、范永銮等"兄弟进士"、"叔侄进士"的赫赫之荣耀，祠堂装饰气势恢宏，横梁下悬挂大量名人题赠的匾额，曾经最引人注目的是明代兵部尚书王守仁（王阳明）为范辂题赠的"世笃忠正"匾额。因其先祖范仲淹写下了《岳阳楼记》表现的"先天下之忧而忧，后天下之乐而乐"的情怀而范氏后裔一直追崇其道德文章，故在中厅墙壁上悬挂《岳阳楼记》以示纪念。

家庙天井两侧各开一月亮拱门，中厅为抬梁式屋架，木柱粗壮刷朱漆，内山墙有博风及悬鱼外有彩画，上有"岁谊恒在"、"日月同辉"、"根深叶茂"、"世代厚裕"四块匾额，石柱础有高浮雕"狮子戏球"图案，线条精美生动（图6-3-39）。

家庙最后一进为"高平堂"，因其范氏先祖从山西省高平县迁徙而来，为纪念先贤，故其堂号命名为高平堂。

范氏家庙选址、布局讲究风水，明间开门，下设高门槛，寓意"门第高"。宗祠的厅堂随地势不断升高，寓意为"连升三级"、"步步高升"。体现了古祠堂群绝妙的构思与高超的建筑艺术水平。范氏家庙的木雕、石雕工艺精湛，手法娴熟，精美细腻，风格独特，精彩绝伦，彩绘出类拔萃，做法上与北方流行的彩绘有很大的区别，极富湖南地方特色，充分展现了湖南明清时期民间雕刻、彩绘工艺的特色和水平。

范氏家庙和绣衣坊毗邻而居，前面是一处开阔场地，形成一处非常灵动的、极具传统历史文化感的优质公共空间（图6-3-40）。范氏家庙和绣衣坊，已被列为第七批国家重点文物保护单位。

除上述代表实例外，湖南的祠庙建筑数量众多，分布广泛，又因地理环境、历史沿革、材料工艺等因素的不同，呈现出丰富多彩的面貌。其不仅仅是湖南地域建筑文化的生动体现，更是湖南古建筑的重要组成部分。

图6-3-37　范氏家庙全景（宋盈摄）

图6-3-38　范氏家庙檐下斗栱（宋盈摄）

图6-3-39　家庙内景（宋盈摄）

图6-3-40　范氏家庙与绣衣坊（宋盈摄）

湖南古建筑

湖南古建筑

第七章 会馆

湖南会馆分布图

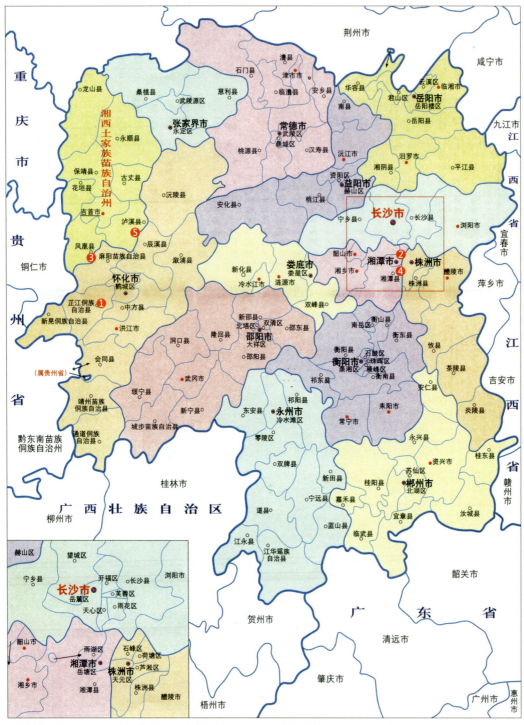

（地图引自：中华人民共和国民政部编.中华人民共和国行政区划简册2014.北京：中国地图出版社，2014.）

❶ 芷江天后宫
❷ 北五省会馆（湘潭关圣殿）
❸ 凤凰万寿宫
❹ 湘潭鲁班殿
❺ 浦市镇江西会馆

第一节　古代会馆建筑概况

会馆是古代商人集资建造的供聚会、办事、商谈、旅宿的综合性公共建筑。中国封建社会后期，随着商品经济开始发展，大量商人在全国各地流动。为了商业利益和自我保护，他们建立起各种各样的行会组织，并修建组织内部活动的场所——会馆。会馆分为两种类型：行业性会馆和地域性会馆。行业性会馆由同行业的商人集资兴建，例如盐业会馆、布业会馆、钱业会馆，等等；地域性会馆是由旅居外地的同乡人士共同建造的，例如湖南的江西会馆、福建会馆，等等。会馆最多的当数北京，全国各地的人都在北京建会馆，清朝盛期，北京有会馆300多所，一个省在北京都有很多所会馆。例如湖南人在北京就建有湖南会馆、长沙会馆、浏阳会馆等十几所。

行业会馆有行业公会的性质，其作用主要是联合同行商人，办理商贸事务，协调内部关系，避免内部竞争。地域性会馆的主要作用是为旅居外地的同乡人提供方便，聚会联谊、办理商务、提供食宿，等等。

会馆是封建社会后期商品经济发展的结果，所以会馆起源较晚，目前有史可考的最早的会馆始于明朝。明人刘侗所著《帝京景物略》中说："尝考会馆设于都中，古未有也，始嘉隆间。"会馆兴起于商业，由于货物运输的需要，因此和交通有着密切的关系。古代最大规模的交通运输就是船运，所以有河流经过的地方就是交通方便之地。靠河流边的城镇往往就成为发达的商品集散地，货运繁忙，商贾云集。例如洪江有十大会馆；常德有"四宫二殿"，还有凤凰、黔城、芷江、浦市等许多边陲小城镇都有很多会馆。因为这些地方都有河流经过，船运方便，古代都是商贸繁荣的地方。像黔城、洪江等城镇过去都有过"小武汉"、"小南京"、"小重庆"的称呼。随着近代铁路、公路交通的发展，船运已经退居次要地位，这些过去繁荣的地方今天都变成了偏远地区。在这些偏远衰落的小城镇，今天仍然能够看到一些宏伟华丽但已破败的会馆建筑，便可想见当年这里的繁荣景象。

会馆也有祭祀功能，因此会馆的中心建筑往往就是祭祀的殿堂，会馆的名称也常叫"××宫"、"××庙"、"××殿"。行业会馆祭祀本行业的祖师爷，例如泥木行业祭祀鲁班，所以泥木行业的会馆一般都叫"鲁班殿"，湘潭现存一座鲁班殿就是泥木行的会馆，长沙过去也有鲁班殿。地域会馆祭祀各地人们共同敬仰的神灵，例如山陕人祭关公，全国各地的山西陕西会馆都叫"关帝庙"，湘潭就有一座"关圣宫"，是北方五省商人共建的会馆，也叫"北五省会馆"。福建人祭妈祖，全国各地的福建会馆都叫"天后宫"或"天妃宫"，"天后"、"天妃"就是妈祖。湖南芷江就有一座天后宫，福建人的会馆。江西人的会馆都叫"万寿宫"，祭祀的是江西的地方保护神——俗称"福主"的许真君。湖南凤凰、洪江等地都有万寿宫，都是江西人的会馆。

会馆中大多建有戏台，在举行各种节日庆典或祭祀活动的时候，请戏班来唱戏。会馆戏台和祠堂的戏台做法相同，都是建在大门后面，背靠大门，进大门后从戏台下面穿过，进入庭院，回过头就是戏台。戏台和正殿之间有宽敞的庭院，供看戏所用，两边有厢房，常做成上下2层的厢楼，外面有走廊，可供人一边喝茶聊天，一边观戏。

地域性会馆还有住宿的功能，为旅居在外的同乡人提供食宿方便。所以很多会馆中设有庭院式的连排住房，这种庭院一般设在会馆主体建筑的一边，有旁门直接对外出入。住宿的人出入不会对会馆中的活动造成影响。

因为会馆建筑是一个小团体的身份地位的代表，所以有互相攀比的倾向。行业与行业之间，地域与地域之间互相攀比，往往是高墙大院，门楼宏伟，石雕木雕装饰繁复，一个比一个豪华壮丽，常常成为一个城镇中最华丽的建筑之一。另一方面，会馆也是地域间文化交流的产物，尤其是地域性会馆。旅居外地的商人，为了联络乡情，建造会馆时常常是从家乡运来有特色的建筑材料，从家乡请来建筑工匠，按照家乡的建筑风格结合当地的建筑风格来建造。因此会馆建筑常常是交织着多种地域风格和式样，体现出地域文化交融的特征。

第二节　现存会馆建筑实例

一、芷江天后宫

芷江天后宫，位于在湖南芷江侗族自治县县城舞水河西岸，是目前我国内陆最大、保存最完好的妈祖庙之一（图7-2-1、图7-2-2）。天后即妈祖，又称天妃、碧霞元君等，是福建沿海地区所信奉的"海上守护神"。福建人在全国各地所建造的会馆都叫"天后宫"，芷江天后宫也是一座福建人的会馆。清乾隆十三年（1748年）由福建商人集资兴建，至今已有250多年。原占地面积近7000平方米，现占地面积约近4000平方米，其中建筑面积近2000平方米。整个建筑坐西朝东，四围建有封火墙，以与四邻间隔。平面布局共四进，由外而内依次为戏台、过厅、正殿、观音堂。左为财神殿，右为武圣殿，另有五通神殿、梳妆楼。宫内建筑全为木构架，全部建筑结构目前基本保存完整。1986年被列为省级文物保护单位。

芷江天后宫最具代表性的文物，也最为人称道的是门坊的青石浮雕（图7-2-3）。坊高10.6米，宽6.3米，呈重檐歇山顶门楼形状。两侧雄狮蹲踞，石鼓对峙；顶盖斗栱飞檐，十二金鲤咬脊，葫芦攒尖，左右青石铺地平台，围以塑有双龙、大象、金瓜装饰的石质栏杆（图7-2-4）。17级青石台阶紧接沿河石街，舞水河碧波荡漾，使门坊显得更加雄伟奇峻。坊上浮雕共有95幅，大小不一，互相错呈。最大的2米×2米有余，最小仅0.09平方米。内容有"鱼樵唱和"、"耕读为本"、"八仙过海"、"丹凤朝阳"、"二龙争珠"、"狮子滚绣球"、"八王巡天"、"魁星点斗"、"连升三级"以及不知名者多幅。或龙凤狮鱼，或竹木花草，或人仙神鬼，无不惟妙惟肖，呼之欲出。门坊上方正中"天后宫"三字，笔法浑厚圆润，尽显书法之妙。

图7-2-1　芷江天后宫（柳肃摄）

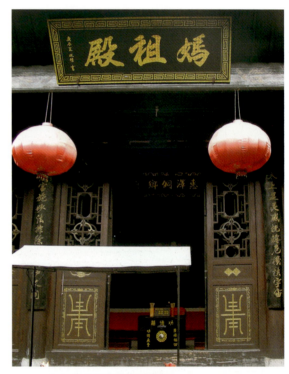

图7-2-2　芷江天后宫妈祖殿（柳肃摄）

图7-2-3　芷江天后宫青石浮雕（柳肃摄）

二、北五省会馆（湘潭关圣殿）

北五省会馆位于湘潭市平政路，坐北朝南，占地面积4066平方米。清康熙年间（1662~1722年）山西等地众商合资建造，成为当时山西、河南、甘肃、山东、陕西北方五省旅潭商人的会馆，故称北五省会馆（图7-2-5、图7-2-6）。又因北方商人，尤其山陕人敬奉关公，所以这座会馆也叫"关圣殿"，且山陕商人在全国各地建的会馆都是关帝庙。

从明末清初开始，湘潭逐渐发展成为湖南一大商埠，尤以粮食、药材为最。因此，各省商人纷至沓来，城里城外铺栈林立。其中，山西、山东、陕西、甘肃、河南五省客商为了确保经商利益，于清初集资兴建此会馆。《北五省祀田碑记》中记载："公馆创于国初，乃经商兹土者虽至今络绎无已。"清乾隆四十五年（1780年）的《重建春秋阁记》碑载，当时捐银的北五省商号近200家，所捐银钱两千一百多两。由此可见清初湘潭的商业确实十分繁荣，有"小南京"之称。另外一尊篆刻于乾隆四十六年（1781年）的《棉花规例碑》，则详细地开列了棉花行情、脚力等级、买卖规矩等条款，对于研究清初的经济状况不无价值。其中的第一条规定，"议行称砝码俱较准划一，如有故轻故重者，查出公罚戏一本。"这说明，商业信誉是自古就讲究的。

北五省会馆在初建之时不仅有山门前殿、春秋阁和后殿等宫殿式建筑，而且山门外的河边还建有码头，殿后有田土、菜园、水塘等。清乾隆以来，多次进行全面整修，规模更加宏伟。1956年被列为湖南省省级文物保护单位，次年部分修整。"文化大革命"期间，关圣殿遭到破坏。1983年湖南省人民政府重申其为省级文物保护单位，并进行了较大规模的修复，重建了钟鼓楼、牌楼等。2013年被列为第七批全国重点文物保护单位。

北五省会馆建筑分为前、中、后三进。前进自成一个院落，前栋为山门和戏台，可惜后被拆毁，现在的牌楼为1986年所重建。牌楼正门楷书"关圣

图7-2-4 芷江天后宫青石栏杆（柳肃摄）

图7-2-5 北五省会馆（柳肃摄）

图7-2-6 北五省会馆戏台（柳肃摄）

殿",两旁侧门分别楷书"河岳"、"日星"二字,牌楼上有"双龙戏珠"、"童子望月"和"刘海戏金蟾"等人物故事浮雕。中进为大殿春秋阁及钟鼓楼等附属建筑,南北与前后进相接,东西有高耸的封火山墙。春秋阁可谓是北五省会馆建筑中的点睛之笔(图7-2-7),殿阁为重檐歇山顶宫殿式建筑,矗立在1米高的花岗石基座之上,前后左右均有石阶登达。高16米,长24米,宽14米,盖黄、绿两色琉璃瓦,金碧辉煌,飞檐兽脊,凤舞鸾翔。阁前御路斜卧一条蟠龙,两侧分列一对巨型石狮。巨狮各背负一只幼狮,幼狮搔首贴耳,娇憨之态可掬。殿阁为方形,四周檐廊用祁阳白石砌成栏杆,栏杆上雕刻着古朴精美的花鸟虫鱼走兽。阁前一对汉白玉镂空蟠龙柱(图7-2-8),高4.8米,为整块汉白玉石雕琢而成,蟠龙造型生动,呼之欲出。殿内供奉关圣帝,亭柱上刻有对联三副,分别为:"天地一完人,文武才情忠义胆;古今几夫子,英雄面目圣贤心";"大义秉春秋,辅汉精叫悬日月;威灵存宇宙,干霄正气壮山河";"扶汉仰侯功,一心一德,浩气直吞吴魏;伏魔崇帝号,乃神乃圣,明威尚震华夷"阁内天花藻井装饰有木雕贴金巨龙,四周隔扇门窗,嵌有透雕人物故事。殿内有木梯可登二层游廊,眺望湘江和城内风光。

三、凤凰万寿宫

万寿宫位于凤凰县城东门外沙湾,是一座江西会馆。清乾隆二十年(1755年)由江西商人集资兴建。清咸丰四年(1854年)在西侧增建遐昌阁,民国17年(1928年)又在大门北侧增建阳楼,形成宏大规模。原有建筑大门及大门后的戏台,北有阳

图7-2-7 北五省会馆春秋阁(柳肃摄)

楼，西有遐昌阁。中轴线上有正厅、正殿。正殿右侧有肖公殿、晏公殿、财神殿以及厨房、斋房；左侧有梅廊、天符、雷祖殿、轩辕、韦陀、观音殿及客厅，建筑面积达4000多平方米。后历尽战乱沧桑，大部分殿宇或改建或拆除，已无复旧观。现存古建筑有门楼、戏台、正殿、遐昌阁，其余为后来重建、增建。

万寿宫大门呈拱形封火墙式样，造型简洁特殊，面对沱江，显得高大宏伟（图7-2-9）。大门后有戏台，进大门后从戏台下穿过，进入庭院。戏台单檐歇山顶造型，飞檐翘角，檐下做有湖南特色的如意斗栱，装饰华丽（图7-2-10）。戏台下柱础做法较为特别，为腰鼓形状，红砂石材质，古朴而庄重。

戏台对面九级台阶之上矗立着2层楼阁式的正厅，为后来新修。正厅之后是正殿，正殿22根支柱，组成木构架主体建筑。硬山式屋顶，上覆小青瓦。正脊叠砌云纹、花卉、鸟兽图案，两端砌有鸱吻，正中琉璃葫芦宝顶，两侧双龙镶嵌彩色瓷片，熠熠生辉。殿内供有旌阳公许真君神像一尊，为江西人所崇敬的仙人。

前院西侧有遐昌阁（图7-2-11），清咸丰四年（1854年）江西人杨泗捐建，又名"杨泗阁"。3层六角攒尖式楼阁，每层周围均有外廊，可登高眺望，凤凰古城及周边山水景色尽入眼底。

四、湘潭鲁班殿

鲁班殿是泥木行业的会馆。湘潭鲁班殿位于湘潭市自力街兴建坪，始建于清乾隆年间（1711～1799年），1912年被焚，1915年由泥木工会

图7-2-8　北五省会馆蟠龙透雕石柱（柳肃摄）

图7-2-9　凤凰万寿宫（柳肃摄）

图7-2-10　万寿宫戏楼（柳肃摄）

图7-2-11 万寿宫遐昌阁（柳肃摄）

图7-2-12 湘潭鲁班殿（柳肃摄）

图7-2-13 鲁班殿门楼泥塑（柳肃摄）

集资重修（图7-2-12）。重修后庙堂宽阔，殿门高耸，雕塑精美，是泥木行业集会、活动的场所，现整体保存完好。2002年被列为湖南省省级文物保护单位。

鲁班殿主体建筑分前后两栋，前栋为门楼，后栋为正殿。牌坊式门楼上保存有一幅"湘潭古城全景图"的泥塑，构图分三部分，右部为文昌阁至小东门图景，原文昌阁全貌明晰可见。中部为古城城内至窑湾图景，蜿蜒的城墙和观湘、文星诸门及城墙上的城楼、垛口一目了然，城墙外半边街的吊脚楼，依次往左是大埠桥的石拱、万寿宫的高墙、关圣殿的飞檐、石嘴垴唐兴寺、唐兴桥、窑湾，凡三街六巷，雨湖垂柳均形貌逼真。左部为杨梅洲图景，市街房屋，别具风格。在这些景物之下是浩浩湘江，江面百舸争流，江岸码头历历在目。此泥塑被誉为湘潭的"清明上河图"，十分宝贵（图7-2-13）。门楼后有戏台，背对大门，面向正殿。

正殿中原供奉有鲁班金像，两厢供奉有关公、财神像。相传农历五月七日为鲁班诞辰纪念日，泥木工会过去每年云集于此，开展纪念活动。1926年，湘潭成立泥木工会，以此地为会址。后来开办公输小学，专门招收泥木工人子弟入学。

五、浦市镇江西会馆

江西会馆又称"万寿宫"。江西人在全国各地乃至世界各地早期修建的江西会馆或江西同乡会都是以"万寿宫"命名，寄以江西同乡皆"福寿康宁、子孙发达"之意，浦市镇的当然也不例外。明末清初，外来浦市经商的江西人日益频繁，所以就集资建造了这家会馆，作为江西同乡歇脚办事的去处。旅居浦市的江西人，如遇到天灾人祸或生意亏本等亦可向会馆申请支援帮助。

会馆沿沅水而建，位置上占有地利之便。由前后两个庭院组成。前院纵深23米，宽度约12.8米，建筑面积约365平方米。前院由厅堂、天窗井、廊道、殿堂四个部分组成，东西北三面以砖墙围合，正面开敞。东西两侧风火墙将前后两院连为一体，两墙间各开一门，形成过道，方便出入。其中，厅堂是最为重要的组成部分（图7-2-14），因此被建造得富丽堂皇，连其屋顶也做了特殊的处理（图7-2-15）。虽然已年久失修，但仍然能看出当时的辉煌与繁华。山墙（图7-2-16）仍然保持着原有的姿态，诉说着一百多年的沧桑往事。除被当作议事厅之外，厅堂还有戏台之用。被誉为"东方艺术的瑰宝"的辰河戏就起源于此。相传，明末江西弋阳曾氏兄弟二人弃官避乱，时常哼唱弋阳腔，当地人颇觉新鲜，纷纷学唱，后曾氏兄弟寓居江西会馆，逐渐形成流派，即为辰河戏。

图7-2-14　江西会馆正殿（柳肃摄）

而今，昔日繁华一时的万寿宫正敞开着阁楼上雕龙刻凤的窗，"勾心斗角"的屋檐下探出舌尖上滚着龙珠的龙头。后院斑驳的墙壁，竟生生地被一棵大树撑裂了开来。新与旧，生长与衰败，竟形成如此鲜明的对比。见证着会馆那鲜活的历史。

图7-2-15　江西会馆屋架（柳肃摄）

图7-2-16　江西会馆山墙（柳肃摄）

湖南古建筑

第八章 村落、民居

湖南村落、民居分布图

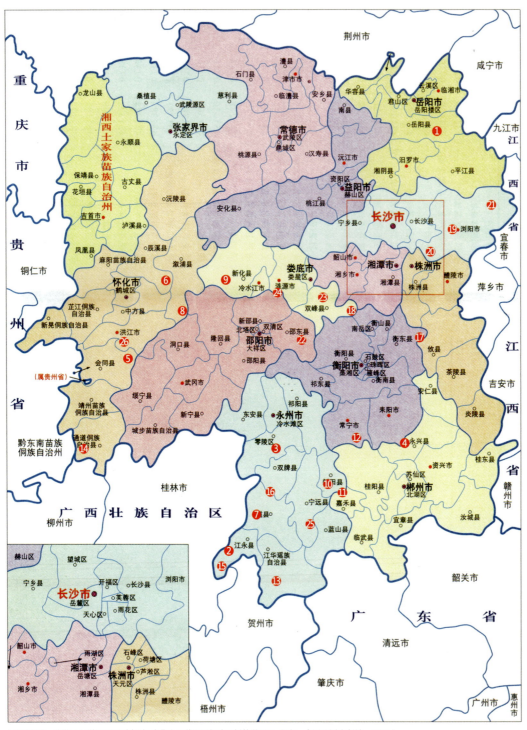

（地图引自：中华人民共和国民政部编.中华人民共和国行政区划简册2014.北京：中国地图出版社，2014.）

- ❶ 岳阳张谷英村
- ❷ 江永上甘棠村
- ❸ 永州涧岩头村
- ❹ 永兴板梁村
- ❺ 会同高椅村
- ❻ 辰溪五宝田村
- ❼ 道县楼田村
- ❽ 溆浦阳雀坡村
- ❾ 新化楼下村
- ❿ 新田黑砠岭村
- ⓫ 新田谈文溪村
- ⓬ 常宁中田村
- ⓭ 江华宝镜村
- ⓮ 通道芋头村
- ⓯ 江永兰溪村
- ⓰ 双牌岁圆楼
- ⓱ 衡东罗荣桓故居
- ⓲ 双峰富厚堂
- ⓳ 浏阳谭嗣同故居
- ⓴ 浏阳沈家大屋
- ㉑ 浏阳锦绶堂
- ㉒ 邵东荫家堂
- ㉓ 双峰朱家四堂
- ㉔ 涟源世业堂
- ㉕ 宁远黄家大屋
- ㉖ 洪江窨子屋

第一节 湖南传统村落与民居概况

古村落、古民居不仅是传统农耕社会广大农民生活的"舞台"或"容器",而且还融自然环境、伦理秩序、民风民俗和建筑特色等于一体,积淀着厚重的历史文化内涵,具有明显的地域特征,是我国历史文化遗产中的重要组成部分。

湖南的古村落和古民居数量众多,历史悠久。它们根植于湖湘大地,是湖南自然环境、人文和社会经济条件的综合体现,因而具有一定的共性。如在村落和民居的选址上,注重效法自然,尊重自然,追求人与自然和谐统一。在村落和民居的布局上,呈现出防御性强、布局紧凑、封闭内敛、遵循封建伦理秩序等特点,反映到住宅中则是以堂屋为中心,以正屋为主体,中轴对称,厢房和杂屋均衡布置,天井院落组合变化的基本格局;反映到村落中往往是以祠堂为中心,房舍按血缘关系中的长幼、亲疏分别向后纵向延伸及向两侧横向扩展,等等。

然而,由于湖南地域广阔,历史悠久,不同地形地貌、气候条件和民族文化造就了不同的村落格局和民居形式。一方面,湖南的地形是东、南、西三面为山,北面是平原和湖区(洞庭湖),中部为丘陵地带。不同的地形地貌和自然条件决定了村落格局及民居建筑的结构、用材、造型和组合方式的不同。另一方面,湖南是一个多民族聚居的省份,境内有苗族、土家族、瑶族、侗族等多个少数民族。这些少数民族都有着各自独特的民族文化、风俗习惯和生活方式,建筑形式也具有自己的特色。例如侗族村落中往往有鼓楼、风雨桥等侗族特有的建筑,具有很强的民族特色。湖南主要的四个少数民族(苗族、土家族、瑶族、侗族)分别居住在湖南的西部和南部山区,其中土家族主要在湘西北,苗族主要在湘西,侗族集中在湘西南;瑶族则主要分布在湘南和湘西南地区。因此,湘西和湘南地区的村落民居特色往往最为鲜明,具有鲜明的民族文化特征。

具体来说,湖南各地区的村落格局和民居形式的差异性主要体现在以下几个方面。第一,在村落格局上,湘西地区和湘南山地,房屋横向多沿等高线排列,纵向依托山势层层叠叠,整体布局和单体形态均表现出不规则和多方位的空间组合特征。而在湘中、湘东、湘南的丘陵地带,村落多顺自然地形的高程沿等高线平行布置,房舍朝向基本一致,并通过纵横巷连接为一个整体。第二,在建筑平面组合上,湘中、湘南、湘东、湘北各地的汉族民居基本上都是南方天井院落式组合,且在湘北,由于地势平坦开阔,大型建筑院落往往向纵向发展,而在湘中、湘南、湘东等地由于受地形约束,大型建筑院落在沿主轴纵深发展的同时,也向两侧延伸展开。在湘西少数民族民居则一般都是独栋式的,没有天井庭院组合。第三,在建筑造型方面,汉族地区的民居建筑,不论是砖木结构还是土木结构,都以封火山墙造型为特色。其中,湘南地区多用人字形山墙;湘中和湘东地区多用两头翘起的马头山墙式样。在湘西地区,建筑造型最多的采用吊脚楼的形式,这种形式最适合于炎热潮湿的西南山区,底层架空,人居楼上,既防潮又凉爽。第四,在建筑用材上,湘中、湘南、湘北地区的村落民居多采用砖木结构,砖多为尺寸较大的青砖。湘东地区的民居多采用土木结构,三合土夯筑墙壁,与木构架相结合。湘西地区的少数民族民居则多采用全木结构的干阑式建筑。

总而言之,湖南古村落和民居在体现中国南方村落和民居的共同特点的基础上,富于创造,极富变化,呈现出多样性、地域性和民族性的特点。

第二节 传统村落、民居实例

一、岳阳张谷英村

张谷英村古民居建筑群是我国目前保存最完整的、体现聚族而居的古建筑群。该村位于湖南省岳阳市岳阳县渭洞乡张谷英镇内。村落中古民居始建于明洪武年间(1368~1398年),历经明、清扩建

图8-2-1 张谷英村全貌（张谷英管理处提供）

而成为当大屋、王家塅、上新屋三部分，现存共18个组群，占地面积51000平方米，其中巷道62条，天井208个，房间1732间。是国务院公布的第五批全国重点文物保护单位之一，2003年被评为第一批中国历史文化名村，2013年入围中国首批传统村落名录（图8-2-1）。

张谷英村选址在地势北高南低的渭洞盆地中，四面青山环绕，渭溪穿村而过。村落背依盆地中部的龙形山，面向交汇于龙形山前的渭溪河和玉带河，前耕后居，背山面水，负阴抱阳，藏风聚气，形成了理想的人居环境。大门里的坪上有两口大塘，分列左右。它们寓意龙的两只眼睛，既用来防火，又壮观瞻。渭溪河迂回曲折，穿村而过，河上大小石桥47座。村内屋宇相连，参差溪上，形成"溪自阶下淌，门朝水中开"的格局。

村落建筑布局工整严谨，格局对称，依序纵横发展，形成"干枝式"结构，充分体现了传统儒家思想和宗族文化的均衡对称和长幼有序。同时又尊重环境，依地形变化布置，建筑朝向并不局限于正南正北，而是以南向及南偏东、偏西为主，表达出了尊重与保护自然的生态理念。

张谷英村历经数代，发展成为有大小房屋约170间，占地5万多平方米的建筑群。目前基本保留或部分保留下来的，共有18个组群。以渭溪河为界，东岸分布有何风塅、当大门、西头大门、东头岸、西头岸、议事厅、聚龙湾（东）、石大门、王家塅、上新屋和长沙塅，共10组；另有"接官厅"、"八骏图"、"青云楼"作为当大门的横轴建筑未计入；西岸分布有下新屋、学堂坳、铺门口、井坎上、聚龙湾（西）、枫树屋和赐福堂共7组。现存完整的有西头岸、王家塅、上新屋等处，分别建于明、清不同时期，但其建筑形式和风格保持一致。

现存各组群沿中轴线多为三到四进堂屋，亦有五进。每进由轴线上的堂屋（又称主堂）、两侧的厢房和天井组成。主轴线两侧对称地伸出横向分支，即横堂。纵横交织形成"丰"字形结构。每进之间由屏门隔开，并沿地势逐渐升高，各进的堂屋功能不同，或举行婚丧嫁娶，或进行集会议事，但最后一进均设有神龛祭祀先祖。各组建筑之间用连廊、巷道分隔，巷道四通八达、曲折幽深，居民来往可以"晴不曝日，雨不湿鞋"（图8-2-2、图8-2-3）。

张谷英村建筑紧密相连，屋檐相互搭接，巷道是整个建筑群的分隔和纽带。60余条巷道总长度达1459米，最长的有153米。巷道宽度多为0.8~1.2米，青砖铺地，由于侧壁高大，上有屋檐遮蔽，故光线幽暗。巷道除交通功能外，还有防火隔火的作

图8-2-2 张谷英村王家段剖、立面图（柳肃提供）

图8-2-3 多进天井院落（张谷英管理处提供）

图8-2-4 烟火塘（柳肃摄）

用。以巷道两侧青砖外墙为封火山墙，发生火灾时人可以手脚撑壁，攀爬至屋顶，揭开部分瓦片阻止火势蔓延。张谷英村历经600余年而能保存下来与巷道的防火作用以及烟火塘的设置有密切关系（图8-2-4）。

伴溪走廊是张谷英村内重要的公共活动空间，据传建于清顺治十二年（1655年），青石路面，长约200米，宽窄不一，较窄处仅1米多，宽处约3米多。因张谷英村为东达平江西通岳阳的古驿道，村民为方便过往路人沿渭溪河而建。走廊利用沿溪房屋的坡面，增加立柱和穿斗支架搭建而成，靠溪边围栏上设有供歇脚休息用的长条凳，沿途可以通达各家门户，连接各个巷道。走廊旁有龙涎、长寿二井，这为长途跋涉的行人提供了喝水和小憩的地方。伴溪走廊的建设体现了张谷英人淳朴的乐善好施的民俗风情。伴溪走廊上有三座石桥，俗称"百步三桥"（图8-2-5）。

独具匠心的排水设施是张谷英村最大特点之一。由于大片房屋紧密相连，采光和排水的重要作用均由天井担当。村内天井众多，不仅堂屋之间有，厢房厨房各处均有天井。建筑群内设计并建造了密如蛛网的地下排水道。天井的排水管道自上而下，左右分开，向门前的烟火塘或溪中流出，藏而不露。几百年来从未出现过渍水堵塞之事，令人称绝（图8-2-6）。

张谷英村均为砖木结构，以抬梁式和穿斗式相结合的承重形式为主（图8-2-7）。除少数大门和门厅有夹层外，建筑绝大部分为1层木构架，柱梁裸露。明代房屋层高较清代略低。古宅墙体大多是实心青砖，少部分采用土坯砖；房屋外墙为硬山封火山墙或人字形前低后高的山墙。屋面采用双层小青瓦；地面通常采用素土夯实，堂屋地面铺青砖或麻石，墙体基脚处用麻石砌筑，起隔水、防潮、耐久的作用。

张谷英村内雕刻类型丰富，题材广泛，有木雕、石雕、陶雕、砖雕等各种形式，尤以木雕、石雕见多。石刻结实厚重、苍劲有力，砖雕玲珑穿透，木雕精美细致，无论从选材、色彩、雕饰上都处处体现出质朴之美。木雕的用料系就地取材的楠木和梓木，镶嵌于门、窗、棂、屏、匾、裙板、挂落及家具上。题材多采用历史典故、风土人情或是动物图案，寓意着封建伦理道德。虽雕刻精细但都色彩自然、不施重彩、不以五色勾画。其中窗户上的木雕最多；内容涉及政治、经济、历史、宗教、民俗和民间传说，形式和内容最为广泛，最富有民俗性（图8-2-8）。

图8-2-5 百步三桥（柳肃摄）

图8-2-6 天井（柳肃摄）

图8-2-7 屋架结构（柳肃摄）

图8-2-8 木雕窗饰（柳肃摄）

二、江永上甘棠村

上甘棠村坐落于永州市江永县城西南约25公里处。据《江永县志》记载，汉武帝元鼎六年（公元前111年），在今县城西南设置了谢沐县，归交州苍梧郡管辖，县址即是上甘棠所在地。隋开皇九年（公元589年）并谢沐、营浦为永阳县，县治才撤离上甘棠。现今在上甘棠村东北500米远的谢沐河上仍保留有一座汉代的石板桥，在村后东北角有一块形似龟背的古台地，上面用青石砌成的屋基纵横交错，据说是谢沐县衙门的故址。

上甘棠居民周氏族人自唐太宗二年（公元827年）择居上甘棠，繁衍生息，延续至今将近1200年，因此"千年上甘棠"可谓是实至名归。上甘棠村现有居民400余户，人口1800余人，除了数户杂姓居民为民国后迁入以外，其他均为周姓族人。由于古风沛然，文化遗存丰富，2006年上甘棠村古建筑群被国务院公布为第六批全国重点文物保护单位；2007年上甘棠村被建设部和国家文物局公布为第三批中国历史文化名村；2012年被住房和城乡建设部、文化部、国家文物局、财政部等列入第一批中国传统村落名录。

上甘棠村自然环境秀丽优美，背靠滑油山，村左将军山，村右昂山，村前谢沐河蜿蜒流淌，加上村前广阔农田和村口葱郁古树，真是天赐风水宝地。该村自北向南沿谢沐河东岸有一条青石板交通主干道，曾是湘桂古驿道上的重要驿站。主干道上布置有四道栅门，这是全村人通向外界的主要出入口，也是古驿道穿村而过的必经之门。东西向的次干道与主干道保持垂直并向村后延伸，主、次干道交叉处设置有门楼和小型广场，每条次干道两侧居住着一族人，青石板砌筑的小巷从次干道延伸到每家每户。村后滑油山脚下修筑有石壕，村前紧靠谢沐河则砌有石围墙。可见，周氏先人极强的防御意识构筑了古村完整的防御体系，其中，村前谢沐河和村后屏峰山脉构成了该村的第一道屏障，石围墙、栅门及村后石壕构成了村落的第二道防御工程（图8-2-9），各次干道入口处的门楼是第三道防护（图8-2-10），而小巷两端的闸门则是第四道保障。周氏族人的宗亲文化观念及安全防御意识共同构筑了古村严谨、规整、密集的总体空间布局。

明清时期在村内的古驿道上已经形成了一条商业街，街宽约为2米，路面用青石板砌筑，街道两侧布置有商铺。这些商铺外貌简朴，体量不大，单开间至三开间不等。商铺多为双层，下层沿街立面为开敞式的门脸，配置有木板排门和砖砌柜台，上层为卧室兼储藏室（图8-2-11）。

古村公共建筑类型多样，目前在古村栅门内仅留存有周氏宗祠和四座门楼等公共建筑，其他公共建筑如文昌阁、步瀛桥、前芳寺和寿萱亭等都设在栅门外。其中，文昌阁位于村西南水口处，谢沐河西岸，该建筑始建于明万历年间（1573~1620年），面宽、进深均为20.5米，高22米，共4层，一、二层为青砖砌筑，三、四层为全木结构。屋面青瓦歇山顶，斗栱飞檐，蔚为壮观。无论是近看还是远观，文昌阁都以高耸的体量、优美的形态成为古村空间的视线焦点和构图中心，丰富了古村的空间层次。步瀛桥横跨在村西南水口处的谢沐河上，是一座建于宋靖康元年（1126年）的三孔石拱桥，现存桥长30米，宽4.5米，跨度9.5米，拱净高5米。该桥造型小巧别致，与庄重耸立的文昌阁互为衬托，给人们提供了多维空间的欣赏面，无论正视、侧视

图8-2-9 村落环境（柳肃摄）

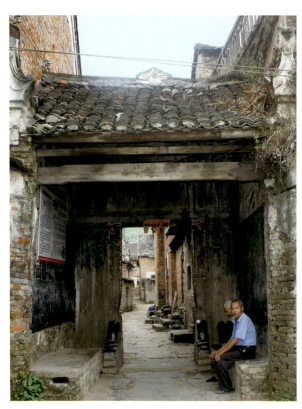

图8-2-10 四甲门楼（何峰摄）

图8-2-11 古商街（柳肃摄）

图8-2-12 步瀛桥与文昌阁（何峰摄）

还是仰视皆可入画（图8-2-12）。前芳寺位于文昌阁西侧，始建于宋，后历经修葺，现留存的主殿结构为清乾隆年间（1711～1799年）重新修建。寿萱亭则是位于村南古驿道上的一座凉亭，石木结构，亭内石碑刻有慈悲佛母"81个他字歌"，以教化后人。这些公共建筑以独特的造型、多样的功能、深厚的文化内涵为古村添上了浓妆重彩的一笔。

古村现存古民居200余栋，除了少量为明代建筑以外，大部分为清代建筑。民居多为两进2层建筑，堂屋、正房、厢房皆以天井为中心呈中轴对称布置，这样既满足了崇儒重礼的精神需求，又解决了各个功能性房间采光、通风的实用要求。古民居的外墙体均以三、六、九寸（10厘米×20厘米×30厘米）大眠砖砌成，红砖与白色的灰浆交错形成了具有丰富肌理效果的清水墙面。此外，外墙上起伏变化的青色马头墙与白色灰浆腰带，造型丰富的门罩和漏窗，厚重坚固的石基脚与石台阶，它们共同构成了古村清新明快、质朴风雅的建筑风格（图8-2-13）。不仅如此，古民居群的室内装饰也颇为讲究，特别是保存依然完好的木雕构件和门窗隔扇更是为我们佐证了民居装饰工艺的考究和古村昔日

图8-2-13 古民居（何峰摄）

的繁荣（图8-2-14）。这些木雕装饰题材往往以几何纹样、动植物为主，辅有历史故事、人物形象、太极八卦等图案，反映了周氏族人祈求兴旺平安、驱灾禳祸的民俗观念和审美心理。

古村中还存在一处极具文物价值的古遗迹，那就是月陂亭石刻。月陂亭位于古村西南古驿道上，谢沐河东边。在月陂亭数十米长的石壁上，共有功德碑、劝谕碑、感怀诗、八景诗等24方古代石刻，镌刻时代绵延宋、元、明、清四个朝代，是一部千年石刻家谱，也是研究宋、元、明、清时期湘南地

图8-2-14 隔扇门（何峰摄）

区农村历史、文化、宗教和民俗难得的史料。上甘棠村就是这样一座记载我国千年农耕文明，同时又集自然山水与人文景观于一体千年古村，具有很高的历史、文物和艺术价值，是湖南古村落中的一朵奇葩。

三、永州涧岩头村

涧岩头村位于永州市零陵区富家桥镇。根据《周氏宗谱》和相关史料记载，涧岩头村周氏开山始祖周佐为元公（周敦颐）次子周焘第十六世孙，明嘉靖年间（约1550年前后）徙居涧岩头村，始建老院子，后历经数代，相继建成红门楼（周希圣故居）、黑门楼、新院子、子岩府（周崇傅故居）和四大家院，最后一座院落四大家院完成于清光绪三十年（1904年）。涧岩头村六大宅院以清晰的脉络记载了明、清时期湘南周氏望族的兴衰荣辱，因此又被称为"周家大院"。

涧岩头村三面环山，坐南朝北，南倚锯齿岭，东靠鹰嘴岭和凤鸟岭，西临青石岭，进水和贤水在大院前方交汇后逶迤北去，晚清重臣周崇傅是这样来形容涧岩头村地形地貌的："左边青石挂板，右边双凤朝阳；门前二龙相汇，屋后锯子朝天。"好一个藏风聚气的理想人居环境。数百年来，涧岩头村就在这纯净秀美的自然山水环境之中生长壮大，并最终形成北斗星座形的整体布局形态，其中在北斗星斗柄一线，自西向东依次排列着老院子、新院子、红门楼、黑门楼和四大家院，而在北斗星斗勺位置上矗立着的是子岩府（图8-2-15）。周家大院总占地面积100余亩，建筑面积3.5万平方米，正、横屋180栋，大小房屋2000多间，天井136个，游亭36座，巷道、走（回）廊40余条，可谓是规模庞大，气势恢宏。

周家大院的六座院落虽然建于明、清不同的历史时期，但是建筑形式和风格基本保持一致。在平面布局上，每座大院都以正屋为中轴线，采用三进三厅布局（图8-2-16）；正屋两边有横屋对称分布（除了"老院子"没有横屋以外），规模为一到三排不等，正屋和横屋在庭院、天井、廊道和券门的组合、穿插与连接中浑然一体，共同构成主次分明、收放自如的宅院空间序列，同时也巧妙地划分出了建筑功能中的动与静、亲与疏、尊与卑、男与女等性格各异的空间（图8-2-17）。从外观来看，六大院落均依山麓坡度由低到高逐级构建，可谓是层楼叠院，舒展自然，而山墙上高昂耸立的马头墙和灵动飞扬的翼角，不仅增强了建筑外观造型的起伏壮观气势，同时也赋予了其湘南民居建筑的个性特征（图8-2-18）。此外，各大宅院在外围建有围墙，使其成为各自独立的院落体系，而宅院之间的鹅卵石小径又使各个宅院连为一个整体。

值得说明的是，建于清代的新院子、子岩府和四大家院等三座院落，在延续老院子、红门楼和黑门楼等明代建筑风格的基础上又赋予了新的发展和

图8-2-15 周家大院全貌（零陵区富家桥镇政府提供）

图8-2-16 子岩府正屋大门（何峰摄）

图8-2-17 券门和廊道（柳肃摄）　　图8-2-18 新院子马头墙（何峰摄）

变化。其中，新院子在正屋大门前修建了高大厚实的照壁院墙，院墙上向东、西、北开设了外窄内宽的梯形状"枪眼"，并且在正屋东面第二排横屋以东，筑书堂屋一座。子岩府在正屋大门前也修建了照壁院墙，由于各正、横屋开间和进深都较大，因此整栋建筑东西横向长度达到120米，纵深达到100米，不仅如此，在东西两向横屋外沿又建有杂屋或开辟有花园，为典型的封建庄园式建筑。四大家院在西面紧邻第二排横屋建筑有书堂、讲堂、供奉孔子牌位的神龛、花园、宿舍、餐房、操坪等配套齐全，是周家大院中规模最大的私塾大院。此外，四大家院于民国8年（1919年）在正门楼外沿地坪前增设了一座半椭圆形吊楼式炮楼，炮楼外墙上设置梯形"枪眼"，炮楼与正屋大门间的操坪，为兵丁集合、操练之地。另外，三座清代院落的屋顶由明代的悬山顶或硬山金字顶变成了硬山顶上加三级跌落马头墙形式，地面的铺设也以砖、石代替了明代的三合土。这些变化既充分体现了周氏后人经济实力的增强、生活品位的提高以及对耕读文化的崇尚，也同时反映了中国近代社会动荡给民居形态带来的影响。

周家大院的装饰艺术也异彩纷呈，各个院落上自马头墙和梁架，下至柱础、门当以及鹅卵石地坪，都在不经意间成为传承建筑装饰艺术和传统民俗文化的载体。就拿小木装修来说，除了少量门窗隔扇直接采用了步步锦、寿纹或直棂窗以外，多数门窗隔扇上都雕有草木植物、花鸟虫鱼或鹿狮百牲等各类题材的图案，如龙、凤、喜鹊、鹿、麒麟、蝙蝠、松鹤、蜜蜂、鲤鱼、莲花、牡丹、梅、菊等，寄托着农耕社会里周氏族人最朴素的价值观；山墙上以木为骨、以粉灰饰面的圆形、八边形或方形牖窗为灰墙黛瓦增添了一抹色彩，同时也使得高耸气派的马头墙透着几分优雅（图8-2-19）；而游廊上的八角藻井或花形藻井构思巧妙，层层叠叠中既丰富了空间变化，又使其成为室内装饰的亮点（图8-2-20）。

目前，涧岩头村仍居住着村民260多户近千人口，除极少数为20世纪50年代初土改时入住的外姓人家以外，其他均为周氏后人。优美的环境、宏大的规模、严谨的布局以及深厚的文化，使得涧岩头村成为周姓族人繁衍生息的一方乐土，同时也使其成为我国珍贵的乡土建筑文化遗产，2007年涧岩头村被公布为第三批中国历史文化名村；2012年被列入第一批中国传统村落名录；2013年涧岩头周家大院古建筑群被公布为第七批全国重点文物保护单位。

图8-2-19 子岩府正院山墙牖窗(零陵区富家桥镇政府)

图8-2-20 子岩府游廊八角藻井(何峰摄)

四、永兴板梁村

板梁古村地处郴州市永兴县高亭乡境内,距离永兴县城大约20公里,距京珠高速公路仅约7公里。该村始建于宋末元初,强盛于明清时代,既是明清时期金陵县的重要集镇,也是古官道通桂阳、耒阳的商埠之地。目前古村现存明清古民居360余栋,青石板街巷3000余米,古商街200余米(图8-2-21),总人口有2000余人,全为刘姓族人,为典型的聚族而居的传统村落。

古村坐东朝西,东靠象岭,西傍板溪,前方不仅视野开阔,而且阡陌纵横,可谓是理想的风水宝地和栖居繁衍之地。古村就这样在山与水之间呈扇形展开,并经明嘉靖时期(1522~1566年)和清雍正年间(1678~1735年)的两次分支,裂变为上、中、下三片的总体格局,并逐渐形成了由北向南推进且绵延长达1.5公里的线形村落。

板梁三片是由刘氏家族的三个房系组成,每个房系各有一个祠堂,其中位于下片为润公总祠,即板梁文阁,它是聚落核心的发源地;中片为瑜公支祠;上片为贤公支祠。每个祠堂前均有大小不等的半月塘、拜坪和水井等附属场所,它们共同构成了村落中最具活力的开放空间(图8-2-22)。此外,各片民居皆以祠堂为中心,纵向依托坡地向后推进,横向则平行板溪和象岭向两侧延伸,从而形成各个小组团。各组团之间再通过街巷连接成一个整体,并在外部形态上显示出高度的整体性。

古村通过接龙桥与外部保持联系。接龙桥是一座三孔九板、跨度为20米的石板桥,它位于村北

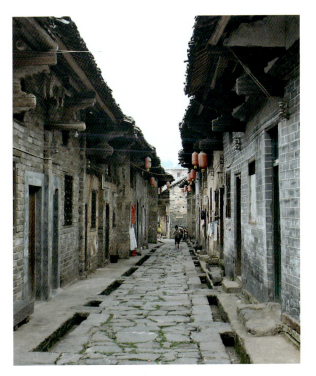
图8-2-21 板梁村古街(何峰摄)

图8-2-22 板梁文阁及半月塘（何峰摄）

的板溪上，桥面是用9块5米多长、宽为0.6米的天然大青石铺就而成（图8-2-23）。在村北九山河的北岸，矗立着八角7层风水塔——镇龙塔（图8-2-24）。该塔始建于清道光九年（1829年），砖石结构，塔底直径8米，高约21米，塔内石阶盘旋而上直至塔顶，塔外角爪风铃清脆，造型雄伟壮观。此外，古村内庙、楼、阁、亭、古私塾、古钱庄等古建筑类型保存齐全，更有神龟石、莲花石座黄金树等自然景观，鬼斧神工，玉宇天成。

板梁遗存古民居数量众多，且以二进民居为主，另有少量的三进民居和一进民居（即无天井民居）。古村民居的基本构成单元为"堂厢式"，即中间为堂屋，两侧对称布置有厢房。当房屋扩展为二进或三进时，便用天井、隔门、横道将各进堂屋和厢房连接成一个整体，使得内部各个功能空间之间围中有透、虚实相生。值得一提的是，古村民居的入口非常讲究，其做法是在大门处向内收缩，形成门廊，并通过青石门当、门槛或石台阶等强调内、外两个空间的异质性；不仅如此，几乎所有民居的大门不与其对称轴线垂直而是略微歪斜，从而达到风水理论中的"纳气"、"乘气"的理想效果。这种门廊的处理方式使得古村较为狭窄单调的街巷空间有了宽窄变化、收放自如的空间效果（图8-2-25）。

古民居的装饰亮点主要体现在木雕石刻上。其

图8-2-23 接龙桥（何峰摄）

图8-2-24 镇龙塔（何峰摄）

图8-2-25 民居入口（何峰摄）

中，木雕主要体现在屏风、窗棂、梁栿、花牙子、天花、藻井、栏杆、神龛等处（图8-2-26）；石雕主要在柱础、门槛石、门墩、转角石、天井等处多有表现。题材多以祥禽瑞兽、花鸟虫鱼、神话传说、历史典故、生活场景为主，其构图虽不及岭南地区和江浙地区的繁复奢华，也不及北方地区的气势磅礴，但是其独有的清新雅致寄托着农业社会中湘南乡村百姓最朴素的价值观和审美情趣。

板梁古村既集古风水文化、建筑艺术和宗族文化于一体，又是开国大将黄克诚领导的"年关暴动"所在地，加上其文化遗存丰富，自然风景优美，因此2010年被住房和城乡建设部及国家文物局公布为第五批国家级历史文化名村，并在2012年被列入第一批中国传统村落名录。

五、会同高椅村

高椅乡位于湖南省怀化市会同县城以东48公里的雪峰山脉南麓，旧称"渡轮回"。村落坐北朝南，三面被山包围，一面临巫水河（雄溪），此地势犹如一把太师椅，村落坐于其中由此而更名"高椅"（图8-2-27）。村内较完整地保存着明洪武十三年（1380年）至清光绪七年（1881年）间修建的民居104栋，建筑面积近两万平方米，且均有明确的铭文纪年。村民大多姓杨，系南宋诰封"威远侯"杨再思的后裔，侗族。然而作为侗族村落，典型侗寨

图8-2-26 窗棂木雕（何峰摄）

图8-2-27 高椅村全貌（柳肃摄）

中鼓楼、风雨桥等公共建筑空间与高脚楼式的全木建筑形式，却以祠堂、土地庙等和高墙围合的天井院落式建筑在高椅村体现出来。古村受到汉族文化的影响显而易见。

全村由五个自然群落组成，五片群落分别以一座座祖屋为核心，再以村中心的五通庙为中心组成整个高椅村，人们将其形象地比喻成"梅花状"布局。五通庙西面主要为明代早期的建筑，被称为"老屋街"；北面以明晚期的建筑为主，称为"坎脚"；东面的建筑主要是清早期的，俗称"大屋巷"；南面则是清代中晚期的建筑，被称为"田段"、"土寨、下寨"。

高椅村现存的建筑大多建于明清时期，以封闭式院落为单位（图8-2-28）。从平面上看，建筑为一开间到五开间不等，纵向单进或两进式布局。正中间的为堂屋，供奉"天地君亲师"和祖先的牌位，卧室按照长幼顺序分布。村内房屋均为穿斗式的2层木楼房。一层用于居住，二层一般为储藏杂物及粮食。四周由高墙维合，两侧有双头、三头甚至四头不等的马头墙，墙上装饰有彩绘和泥塑。砖墙上仅开有小窗，这种四面高墙组成的封闭庭院被当地人称为窨子屋。值得一提的是，这种居住模式具有明显的等级特点，且摒弃一层圈养牲畜，二层住人的生活习惯均是高椅村不同于传统侗族村落的典型特点（图8-2-29）。

高椅村位于巫水旁，当地特产的药材、茶叶、桐油等可以便捷地销往全国各地。然而根据地方志记载，村中自古便有商铺、作坊等商业行为，保持了淳朴的民风。这便也反应在了古村的建筑中，虽然窨子屋外墙高大，但与张谷英村一样，家家户户是相通的，不比徽州大院的封闭。村中到处可见人们用于装饰房屋的壁画、墙头画，门窗也均用花纹各异的隔扇做装饰（图8-2-30）。走进大门，照壁上色彩斑斓的彩画可看出屋主人的身份。大禽猛兽则为武将，松菊梅兰则是文人，如果是瓜果牛羊，那肯定是农家。这些装饰中可以见到大量带有傩巫色彩元素，如屋顶上的神鸟形象、晒谷坪上用石头砌成的太阳图案、到处可见的太极八卦等。此外亦有反应百姓对生活美好祝福的吉祥图案，将"平安如意"、"喜上眉梢"、"福"、"禄"、"寿"、"喜"等以象征、寓意的手法表现。再有将一些神话传说和人物故事通过浮雕或绘画装饰于自己家中，以起到教育作用。

六、辰溪五宝田村

五宝田村位于怀化市辰溪县上蒲溪乡以西5公里左右的青山环绕中，村前的玉带河蜿蜒流淌。相传因村前田中有五个形似"元宝"形的小土包而取名五宝田村。据萧氏族谱记载，清康熙二十四年（1685年）左右，由萧氏第二十二代子孙承风第三子宗安公携家眷从黄桑溪，即萧家老屋搬迁至五宝田定居。萧氏子孙便在这片土地上繁衍生息，开荒造田。通过经营桐油生意，萧氏一族积累了不少财富，到萧氏第二十八代子孙世远的八位孙子，昌

图8-2-28 高椅村封闭式院落民居（柳肃摄）

图8-2-29 高椅村典型民居（柳肃摄）

图8-2-30 隔扇窗木雕工艺（宋盈摄）

隽、昌英、昌秀、昌彦、昌瑞、昌璞、昌环和昌瓒已发展成为当时富甲一方的旺族。太平军被剿灭以后，清政府将十万湘军遣散返乡，许多士兵落为土匪草寇。殷实的萧氏族人为躲避祸乱而选择留在这大山里继续过着平静的生活。但萧氏一族还是从宝庆府（今邵阳）等地请来能工巧匠修建了多座精美宏大的高墙院落。包括耕读所、兰陵别墅和十多幢深宅大院共36栋清末民初的民居建筑，建筑面积2万平方米。村落依山而建，面朝群山环绕形成的一片盆地。民居一栋接一栋横向排列，沿等高线密集分布，错落有致，并通过横向和纵向的青石板路连接。两座古木桥和一座石拱桥横卧于玉带河上，方便村民出行（图8-2-31）。

村落地势东高西低，几大家建造了许多精美的住宅，坐东朝西，分部在纵横两条主要的大路两侧。贫困家庭的木屋则分部在从主路分出去的支路旁或村落边缘。住宅风水典籍里说："前高后低，必败门户，后高前底，居之大吉"，所以五宝田村里的住宅中轴线均垂直于等高线，形成前底后高的"步步高"格局。分布在沿等高线的横路边的住宅大门在正面，分布在竖向道路边的大门则开在了侧面厢房一侧。那些大庭院的封火墙和闸子门修建高达4米多，以起到防火防匪的作用，也成为萧氏族人保护财产的堡垒。当地盛产的一种石材，因其质地细腻如玉，颜色青绿如竹而得名玉竹石。玉竹石初采时质地松韧，易凿刻，随着时间的推移质地会日趋坚硬，是用于建筑的上佳材料。因此在五宝田村里，铺道路的石板、庭院的宅门、院墙的基础等均大量使用了玉竹石，也为青砖黛瓦的大宅院增添了一抹色彩。

五宝田村中典型的住宅形式一般为一座三间两搭厢的房子，四面高墙的三合院形制。高墙用玉竹

图8-2-31 五宝田村村口（李雨薇摄）

图8-2-32　五宝田村民居（李雨薇摄）

石条石片作基础，上面以一层眠砌砖、一层陡砌砖一直到顶。正面两端高起作马头墙，为左右两厢房的山墙。由于地形和与相邻建筑空间的关系，有的仅砌半片向中间叠落的马头墙。侧面两组马头墙位于两进正屋山墙处。正面墙上开设漏窗，虽然漏窗芯子花纹较为简单普通，但有些窗套做了优美精致的西洋式拱券。另外还在各个墙面开设了一些狭长的"凸"字形月洞，除了采光通风，更是为了在遭受匪患时可以进行防御和抗击。

宅门有设在宅院的一侧，并与墙面呈一定的斜角，也有做成八字墙的墙门，并做墀头装饰，两者均是以玉竹石为材料的石库门，且在各个构件上都精雕细琢了各式吉祥图案。门楣上的双龙戏珠、双凤朝阳、太极八卦和蝙蝠等以及石雀替、门槛和门枕石上雕的凤穿牡丹、天官赐福、喜鹊画眉、野鹿含花、麒麟送子及寿桃之类图案生动逼真。大门上方的门头均为木架批檐，挑檐枋后端直接插入门墙里与厢房的木构架连接。门头下嵌在墙上的牌匾题字显示了萧氏一族悠久的历史和高贵的身份，如"兰陵别墅"、"兰陵门第"、"衍派天潢"、"干国栋家"、"庆衍兰陵"、"儒学名家"等（图8-2-32、图8-2-33）。

建筑为的两进三开间的木质穿斗式2层楼房，两侧厢房各一间高2层。受到地质条件的影响，当中的天井比较狭长，地面用玉珠石板铺地，缘边有水沟。虽有2层层高，但二层一般仅用作储藏功能，人们主要的生活起居都在底层。正屋明间为堂屋，

图8-2-33　民居沿山势而建（李雨薇摄）

正门两侧抱柱内和横披都装有平棂隔窗，并在棂格子间嵌有花、鸟、鱼等节点，极具装饰性。几乎在所有的正门门扇外都装有两扇高约1米多的矮门。平日里大门敞开以方便通风采光，关闭矮门一方面可以保护隐私，另一方面将家禽挡在屋外，保证屋内清洁。由于正屋进深不大，堂屋中不设太师壁，而做成一个中间高两边矮的大神橱，背靠后墙，两边通堂屋面宽。中间的高位上供奉"天地君亲师"的神主，在其正下方，贴地面的位置有个神座，设有隔扇柜门，用于供奉土地菩萨。屋内用玉竹石板铺地，并在堂屋中间的位置，即全宅风水的"穴眼"处雕花纹，如太极八卦。由于前后屋的高差，需从天井两侧上数级台阶才能进入后一进正屋。前后屋虽有较大的高差但距离却很近，在狭小的天井内，人们还是会养一些常青植物或盆景来点缀有限的空间，体现了人们向往自然的心愿。前后屋形制几乎是完全一样，形成了一个串联式的三间两搭厢住宅，后一进在靠巷道的那一侧厢房处设门，往往是考虑到将来儿子分家（图8-2-34）。

位于村口田中间的"耕读所"是五宝田村独具特色的一幢建筑。其在玉带河的另一侧坐西朝东面向全村，占地面积1000余平方米，建筑面积达700多平方米。由当时萧氏大户人家萧昌秀斥巨资修建。耕读所成了秉承萧氏一族"耕读兴家"祖训的教习场所。耕读所是由砖墙围合，穿斗式木屋架构成的面阔五开间搭两厢房的三合院。主楼（宝凤楼）与厢房均为2层，主楼为歇山顶，厢房东侧山面的屋顶以悬山式挑至围墙外。主楼二层用作教书育人的场所，下层和厢房则用作粮仓、晒楼、牛栏、农具房等。房屋均有木壁板围合而不与砖墙结合，在房屋墙壁与砖墙间形成一些窄的通道，从而保证了内部的流通性和合理的功能分区。耕读所是利用了田埂与水田间的高低差，将大门设在较高地势的田埂之上，位于南边厢房的后方，朝着进村的必经之路。推开耕读所的大门，便是一个下行的玉竹石板楼梯，将人们从二层引到主楼（宝凤楼）一层的后方。可以通过两侧的通道进入屋前的庭院，也可以从厢房里的木楼梯上至二层。宝凤楼二层中央的木质圆门饰有精美花纹并施有彩绘，且向里退进一些，两边做成了八字门形式。耕读所内的窗户以"步步锦"纹的隔栅窗装点全楼，其中以宝凤楼上的最为精美，雕刻细致的团花和卡子尽显细巧高雅。精雕细琢的玉竹石大门之上，用青花细瓷嵌了一幅"三余余三"的牌匾。"三余"即"冬者岁之余、夜者日之余、雨者晴之余"，意思是提醒读书之人要珍惜光阴，倍加努力，学足"三余"；"余三"即"三年之耕而余一年之食，九年之耕而余三年之食"之意，意思是教育后人要勤俭持家，以备饥荒。大门两旁八字门在转角处出挑墀头，并写有王安石的《书湖阴先生壁》中的诗句"一水护田将绿绕，两山排闼送青来"，仿佛正是五宝田村的真实写照。耕读所所处地势独特，造就了其不拘一格的形态，马头墙上飞檐翘角与沿地势而建的院墙产生跌宕跳跃的节奏感（图8-2-35）。

值得一提的是，在五宝田典型的清代南方封火山墙式民居中，还可以看到许多西洋式建筑元素。位于玉带河边上的一座巴洛克风格的门楼十分醒目。其上方反曲线的三角形门楣做法与中式民居的飞檐翘角相互呼应，形成了一种混合的风格。石库门上牌匾内的字迹已不可辨，而其门楣上装饰的西洋钟表画仍隐约看清。可见五宝田这个偏僻的山村也受到了外来文化的影响，可谓偏僻但不封闭（图8-2-36）。

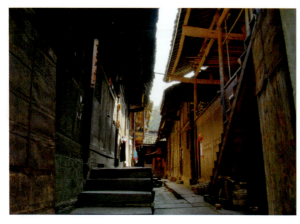

图8-2-34　前后屋关系（李雨薇摄）

图8-2-35 耕读所（李雨薇摄）

图8-2-36 五宝田村中的西洋风格民居（李雨薇摄）

七、道县楼田村

楼田村位于道县县城西约6公里处,属永州市道县清塘镇管辖。根据楼田村《周氏族谱》记载,楼田周氏族人迁居道县楼田村始于北宋太宗太平兴国六年(公元981年),繁衍生息至今已有千余年历史。楼田村又被称为"濂溪故里",这是因为它是宋明理学鼻祖周敦颐的诞生地。周敦颐,原名敦实,字茂叔,宋真宗天禧元年(1017年)出生于楼田村。15岁时因父病逝,随母到京城投靠舅父龙图阁直学士郑向。24岁时出任洪州分宁县主簿,开始了他的仕途生涯,后因吏治彰彰,功德卓著,历任知县、判官、通判、转运判官、提点刑狱公事以及知军等职,他所作的《爱莲说》为世人传颂,其理论思想"濂学"成为湖湘文化的源头,后代学者都尊他为"濂溪周敦颐"。2009年楼田村成为"湖南省廉政文化教育基地",同年也被湖南省建设厅和湖南省文物局列为第二批湖南省省级历史文化名村;2013年濂溪故里古建筑群被国务院公布为第七批全国重点文物保护单位。

楼田村坐落于道山东侧,道山呈南北走向,楼田村民居也由南向北伸展,道山南麓涌出的泉水——圣脉泉自村落最南端汩汩北淌,在村子前方数里地外汇入濂溪河(图8-2-37)。古驿道"广西大道"[①]紧靠流淌的圣脉泉穿村而过。楼田村的民宅就分布在由道山和圣脉泉所构成的巨大的直角三角形地段。明万历年间(1573~1620年),周氏家族开始形成"淳、洛、洙、淇"四大房派,并在三角形地段的中部形成了以上、中、下门楼和各大厅屋为核心的房祠体系,奠定了村落基本空间格局。三大门楼的轴线均与广西大道垂直,在各个门楼前设有前坪,是村落中重要的开放空间。在明代,依托广西大道,村中还形成了一条商业街。村北是周敦颐父亲、兄嫂墓葬的所在地,现已被夹裹在大量的现代民居中。

楼田村的房祠体系一般由门楼、大厅屋和神堂组合而成,其中中门楼和特恩堂为周氏第三十世祖联辉公的嫡长子淳公所建;下门楼和爱莲堂为其次子洛公所有;上门楼和有本堂为其三子洙公、四子淇公共有。门楼建筑平面均为矩形,门楼前带八字墙,前坪呈扇形,地面用卵石铺砌,坪外设弧形排水沟(图8-2-38)。在三大厅屋中,特恩堂为单进天井院落,无中门,两侧对开侧门;爱莲堂中轴上开有正门,由门厅屋、天井、正厅和倒座组成,倒座后面建有五开间神堂;有本堂则与上门楼组合成一个独院,门楼和有本堂之间用天井连接,进入有本堂可走中轴上的正门,也可从两个后侧门直接进入。从三处大厅屋硕大的柱子、敦实的莲形柱础和细腻的大木装饰,可见这些祭祀类建筑用材的考究和工艺的精湛(图8-2-39)。

目前,古村保存下来的古民居数量不多。从仅存的20余户古民居来看,楼田村民居平面多呈中轴

图8-2-37 圣脉泉(柳肃摄)

图8-2-38 下门楼(何峰摄)

对称且内设天井，一般为一进或两进，个别的为三进。按照平面布局，这些民居大致可以分为三类。第一类民居在中轴线上开有大门，天井、堂屋、卧室、厢房等呈较为严格的中轴对称。第二类是在中轴上不设中门，仅从两侧或一侧的侧门出入，各类功能房间沿中轴对称布置，并在天井处做照壁墙，照壁上做堆塑或彩绘，形成院内主要的视觉中心。第三类是不带天井的民居，这类民居建造时代稍晚，有的甚至建于民国年间。古村民居一般为1层，尖山式硬山墙，檐头做出马头垛子，墙面勾缝整洁美观，墙体上方往往开有一些龛形气窗，整个外形简朴内敛（图8-2-40）。

楼田村民居装饰简单但又不乏细节，其中以彩绘最有特色，它往往描绘在外墙檐头和山墙垛头的白色灰浆上，或者在室内天井照壁上，这些彩绘色彩艳丽，构图完整，具有一定的地方特色（图8-2-41）。有的住宅还在大门门楣上题写有宅名，与檐下彩画保持呼应的同时又展现了浓郁的书卷气息。此外，入口门槛和门枕石的石雕刻画生动，题材广泛，如"双龙戏珠"、"喜上眉梢"、"凤戏牡丹"等吉祥图案或麒麟、鹿等珍禽瑞兽为常见的表现内容（图8-2-42）。这些质朴的石雕和艳丽的彩绘相映成趣，给简朴的民居风格平添了许多生动和灵气。

八、溆浦阳雀坡村

阳雀坡村位于湖南省溆浦县横板桥乡株木村，距省道312线2公里，是湖南省省级历史文化名村。根据龙潭王氏族谱记载，清乾隆十九年（1754年），因黄茅园镇湾潭村王家第二十三代祖王守迪病故，

图8-2-39 爱莲堂（柳肃摄）

图8-2-40 "五星列照"民居（何峰摄）

图8-2-41 檐头和垛头彩绘（何峰摄）

图8-2-42 门墩石雕（何峰摄）

图8-2-43 阳雀坡村（李雨薇摄）

年仅29岁，其遗孀冯娥屡遭欺负，便携孤迁居至风水宝地阳雀坡，并定居于此。经过两百多年的发展，几代人的艰难创业，阳雀坡逐渐成为龙潭最有名的村落之一。阳雀坡村现在保存有院落6个，房屋21栋，150余间，古井13眼。总占地面积约5万平方米，沿着200多米的坡地上错落有致地按照等高线排列。全村目前共40余户，近300人，全部为王氏后人（图8-2-43）。

阳雀坡的6个院子早在清道光年间（1821～1850年）就全部建好了。其为典型的清代建造工艺，而又极具地方特点。6个独立合院根据场地及经济条件的不同而各有特色，有条件的可以修建较大的建筑，其平面成"L"或者"U"形，围墙围合的院落也较大，而条件一般的则仅修建一个简单的"一"字形主屋，合院较小，入口为简易的木门楼。建筑均为全木结构，黛青色屋面与青山翠竹融为一体。阳雀坡村的民居中，木屋架的结构形式均为密檩穿斗式。干阑构架住宅的柱枋穿插方便，因此构架的伸缩、

图8-2-44 阳雀坡村民居（李雨薇摄）

重叠、悬挑等方便灵活，且木结构建筑局部底层架空，居住面抬高，对"地无三尺平"的山区地形有很强的适应性。并且也节省了土石方工作量，降低了造价（图8-2-44）。

阳雀坡村民居的最大特点就是其合院的形式。这在周边的古村落中也是少见的。村中大户人家往往会在院落前方加设一个八字形大门，即"八字朝

门"（图8-2-45）。门边的墙体一侧，距离地面1米高左右，会设一个小神龛，当地人称之为"土地屋"，是用来敬奉土地神的。围墙使用较大的麻石块做基础，并采用土砖砌筑墙体，也有大户人家运用青砖空斗砌筑。合院中的建筑一般都是2层。一层是供人居住和从事生产、生活活动的场所，层高略高，约2.1~2.4米。用木间壁围合和分隔空间。二层为阁楼，为储存粮食、杂物的空间。

主屋一般为三到五开间。堂屋位于正中间，作为礼制中心，其上方不能作储藏或住人使用，因此均通高2层。为了获得良好的采光，大门上方的横批窗和两侧的木间壁上方的窗均采用雕刻精美的隔扇窗。大门除了双开门板外，还会在外侧设有一个1米高左右的矮门扇，平日仅关矮门防止鸡鸭等小动物进入屋内。太师壁上设神龛，前置供桌。神龛在大约离地三尺高的位置凹进去。边框做有装饰，或雕刻花样或做方格框。堂屋不仅作为全家的礼仪中心，也是重要的物理中心，厢房位于堂屋两边的次间，偏房分隔成前后两个半空间，前半空间作"火塘屋"，后半间作卧室。火塘屋是阳雀坡村居民的主要起居空间，一般位于次间，较大开间的住宅则可能位于梢间。位于正屋一侧或两侧往往还会修建横屋。有的家族人丁兴旺，横屋一层也用于居住，储藏杂物于二层，也有的作谷仓或将柴火存放于此。横屋屋顶由于一侧伸到了合院的最前方，甚至围墙外，因此相较主屋简单的悬山式屋顶，横屋前段的屋顶会做成歇山式，起翘角度大，曲线优美，造型秀丽。有趣的是，按照礼制来说，歇山形式的屋顶其等级是高于悬山顶的，但在阳雀坡村，我们看到了横屋的屋顶形式高于主屋，这间接地说明民间对于建筑中的等级观念还是很模糊的（图8-2-46、图8-2-47）。

阳雀坡村中均以木构架为结构体系，其主要构建柱、梁、枋、檩等几乎都是露明的。因此在不损坏其在建筑上所起的结构作用的基础上，大都会对这些木构件进行艺术加工。装饰图案从"连年有余"、"龙凤呈祥"等这些具有寓意的场景，到各式动植物和纹

图8-2-45　八字朝门（李雨薇摄）

图8-2-46　阳雀坡村民居组合（李雨薇摄）

图8-2-47　主屋（李雨薇）

路。围墙上的彩绘也十分精彩，配合软花活将大门装点得十分气派。柱础式样也千变万化，从简单的线脚、莲花瓣到复杂的各种鼓形、兽形，无不体现了当时的工艺水准和屋主人的审美情趣（图8-2-48）。

九、新化楼下村

楼下村位于娄底市新化县水车镇，古名"沧溪"。因背倚月形山，梯田层层叠叠仿佛通天楼梯，后改称楼下村。2009年4月成为第二批湖南省省级历史文化名村。楼下村环境清幽秀美，所处地形诸峰罗列，为山地向丘陵平原过渡的区域。沧溪与其小支流从村中穿流而过，村落主要集中在山脚下平地，山坡上仍有部分住户居住，排水充分利用高差而设计（图8-2-49）。

村落以八大院落古宅为核心，辅以地方特色木质民居为主的住宅群，整体较为集中，保存较好。建筑形式为本地特色木板屋与老式砖木结构混合，传统的木板屋占全村总房栋数一半以上。村里现有保存完好的老屋院、庠地院子、月形院、五房院子、南林公院子、香花凼上院子和下院子等54栋古建筑，大多系明清建筑。村内还留存有古樟树寺1座，古樟1株，古井16处，古墓5处，古碑刻6处。古樟树以及樟树寺位于平地与山坡地交接处，为村内公共活动空间，树神传说悠久，祈福活动频繁。

图8-2-48　大门彩绘装饰（李雨薇）

图8-2-49　楼下村村落环境（柳肃摄）

楼下村具有深厚的文化底蕴和本耕重文的优良传统。自古以来，村民善于勤耕苦读，村内有始祖所建"四香书屋"与沧溪古庙（图8-2-50）、千年古樟并称为"沧溪三古"。村内建筑雕刻艺术精美，石雕技术尤为精湛。题材选择丰富，风格清秀（图8-2-51）。

板屋曾是娄底市新化县最常见的传统民居形式，也是楼下村的建筑特色之一。板屋为纯木框架式结构，屋顶的瓦脊装饰像牛角，外表大气稳重、内饰精美；房屋可以整体搬迁。板屋的外墙中间镶嵌有白色方框墙壁，白墙一般宽1米，长1.5米左右，由竹片织成。竹子采集简单，重量比木料要轻。制作时在竹片外边刷上石灰，再涂上稀泥，就成了一面白墙。既省材美观，又满足古时居民避邪祈福、驱赶妖魔的心理要求（图8-2-52）。

十、新田黑砠岭村

黑砠岭村地处永州市新田县城西南方向，距县城大约20公里。据《龙氏宗谱》记载，古村村民都是东汉刘秀时期零陵郡太守龙伯高的后裔，其始祖

图8-2-50 沧溪古庙（柳肃摄）

图8-2-51 石柱础（娄底市住房和城乡建设局提供）

图8-2-52 具有本地特色的板屋（柳肃摄）

图8-2-53 半月塘（柳肃摄）

图8-2-54 大院入口门楼（柳肃摄）

龙自修作为龙伯高的守墓人，大约在宋神宗元丰年间（1078~1085年）从零陵迁徙而来，至今有900多年的历史，因此古村又称为龙家大院。龙家大院发展于明末清初，定型于清道光年间（1821~1850年）。2009年该村获得第二批湖南省历史文化名村殊荣；2013年龙家大院被公布为第七批全国重点文物保护单位。

古村坐西南朝东北，坐落于大冠岭山脉深处的山坳间，三面环山，村左是龙山，村右是黑砠岭，又称虎岭，村前有一座大约三亩的荷塘，塘为半月形。月塘的四周全用青方石围砌，月塘里有一个消水口，与塘下的阴河相通（图8-2-53）。村中保留有古树118株，树龄300~1000年不等。"村连幽径拖青黛，门瞰群山拥翠微"正是古村幽雅环境的真实写照。

古村现存明清古民居60余栋，这些建筑犹如一把打开的折扇，即以月塘为中心，以各族房屋之间的纵巷为扇骨，各栋民居犹如扇面在月塘后徐徐展开。虽然古民居群的规模较大，但要进入大院内部必须要通过门楼。门楼处于月塘西北侧，它高达10余米，造型宏伟古朴，门楼两侧青砖院墙上留有多处一寸见方的洞口，是用来防御外敌的（图8-2-54）。走进门楼里，便是如同迷宫般的幽深巷道和古朴大气的民居群。每栋民居都由门房、堂屋、天井、厢房等组成，中轴对称，布局严谨，两侧人字形马头墙在前后檐处做出优美流畅的弧线（图8-2-55）。

古村民居的木雕石刻大多造型生动、繁简得当，给人以清晰雅致、寓意深远的总体印象，其雕刻题材大多为祥禽瑞兽，花草树木，体现了龙氏族人喜爱自然、尊重自然，追求人与自然和谐的崇高境界（图8-2-56、图8-2-57）。不仅如此，古民居的墙头彩绘也很有特色，其题材有日神、月神、福字、葫芦、兵书宝剑等，其构图手法往往是以粉壁为底，上绘倒垂蝙蝠，下绘祥云，中间绘制需要表现的各类题材内容。由于彩绘面积都在4平方米以上，很远可见，因此为龙家大院增添了不少生机。

古民居大门上的对联和堂名充分体现了龙家大院的文化特色。大院目前现存古对联128幅。这些古对联是用墨宝书写在大门两侧的高墙上，字体娟秀飘逸，对仗工整，含义质朴恬淡。此外，龙家大院的客厅和堂屋的门额上，多运用楷书大字写上堂名，如"得趣庐"、"舍和"、"含珠"、"景运"、"蟠龙"等，张扬着屋主人的个性或寄托着屋主人的志向（图8-2-58）。

图8-2-55 古民居群马头墙（柳肃摄）

图8-2-56 窗棂木雕（柳肃摄）

图8-2-57 门簪木雕（柳肃摄）

十一、新田谈文溪村

谈文溪古村位于永州市新田县三井乡境内。古村现存清代门楼和公祠各一座，明清古民居数栋，青石板古官道穿村而过，明清石碑数十块，其中有块清嘉庆年间（1796~1820年）的古碑，上面刻着："余族坊名谈文喜（溪），自明初之际，始祖富公由深圳坊卜迁于兹地"。可见古村始祖从深圳迁徙而来，卜居此地繁衍生息已有600余年历史。

古村坐北朝南偏东，村后是后龙山，村西为白砠岭，村东北是青龙山，村前有广阔田洞，一条小河从田洞中蜿蜒而过，与一条源自后龙山洞泉眼的人工水渠构成"回环若带"的二水环抱格局。此外，村前有消防水塘，村左和村后有荷塘，村右有泉水。明代贵州御史、谈文溪村人郑才曾这样描述自己的家乡："青山云外深，白屋烟中出。双

图8-2-58 古民居堂名和对联（柳肃摄）

溪左右环，群木高下密。曲径如弯弓，连墙若比栉……"，向人们展示了一幅古村美景长卷图。

在古村东南建有门楼一座，这是郑氏族人进入村子的主要通口（图8-2-59）。绕过门楼后的影壁，只见屋舍俨然，气势磅礴。其中，在影壁右廊

图8-2-59 入村门楼（柳肃摄）

图8-2-60 祠堂戏台（柳肃摄）

图8-2-61 古民居外形（柳肃摄）

图8-2-62 天然奇石（柳肃摄）

道的首要位置上，坐落着一座翼角飞檐、体量宏大的古建筑，即郑氏宗祠，又名为"文溪家庙"，它建于清道光年间，为两进两厢砖木结构，前为大门和戏台，中为天井，后为正殿，其中戏台位于大门后，面向正殿，呈殿宇式，雕龙刻凤，装饰极为华丽精美（图8-2-60）。家庙的后面，便是古民居群中最为宽敞的一条主干道，即中心街。它横贯东西，南北各连接四条纵巷，并与东西展延的八条横巷一起，构成了古村的经纬轴线，古民居群就分布在这些经纬轴线之间。

与周边村落"天井堂厢式"平面格局不同的是，古村民居多采用了一进三开间的平面形式，即中为堂屋，两侧为厢房和卧室，内部不设天井。这类民居进深小，开间大，虽然没有设天井，但前街后巷为居室提供了足够的光线，室内依然明亮而无闭塞昏暗之感。然而，民居的外形仍然具有湘南民居的普遍特点，即青砖黛瓦，人字形或三级跌落式马头墙在两端微微上弯，给人以展翅欲飞的动感；部分窗户和大门上方做有窗罩或门罩，并饰以彩绘和书法，等等（图8-2-61）。

谈文溪古村落有关农耕文明的历史遗存极其丰富，如木制曲犁耙、水车、斗笠、烧酒用的"过江笼"等，然而最令人称奇的是"文溪八景"之"笋蠹云根"。据《文溪家谱》可证，石笋原来是天然奇石，其形若指，中间有竹形节（图8-2-62），村里人称之"生命之根"。此外，在一户旧宅堂屋遗址上，有石头凿成的一龟一鳖，其中海龟似自东南潜游而来，土鳖则自东北回首与海龟相对，名曰"灵龟化石"（图8-2-63）。不仅如此，在文溪家庙的戏台屏风背后，曾发现了一古老的剧目单，详细记载了清代至民国时期不同的剧团来古村表演的曲目，有些甚至排了十几天的演出日程，不仅反映了

图8-2-63 灵龟石雕（柳肃摄）

图8-2-64 古巷道（李旭摄）

古代农村文化生活的繁荣，而且对研究地方戏剧史具有重要的意义。2009年，谈文溪村获"湖南省历史文化名村"称号，2011年，该村古建筑群被公布为湖南省文物保护单位。

十二、常宁中田村

中田村位于衡阳常宁市庙前镇西南端，始建于明永乐二年（1404年），清代中期渐成规模，虽然历经数百年的风雨剥蚀，目前仍保留了从康熙四十八年（1709年）到民国时期的旧宅100多幢，天井200多个，巷道108条，建筑面积达14000平方米，是湖南省内保存较为完好的、规模较大的古村落之一，其古建筑群和古村相继获得湖南省重点文物保护单位、湖南省省级历史文化名村和首批中国传统村落殊荣（图8-2-64）。

古村东邻井铜岭，南靠翠微峰，北与古金龙岩遥遥相望，自然风光极其秀美。进入古村，远远望去，只见古民居群前的月光塘波光粼粼，村后的翠微峰绿树婆娑，数百年来古村坐南朝北静卧在这青山绿水之中。月光塘是一口人工开挖的半圆形水塘，它始建于清乾隆元年（1736年），面积数亩，半圆直径达27.6米，四周铺满青石板，共计288块。月光塘后是布局严整的古民居群，它们横向平行于月光塘的直径整齐地向两侧延伸，纵向则随着地势的微微升起向后推进，因此整体上形成了依山临水、层层叠叠、错落有致的古村景观。

中田村古民居群全为砖木结构，下以石奠基，中部以青砖砌墙，上覆小青瓦。由于这些民居大多无檐无廊，山墙基本上采用了个性不张扬的人字形封火山墙，加上门窗面积在外立面上所比例较小，因此给人以气势恢宏、防守严阵的视觉感受（图8-2-65）。在古民居群中有一栋建筑非常显眼，它矗立在古民居群第一排且正对月光塘中轴线的位置，是一栋与古民居群风格迥异的现代建筑。它建立于20世纪50年代，而立面三段式构图使其凸显着近代建筑的风格，但是青砖青瓦的建筑材料和传统的门窗造型使得该建筑不仅没有破坏古民居群的整体协调，反而给整齐划一的古民居群外立面带来一组跃动的音符（图8-2-66）。

中田古村发展最兴旺的时候有800余户，且多

图8-2-65 古民居(李旭摄)

图8-2-66 古民居群与月光塘(李旭摄)

为李姓。然而，随着交通条件的改善，人民生活水平的提升和文化观念的更新，大多数居民逐渐搬离了中田村，只剩下这些布局考究、建造宏伟、装饰精美的古民居群无声地诉说着古村昔日的辉煌。

十三、江华宝镜村

宝镜村地处江华瑶族自治县大圩镇的中部，湘粤桂三省区结合部，323省道旁。据宝镜《何氏族谱》记载，宝镜何氏先祖何应棋，于清顺治七年（1650年）由道州溯沱水、冯河而上，卜居宝镜，繁衍生息，迄今已有360余年历史，后嗣传至第十八代，有人口近千。目前，宝镜村为第三批湖南省省级历史文化名村和江华瑶族自治县新农村建设工作重点示范村。

据《江华瑶族自治县地名录》记载，得名为"宝镜"是因"村前有田峒，有一井塘水清如镜，可食饮，又能灌田，故名宝镜。"宝镜村的环境之美不仅是村前有一湾溪水似玉带自南往北绕村而过，而且村后群峰叠翠，数座山峰首尾相接，好似一条巨龙。宝镜村就这样数百年来坐东朝西静伏于"龙头"位置（图8-2-67）。

宝镜古民居群占地80余亩，自北向南依次为围姊地、大新屋、下新屋、老堂屋和新屋。所有民居均为砖木结构；院内屋舍整齐，雕梁画栋；院外古木参天，幽静深远，可谓是建筑与环境相互映衬，相得益彰。在古民居群正前方为一个"八"字形门楼，门楼前为数级石阶和一半圆形石质"月台"（图8-2-68）。进入八字门楼，其左侧是武书房，右侧是文书房。经二门楼进入右边门楼，便是宝镜最有代表性的、规模最为庞大的古民居——"新屋"。该民居是第九代、第十代育栗、步月、步廷父子三进士修建，其堂屋由下堂屋、中堂屋和上堂屋三部分构成，每个堂屋各有天井三个，即由三堂九井十八厅组成，共108间房，俗称"三堂九井十八厅，走马吊楼日晒西"，是清代湘南古民居建筑的杰出代表（图8-2-69、图8-2-70）。这里的走马吊楼是指八字门楼南侧的船形走马吊楼，该建筑长80米，宽10米，高2层，上层为18间长工房，下层有9间马厩，江南画舫式造型和较大的体量使得该建筑成为宝镜村外立面的视觉焦点。

古村重视防御，这不仅是在村落内部的各大巷道口及房屋主要通道处都设有门，而且在村庄外围建有围墙，村后临山处还建有一幢3层10米多高炮楼——"明远楼"，与不远处的两座瞭望台遥相呼应，共同来防御外敌。

在宝镜村，能充分显示古代工匠精湛技艺的当属保存完好的木雕和石刻，从门当到户对，从门窗到椽梁，都有精美的雕刻饰件，其手法有圆雕、浮雕和镂空等多种形式，题材多取材于天然山水、花卉、禽兽、虫鱼和各种传统吉祥图案，如"喜上眉（梅）梢"、"麒麟送子"、"福（蝠）禄（鹿）双全"、"欢（獾）天喜地"、"一路连（莲）科"等，体现了我国民间社会传统价值观念和审美情趣

图8-2-67 宝镜村全貌（柳肃摄）

图8-2-68 "八"字形门楼（柳肃摄）

图8-2-69 堂屋（柳肃摄）

图8-2-70 天井（柳肃摄）

图8-2-71 木雕牵枋（柳肃摄）

（图8-2-71）。不仅如此，在宝镜古民居群中，还出现了以狗为题材的雕刻图案，这是因为狗是瑶族祖先盘瓠的原形。这种汉文化图案与体现瑶文化图案并存的现象，真实记载了宝镜汉瑶文化交互融合的人文景观，具有较高的艺术价值和科学研究价值。

十四、通道芋头村

位于湖南省通道县侗族自治州双江镇的芋头村，地处湘、黔、桂交界处，雪峰山西南余脉中，海拔在560～1100米之间，最高的芋头界海拔达到1142米。根据《通道县志》中所述，芋头村先祖杨华龙与杨文龙兄弟二人于明洪武年间（1368～1398年），从江西太和县一带迁出，经过青、衡二州后抵达靖州，再沿河而上抵达通道并定居芋头界。历经明清两代续建，形成今天的规模。从芋头村的平面来看，建筑沿由北向南穿寨而过的芋头溪分布，呈南北长、东西窄的长条形，全寨共占地11.6万平方米，近200户人家均为侗族。

侗族建筑无论是建筑形式之多还是建筑的精巧度，在中国少数民族中都可以说是数一数二的。芋头村中门楼、鼓楼、戏台、会馆、中步桥、中步井井亭及普通民居都无不带着典型的南侗少数民族建筑风格。由于保存完好，具有较强的历史、文化和艺术价值，芋头村于2001年被国务院公布为全国第五批重点文物保护单位（图8-2-72）。

与大多数侗寨一样，芋头村藏于山间，山多田少，故民居都尽量靠山而建，并依据地形，通过垒砌麻石块作为山体基础的补充使住宅尽量获得傍水当阳的好位置。50多栋民居鳞次栉比，强调聚族而居。芋头村传统民居为3层干阑式杉木结构建筑，将房屋底层架空一是为了适应湘西南山区炎热潮湿的环境及防蛇虫滋扰；另外侗族与许多少数民族一样有利用架空的底层储备柴火、杂物等或者喂养牲畜的习惯。二层则用于生活起居。三层一般仅用作堆放杂物或风干晾晒等用场，但若家中人口较多也会将该层作为生活场所（图8-2-73）。

芋头村的典型民居是由四榀五柱穿斗式屋架构成的三间3层木屋。然而因为没有汉人严格的住宅形制要求，主要根据每家的需求而定，因而也有三榀或五榀屋架组成的偶数开间木屋。屋顶为青瓦屋面的悬山顶，正脊用小青瓦从中间向两侧斜砌而成，并于两端起翘，与白色的封檐板和露出的梯形灰埂

图8-2-72　通道芋头村（高雪雪摄）

图8-2-73　芋头村民居依山而建（李雨薇摄）

相协调。房屋正面二层向外挑出一步单坡屋顶，房屋三层两侧的山面也会各挑出一步或两步飘檐形成檐廊。与汉族人的习惯不同，芋头村的侗民将交通空间放在了屋外，入口会根据地形由住宅一侧或正面的小楼梯将人直接引到二层和三层。正面和侧面的单坡屋顶则为这些空间起到了雨篷的作用。上到二层后看到的是一个开放式的宽廊，为整个家庭平日里主要的活动空间。这个长廊一侧是对外完全开敞的，另一侧在明间处向内凹进去，形成了一个类似于我们的堂屋一样的大空间。该类似汉字"丁"一样的空间被人们称作"丁廊"。受到汉人习俗的影响，芋头村的侗民也会在堂屋中供奉"天地君亲师"的神主。卧室、厨房、火塘等生活主要用房分布在这个丁廊凹进去空间的左右两侧和后侧。但现在越来越多的村民将丁廊封起来以更好地维持室内环境和提高私密性（图8-2-74～图8-2-76）。

整个芋头村的民居都是利用自产的杉木而建造的，依山傍水与自然充分融合。民居的形态构成主要考虑的是其实用需要，因此几乎没有太多的装饰而呈现了一种原始自然的质朴美。而对于他们的公共建筑则是精雕细琢。芋头村中现保留有四座鼓楼，最高的9层密檐攒尖鼓楼——芦笙鼓楼最为精美，同时表明了其在村中至高的地位。侗族人认

图8-2-74 芋头村典型民居1（李雨薇摄）

图8-2-75 芋头村典型民居2（李雨薇摄）

笙楼底层呈亭状，中间有四块条石围合的火塘，四周设有长条木凳和栏杆，供人休息和议事时使用。鼓楼中并没有"主位"一说，相比起汉人严格的等级制度，侗族人所形成的"侗款"文化更讲究的是尊崇全体族人的共识，即村规民约。因此鼓楼作为这样一种文化的标志，村民会将鼓楼点缀得明艳多彩，是表现了侗族丰富的文化内涵与高超的建筑技艺（图8-2-77）。

十五、江永兰溪村

兰溪勾蓝瑶族村地处永州江永县城西南35公里处，与广西富川瑶族自治县交界。据《勾蓝瑶人文志》记载："溯余兰溪，自汉魏始居，经隋唐至元宋，有梅山、千家峒、青州、吉安等地各姓瑶民陆续入迁。"明初以前，他们或为生瑶，或为流民，不入户籍，不服王化，直至明洪武二十九年（1396年）受朝廷招安，敕封勾蓝瑶为永邑"四大民瑶"之一，并正式编籍入册。自此兰溪勾蓝瑶寨在行政上成为相对独立的瑶族聚居区。据清乾隆二十二年（1757年）碑刻记载，"勾蓝"二字的来由是因为"祖昔居万山中，山勾联透，溪水伏流，色蓝于靛，是为勾蓝"。目前，兰溪村由上村、黄村和下村三个勾蓝瑶古村组成，占地大约6平方公里，村里居住有蒋、欧阳、黄、何等13姓，均系勾蓝瑶，人口2900多人。该村历经千余年的不断建造，留存了大

图8-2-76 芋头村典型民居3（李雨薇摄）

为，有了鼓楼，村寨就会兴旺，也是族人团结的象征。芦笙楼就是在全村集体的资助下，建于清道光九年（1829年），为穿斗式木结构，上面4层为八角，下面5层为四角，翘檐塑有的图案各层不同，第一层为龙，第二层为凤，第九层为芦笙，而其余的则是各式花卉，封檐板上也绘有精美的彩画。芦

图8-2-77 芦笙楼（高雪雪摄）

量精美的建筑，并形成了独特的聚落形态，动态地记录了勾蓝瑶的兴盛衰败，堪称是一部瑶族文化的"活史书"。

兰溪整个村落的布局呈龟形坐落于群山环抱之中，三个自然村则呈三角形安坐在龟背上，各村相距不到1公里，四周的高山形成一道防御外来入侵的大然屏障。受朝廷招安后，为把手关隘，勾蓝瑶先民们在山与山的隘口处都建有石寨墙，并设有坚固的寨门，共计达9座之多，总长达2000余米，至今尚存近千米（图8-2-78）。其中，东、西两个方位为全村最主要的两个隘口，这是因为明清时期，兰溪村东是通往广西的重要关隘，村西是通往新桥，连接江永县城的重要通道，也是兰溪村的正大门。

兰溪村是典型的多姓血缘聚居村落。各族均以各自门楼和宗祠为中心聚族而居，形成各个小组团。其中，下村及黄村南北向的河流与街巷将各个小组团串成一个有机整体；上村则是东西向的道路

图8-2-78 古寨门（柳肃摄）

将各个小组团串成不规则的线型聚落群体。在各个小组团周边或外围分布着各类公共建筑。在各个组团内部，住宅则沿着街道和巷道向后顺势延伸布置，从而形成以血缘为主脉的居住格局。

兰溪村的公共建筑种类繁多，功能各异，且保

留有较为明显的瑶寨特色。据记载，自唐以来，这里先后共建有5座戏台和66座寺庙，分别为四十七庙、八庵、五寺、三阁、二观、一宫。目前，保存较为完好的还有17座，如盘王庙、相公庙、老虎庙、关公庙、回龙阁、龙泉观等。其中，盘王庙是纪念瑶族始祖盘瓠的庙宇，它始建于后汉乾祐元年（公元948年），后陆续重修。据雍正九年（1731年）重建盘王庙碑文记载："勾蓝源之祭祀，盘王也，犹未旧矣，其间从始创而重建不知凡几更矣……"。庙门为歇山顶门楼形制，庙内有大雄宝殿、厢房、膳房、天井等。清乾隆二十二年（1757年）在正殿和门厅之间增建戏台。整座庙纵深达46米，宽约20米，面积达960平方米，是兰溪规模最大的庙宇。此外，守夜屋、关厢、门楼、祠堂、商铺、石桥、水井、风雨桥、凉亭、庄屋、私塾等公共建筑在兰溪村也极为常见，其中造型较为独特的当属风雨桥和凉亭（图8-2-79、图8-2-80）。如下村村口风雨桥——培元桥始建于清光绪二十二年（1896年），桥长13米，宽6米，亭长5.6米。该桥两端二阶叠落式封火山墙和廊桥上高高耸起的歇山屋顶，在桥下清澈如镜的溪水和四周峰峦叠翠的青山的映衬下格外显得典雅秀丽，古朴自然。又如上村村口的石鼓登凉亭为3层木构架，由16根直径为30厘米以上的木柱与雕花梁枋架接而成，木柱下面布置青石雕花石柱础，门楼内设有木凳供人歇息。该凉亭以挺拔高耸的体量和重檐叠角的独特造型成为上村的视觉中心，并与亭前的蒲鲤井、溪流、古树构成了兰溪"八景"之一的最具有代表性的"蒲鲤生井"景观（图8-2-81）。由此可见，兰溪勾蓝瑶族村的公共建筑大多古朴典雅，坚固美观，并根据与居民生活的紧密程度和具体功能差异，或分布于小组团内部，或守护在交通要道上，或分布于村的外缘且靠近山脚环境清幽之地，共同构成了村落重要的空间节点、人文景观和生活场所。

兰溪村至今保留有明清古民居近百栋。从这些遗存的传统民居来看，勾蓝瑶族村民们在摆脱传统的瑶族生活环境和生活方式后，在汉族居住文化的影响下，其平面形制、民居风格以及建筑选材上都表现出汉化的特征。首先从平面形制来看，有的民居延续了传统瑶族民居中面阔三间、高为2层、堂屋后方为楼梯间的木构建筑的遗风，有的则采用了汉族民居中常见的天井院落式平面形制，即中轴上

图8-2-79 村中风雨桥（郭宁摄）

图8-2-80 门楼与守夜屋（郭宁摄）

为天井、堂屋等，两侧对称布置有厢房的平面格局。其次从民居风格来看，传统瑶族民居堂屋两侧的正房二层会向前挑出一个木构阳台，但在兰溪村中的民居中尚未发现有这样的设计，反倒是民居上的马头墙或金字山墙及其白色灰浆、龛形气窗及其窗罩等建筑符号，使得这些民居与相邻的汉族村落——上甘棠村的民居风格有更多的相似之处。最后，从建筑选材来看，兰溪村民居舍弃了全木结构，而是选用了砖木结构，在民居基脚或柱础处则选用坚固的石材，与湘南汉族民居的用材如出一辙（图8-2-82）。

与湘南汉族民居类似，木刻泥塑、石雕彩绘等

图8-2-81　上村村口与石鼓登凉亭（李雨薇摄）

图8-2-82　古民居（李雨薇摄）

在兰溪勾蓝瑶寨民居的装饰中都有体现，其装饰部位大多集中在建筑的门、窗、梁枋、雀替、栏板和柱础等处，题材偏重于花鸟鱼虫兽等自然题材，如莲花、梅花、竹子、牡丹、鹤、凤凰、蝙蝠、鱼、喜鹊等，体现了兰溪瑶胞与世无争，与大自然和谐相处的价值理念（图8-2-83）。

十六、双牌岁圆楼

岁圆楼位于双牌县理家坪乡坦田村。据族谱记载，坦田村由宋大理寺评事何守琮于北宋大中祥符初（1008年）创基以来，繁衍至今已达48代，现古村居住有何氏族人300余户1200多人，并始终保持为一姓之村。古村现存清代以前的连片古建筑群面积达一百多亩，古建筑200多座，较完好地保存了大量宋元明清各个时期的古建筑、古遗址。

坦田村最具代表性的古民居群——岁圆楼始建于清道光十六年（1836年），历时四载于1840年建成，由坦田村人何贤寿规划建设，是湘南清代民居的杰出代表。岁圆楼建筑群包括"六如第"、"二润庄"、"四玉腾飞"（该座庭院为何贤寿四子何昌智所建）、福清馆（迎宾楼）、水塘、拴马桩、碾房等组成部分。三大主体建筑"二润庄"、"六如第"、"四玉腾飞"均坐西朝东，背靠后龙山，面向坦水和马山，且依次从南至北整齐排列。由于每栋建筑包括上、中、下三座，因此岁圆楼的三大主体建筑是按照"九宫飞星"的风水理念呈正方形布局的，即三纵三排共九栋63间。每座建筑均由堂屋、天井、卧室、厢房组成，即呈典型的天井堂厢式布局，其中中间为大堂屋，左右各有前后两个卧室，堂屋前设天井，天井两边设置有厢房。天井用大方块青石铺就，四周有青石砌成的深宽各约1尺的排水沟（图8-2-84）。主体建筑外围砌筑有青砖围墙，围墙四角侧翼各开门一扇（图8-2-85）。三栋庭院之间及庭院与围墙之间均设有宽仅约1.5米的青石板巷道，每栋庭院两侧均设置了侧门与巷道相通，开门四通八达，关门则自成一体。山墙上高高耸立的马头墙除了丰富建筑外观外，还具有防火的功能。

图8-2-83 梁架木雕（郭宁摄）

图8-2-84 岁圆楼天井（何峰摄）

图8-2-85 院墙与门洞（何峰摄）

岁圆楼三座主体建筑的大门均采用了木质门楼（图8-2-86）。门楼檐下木作雕刻都异常精美，特别是斜撑上采用圆雕手法雕刻而成的护院瑞兽狮子须毛乍起，双目圆睁，口吐长舌，真是威武庄严、栩栩如生（图8-2-87）。此外，大门的门墩、门槛、门梁、柱础等的石刻浮雕题材丰富，花鸟虫鱼、鹿狮百牲，无不惟妙惟肖。不仅如此，"二润庄"、"六如第"门柱上的"廉泉让水，义路礼门"和"马山萃秀，坦水流祥"两幅石刻楷书对联，书法飘逸俊秀，边饰美观大方，虽寥寥数字却寓意深刻，既高度概括了坦田的自然地理风貌，又凸显了主人崇尚儒家礼义廉耻的道德思想。

岁圆楼的室内装饰也精彩纷呈，站在天井或堂前四顾仰望，但见梁枋、挑檐、柱头、屏风、门扇、楣窗、廊壁、花牙子等处都有精美木雕，汇集了圆雕、通雕、浮雕、阴刻等多种雕刻技法，内容涵盖了草木植物、花鸟虫兽、文房四宝、八仙法器、山水亭阁、几何纹饰等。其中又以造型奇特、纹饰繁缛、手法细腻的各个挑头给人以深刻的印象（图8-2-88）。这些构思独特、寓意深远、内涵丰富的雕刻作品，凸显了古村源远流长的儒家道德思想和湖湘文化印记，是不可多得的艺术珍品。

2010年，坦田村被公布为第五批中国历史文化名村；2013年岁圆楼古建筑群被公布为第七批全国重点文物保护单位。

十七、衡东罗荣桓故居

罗荣桓故居坐落于衡东县荣桓镇南湾村的南湾街。该建筑始建于民国3年（1914年），是罗荣桓元帅的父亲罗国理为纪念第十二代先祖异三公倡建的族祠，因此罗荣桓故居又名异公享祠（图8-2-89）。

故居坐西朝东，占地700多平方米，建筑面积540平方米，砖木结构，为三进四厢、中轴对称的平面格局，其中，中轴上依次排列着前厅、堂屋和神屋，右厢房布置有罗荣桓父母卧房、祖母卧房、罗荣桓的卧房、火炉屋、永隆杂货铺等，左厢房布置有客厅、书房、习武房、永隆花铺等。

图8-2-86 二润庄门楼（柳肃摄）

图8-2-87 门楼斜撑（何峰摄）

图8-2-88 精美的挑头（柳肃摄）

图8-2-89 故居外观（李雨薇摄）

故居外形简洁庄重，但装饰中不乏细节。从正立面来看，两根朱漆柱子将正屋前廊划分为三间，明间和次间横梁上雕有人物、花鸟等精美图案。大门上方悬挂着"罗荣桓故居"匾额，四周运用泥塑和彩绘的方式装饰有"二龙戏珠"、"麒麟抛球"等图案。不仅如此，两侧厢房外立面也运用泥塑和彩绘装饰有"文王访贤"、"桃园结义"、"徐策跑城"、"王祥卧冰"等历史人物和故事，以示"忠信孝悌"之族规家训。从侧立面来看，正屋和厢房高低错落的屋檐挑角，给整栋建筑赋予了流动的节奏感（图8-2-90）；硬山金字顶两侧微微上弯的马头垛子，曲线流畅，又给故居平添了几丝生动（图8-2-91）。

罗荣桓（1902—1963），原名罗慎镇，字雅怀，清光绪二十八年（1902年）诞生于南湾旗杆屋场新大屋，3岁时全家搬到南湾街上，12岁那年迁入异公享祠。民国10年（1921年），他在家乡办起农民夜校，民国15年（1926年）又在家乡从事农民运动，组织"衡山梦字九区农民协会"。1927年春离开南湾村，参加鄂南暴动，继而参加秋收起义，从此一直在军队中从事政治领导工作。1955年被授予元帅军衔。1983年10月，湖南省人民政府将故居列为湖南省重点文物保护单位，1985年全面维修后对外开放。1995年5月，中共湖南省委宣传部公布为

图8-2-90 罗荣桓故居侧面（李雨薇摄）

湖南省爱国主义教育基地。2002年，为了纪念罗荣桓元帅诞辰一百周年，中共衡东县委和衡东县人民政府再次对故居进行了全面维修。

十八、双峰富厚堂（曾国藩故居）

富厚堂又名"毅勇侯第"，是清代著名军事家、政治家曾国藩的侯府，位于娄底市双峰县荷叶乡富托村。始建于清同治四年（1865年），前后历经九年多的时间，于清光绪元年（1875年）完工。全宅占地60余亩，建筑面积1万余平方米。2006年被国务院列为全国重点文物保护单位（图8-2-92）。

富厚堂所处环境为背枕鳌山，面临月塘，依山面水，藏风聚气。主体建筑为土石砖木结构，规模宏大，坐西朝东，灰墙黛瓦，庄重肃穆，具有宋、明回廊式古建筑群的风格。富厚堂由毅勇侯第前门、宅东门、宅西门、全宅围墙、宅南求阙斋和归朴斋藏书楼、宅北芳记书楼、八本堂、思云馆、缉园十景等组成。

整个建筑集北方四合院、江南园林、湖南传统民居于一体，沿中轴线对称，宅第等主体部分房屋由三正六横组成。三正分别为门厅、前正厅、后正厅，六横即南北正房、厢房和书斋等。门厅与前正厅之间有一块面积800多平方米的大坪，四面回廊环绕。大坪正中有一条花岗条石砌筑的迈道，长12米，宽2.25米，气势恢宏（图8-2-93、图8-2-94）。

富厚堂虽是侯府规格，但建筑风格朴素，绝不张扬奢华。台基、柱础、道路等均以灰白花岗石建造；楼基、墙角以麻石砌筑；外墙则用打磨过的青砖平砌。所有青砖尺寸统一，均厚3寸、宽6寸，长9寸。楼内色彩淡雅，装饰朴素。门楼前既没有石狮，也未对门枕石做过多修饰，显示出主人内敛低调、追求典雅清新之美的性格。

富厚堂的精华所在，应数它的藏书楼。求阙斋、归朴斋、艺芳馆和思云馆四座藏书楼，飞檐重叠，防虫、防潮、防火、采光功能齐全，体现了我国近代藏书楼建筑的高超艺术。其藏书曾达30多万卷，超过近代史上著名的四大藏书楼，是我国近代私人藏书第一楼（图8-2-95）。

曾国藩藏书楼位于侯府大宅院的南边，面积2000多平方米。藏书楼为南北两栋，南栋分"公记书楼"和"朴记书楼"。"公记书楼"面积最大，为主人曾国藩收藏文书档案和书籍之所在。"朴记书楼"为曾国藩大公子曾纪泽所用。

藏书楼为3层砖木结构，楼内每层立有12根大木

图8-2-91　马头垛子与泥塑（李雨薇摄）

图8-2-92　富厚堂前门（柳肃摄）

图8-2-93　迈道（柳肃摄）

图8-2-94 前正厅八本堂（柳肃摄）

图8-2-95 藏书楼（柳肃摄）

柱。底层空间较高，墙身以花岗石砌筑以防止白蚁侵蚀，且不作藏书之用；二层用于收藏文书档案及书籍资料，南北各有三个窗户；四周设走廊，可用来晒书；三层窗户设计独特，三面1米以上处为全窗式，窗户为双层，外层为支摘窗，内层为活动木板窗，窗户可全部打开以通风防潮，也可扣上以挡雨。南面有门直通往外走廊，外走廊用来晒档案、晒书籍。楼内用于书籍上下运送的是一个贯通各层的两三平方米的洞，梁上安有滑轮，以竹篓装书，实用且方便。

富厚堂也是我国目前绝无仅有的仿学宫风格建造的侯府园林，包括"缉园十景"与后山的鸟鹤楼和荷花池中的凝芳榭等5座亭阁。富厚堂入口处半月形荷塘即仿古时学宫泮池而建。园林中叠山理水，长廊环绕，房前屋后大量种植柏树、翠竹与荷花，与堂内大量的内匾和对联相映生辉，使整个建筑充满诗情画意和人文气息。

十九、浏阳谭嗣同故居

谭嗣同故居位于浏阳市北正路98号，始建于明末，原为周姓祠堂，后由谭嗣同的祖父谭学琴买下作为私第。历经多番修建，形成了晚清庭院式民居建筑群落。清咸丰九年（1859年），谭嗣同的父亲谭继洵中进士，官至湖北巡抚兼湖广总督。因其官阶显赫，奉旨将其宅敕封为"大夫第官邸"，简称"大夫第"。故居原占地面积万余平方米，主体建筑占地2000余平方米。城市更新改造的进程中，故居又遭受到多次大的损害，北面、南面的建筑和门楼在1994年浏阳市旧城改造中被拆除，南面房产部分于2000年被拆除。因此现存老建筑占地面积仅约780平方米，大小只有原来的1/3，但值得庆幸的是建筑主体结构仍保存完整，于1998年得以修复并对外开放。

故居前栋毗邻城市街道，坐西南朝东北，为我国传统的砖木结构。建筑群落为两进院布局，面阔五开间，进深两开间，东建园囿，西北设庭院，中堂与后堂间设歇山顶过厅，两厢设置亭榭、楼阁（图8-2-96）。建筑主体材料采用青砖青瓦，两层硬山双坡屋顶形制，屋面坡度平缓，出檐深远，造型大气。实用方面适应南方地区地理气候特点，同时兼顾追求建筑美的艺术。两侧封火墙曲线流畅生动，色调清丽明快，颇具江南庭院式民居古韵（图8-2-97）。建筑群严谨的布局中透着秩序感和层次感，雄健堂皇中充盈着书香门第的气息。建筑与主人的身份、性格与气度完美契合，彰显着主人的社会地位。

图8-2-96 谭嗣同故居庭院（张星照摄）

图8-2-98 中厅木雕（张星照摄）

图8-2-97 封火墙（张星照摄）

"大夫第"建筑装饰精美，细部处理精湛。屋顶的每一根梁架、每一个斗栱以及雀替，均有丰富的雕饰图案，其线条之流畅，木雕工艺之精美（图8-2-98），实属我国南方现存民居之少见。正厅每扇屏门上部均采用双面镂空雕，符合湖南潮湿气候对通风采光的需求，技艺精湛，是我国古代雕刻艺术的杰作。过亭上方装饰有长棱形六角藻井，突显出中、后堂的核心地位。镶嵌在风火山墙上的堆塑，造型新颖，花饰栩栩如生。工艺考究的隔扇门、雕花窗，衬托出布局严谨、高大宽敞的庭院空间，空间处理精致，在我国南方地区民居的建筑空间营造中极为稀少，具有较高的历史和艺术价值。

谭嗣同作为戊戌变法殉难的六君子之一，其故居于1996年被国务院公布为全国重点文物保护单位，2002年被定为湖南省爱国主义教育基地。

二十、浏阳沈家大屋

沈家大屋位于浏阳市龙伏镇捞刀河畔新开村东北隅，因新开村在当地被称为发华寺或发八寺，大屋亦名发八寺大屋。

大屋为江南地区院落式住宅，主体建筑永庆堂，建于清同治四年（1865年），由沈氏家族沈抟九筹资兴建，后其六个子嗣陆续新建其他建筑，因此至清光绪年间（1871~1908年）增加了师竹堂、德润堂、三寿堂、筠竹堂和崇基堂等建筑。现存建筑群占地面积13500多平方米，建筑面积约8265平方米（包括已倒塌部分面积576平方米，共计23间）。大屋由17间厅堂、20口天井、30多条巷道和长短廊将20多栋屋、200余间房组成一个完整、规模庞大的建筑群落。被誉为长沙地区现存古建筑规模最大、保存较完整的晚清江南民居建筑标本。

沈家大屋周围群山环抱，环境优美，结合地势，坐东朝西，向北延展。大屋朝向不同于传统中国古建筑坐北朝南的形式，因为在湖湘建筑中多注重风水学说，大屋的布局着重考虑的因素是顺应地形布置，因此才形成沈家大屋这一不随主流的建筑朝向。大屋布局主要由纵横两个方向轴线构成，其中以纵轴为主"干"，主轴上分布前厅、中厅和后厅，为大屋的主体建筑，横轴为"支"，同一平行方向为同等不同支的家庭用房。沈家大屋很显著的特点是布局上对称、均衡，以中厅为中心，两侧对称布局着横厅、过道和各种用房。中厅是整个建筑群的中心，沿纵横两轴形成"十字形"，因此，大屋中厅又被称为"十字厅"。十字厅上方的过亭采用双坡顶，不仅有效地解决了天井的遮风避雨问题，而且极大地丰富了室内空间环境和光影变化。中轴正厅高达9米，其他房屋也多高达8米以上。我国古民宅中鲜见这样的高度，因此给人以气势恢宏、空旷舒畅之美感。大屋为砖木石混合结构，所有房间均有木楼或木仓，有的有晒楼。建筑主要采光通风是通过天井来实现，条件不足的房间设通风斗，安明瓦。

大屋装饰极具时代特点，中西合璧的特色在大屋各处装饰都有所体现。大屋建筑材料多采用当地本土材料、因地取材，墙基由红砂石和青砖砌成，墙体由厚实的土砖砌成，小青瓦屋面。大屋入口作为整个建筑群落的形象面，处理精致，槽门（俗称檐门）向内凹进，形成门廊，整体造型淡雅朴素（图8-2-99），但槽门以及槽门硬山屋顶两端封火山墙上的精美雕花可窥见大屋建造装饰的考究。从幸存的数处花格门窗可以反映出当时精美的雕刻工艺和晚清时期民间艺术。而点缀其中的彩色玻璃则反映了那个时代西方工艺美术的特色（图8-2-100）。大屋原有四处照壁，照壁上均有中西结合的泥塑和彩绘（图8-2-101），其内容或为村落、行人、牧童、学堂等自然景观，或为"定军山"、"黄鹤楼"

图8-2-99 沈家大屋入口槽门（柳肃摄）

图8-2-100 入口木雕（柳肃摄）

图8-2-101 照壁彩绘（柳肃摄）

等传统戏剧人物故事，或为"松下问童子"、"独钓寒江雪"之类的诗画主题。最具风格的一处为整个沈家大屋及周围自然景观的布局图，其场面有大有小、有动有静；人物有文有武、有耕有读，造型生动，层次丰富。从残存的图画中，人们仍然能感受到晚清时期繁复、缜密、细腻的装饰艺术风格。"桐第安荣"、"家国重光"等巨型16块黑漆金字匾额悬挂于大屋厅堂之中，为大屋增添了文人色彩，彰显着大屋家族的荣耀。

沈家大屋不仅具有较高的历史价值和艺术价值，而且在中国近代革命史上具有非常重要的历史意义。辛亥革命前夕，民国湖南军政府首任都督焦达峰曾在沈家大屋师竹堂宣讲反清革命。1927年8月18日，毛泽东在沈家大屋召开会议，讨论制定秋收起义的计划，同年9月9日，爆发了近代中国革命史上著名的秋收起义。

二十一、浏阳锦绶堂

锦绶堂位于浏阳市大围山镇楚东村漾水湾，是我国典型的清末庄园式建筑群。建于清光绪二十三年（1897年），由孀妇涂刘氏兴建，建筑类型是住宅和祠堂的组合。

锦绶堂大屋建筑群坐北朝南，背山面水，背倚楚东山，大溪河自门前蜿蜒而过，建筑主体为砖木结构，悬山顶，总占地面积4000多平方米，建筑面积约2800余平方米，2层建筑，原有大小房屋共计100余间。总体布局上由10多个环抱天井的小四合院组成，每个单元均有廊舍相连，布局合理紧凑。

建筑群选址讲究，规划严谨，平面布局采用了中国传统的中轴对称原则，建筑空间主次分明，隔而不断，层次清晰。整座大屋巧妙地利用了院落、天井和过亭来组织、分隔、渗透和融合空间，在追求传统建筑空间序列的同时，合理地划分使用功能关系。使动与静、亲与疏、尊与卑分区明确，营造出了丰富的空间虚实对比关系。大屋由三进五开间院落组成，左右两侧列两厢房。主轴线由八字形槽门起始，依次分布着前院、过堂、正堂和后堂。其中，过堂的屋顶建筑高7.8米，正堂高达8.8米，过堂与正堂之间设为天井，天井东西两侧为房间的木质隔扇门，炎热天气可全部打开，从而形成四向开敞的天井空间。天井的拔风作用缓解了湖南地区夏季炎热的气候给人造成的不适。环境优美，庭院景观精致，均采用鹅卵石铺装为各种花式图案，陈设鱼缸盆景，营造出安静舒适的居住环境（图8-2-102）。天井上方歇山顶过亭的设置不仅丰富了空间层次，使得整个空间宽敞明亮、轻快通透，而且其张扬的外形极大地丰富了民居建筑的屋顶轮廓线。在前院的两侧所开八角门通向两侧院，两侧院中各

图8-2-102 天井铺装（柳肃摄）

图8-2-103 牵枋雕花（柳肃摄）

图8-2-104 檐下泥塑与彩绘（柳肃摄）

图8-2-105 荫家堂青砖石刻（李雨薇摄）

有两列与主轴平行的厢房，自成院落。

锦绶堂的建筑装饰精美，风格古朴。其中，尤以木刻泥塑、砖雕石作、书法彩绘浑然天成，令人称奇。不仅大梁、额枋、天花、墙壁上均绘制有精美图案或名人诗赋，而且建筑内外的饰边、封火山墙上都有彩画或雕刻装饰，虽经百年沧桑，色彩仍旧鲜艳。过亭堂前是建筑装饰的重点部位，过亭高侧窗部分采用花格窗和木雕板，天花部分做藻井，施以彩绘，图案以八仙过海、麻姑献寿、岁寒三友、琴棋书画等为代表，表现了浓郁的乡土文化气息，这与湖湘文化中耕读并重、注重教化的传统密不可分。门廊处的麻石檐柱和老檐柱之间的联系枋做成雕花板的形式，制作精美，在对结构进行加固的同时也起到装饰作用（图8-2-103）。在屋檐下的青砖上，装饰有彩塑人物故事、戏曲故事、二十四孝人物等图案（图8-2-104）。此外，雀替、隔扇门窗、栏杆等精雕细镂，极见功力，局部使用镏金，精美异常。整座民居色彩淡雅，多用黑色漆与白色粉饰边，局部饰以金粉，主梁用金粉题字，注明有建造者及建造年代。

1931年，湖南省苏维埃政府曾驻扎于锦绶堂达9个多月。锦绶堂不仅是浏阳清代民居的标本，也是一处重要的革命纪念地。1962年锦绶堂被浏阳县公布为县级重点文物保护单位，2002年，被湖南省人民政府公布为湖南省省级重点文物保护单位。

二十二、邵东荫家堂

荫家堂位于湖南邵阳市邵东县杨桥乡清水村蒸水河畔，始建于清道光三年（1823年）。由于规模庞大，内有108间正屋，被当地人称为"一百零八间"。在荫家堂院子正门旁边的青砖墙上刻有"大清道光三年癸未七月十四日巳时，申承述兄弟修新屋一座，四进六横，愿后人悠久无疆。述记。"的字样，至今清晰可辨（图8-2-105）。其建筑充分体现着湘中南地区民营经济的历史传统和人文渊源。

荫家堂坐北朝南，群山环抱；屋前池塘水波潋滟，蒸水河蜿蜒流过。选址巧妙，兼顾地形、朝向和自然环境。建筑群平面形制严整对称，阴阳有序，主次明确，规模宏大。老屋门外有一个约2000平方米的晒坪，形成开阔的入口；进入大门，正中一条石板路，宽4米，以强调中轴线（图8-2-106）。门内居中是供奉祖宗的堂屋，地面铺方形青砖。建筑布局依照"中为贵、北为尊"的传统格局，以天井组织院落，形成北高南低、纵四进、横连十一排的平面布局。整个建筑面宽125.4米，进深67.86米，占地面积8500余平方米。

老屋主轴线从南至北依次设正门、戏台、四进院落式堂屋。最北端即地势最高处的堂屋，室内最为高大，是整个家族祭祀祖先，举行家族活动的场所。终端置花板神台，供奉祖先神灵，神台上方悬挂书有"荫家堂"的巨匾，堂屋气氛庄严肃穆，是老屋的精神核心（图8-2-107）。

荫家堂建筑为砖木结构，天井院落式格局。天井群与走廊连接，形成自然采光通风，使得老屋内环境舒适。院内共有天井44个，圆木柱156根，房间148间（加杂屋）。有4条风雨廊横贯，每条走廊长约200余米（图8-2-108）。

荫家堂外墙青砖砌筑，梁枋、墙头、门窗、门槛、柱础、天井条石等处都有雕刻装饰，类型丰

图8-2-106　荫家堂远景（李雨薇摄）

图8-2-107　祠堂（李雨薇摄）

图8-2-108　天井（李雨薇摄）

富，工艺精湛，反映了封建社会富商大户的审美情趣、艺术追求和价值取向（图8-2-109）。

轴线尽端的堂屋是老屋装饰的重点，其立面形成四进由南至北逐渐升高的风火山墙，翘角高昂，形态优美，极富韵律感和节奏感。富有趣味的是，飞檐翘角的屋顶上竟用石刻加彩画塑造出两个英式座钟。这种中西合璧式的建筑样式，印证了中西文化的交融和屋主的开放与包容。

二十三、双峰朱家四堂

位于双峰县甘棠镇香花村的朱家四堂，即家训堂、松翠堂、绍子堂、伟训堂，合称"朱家大院"。总占地面积19100平方米，总建筑面积34000平方米。清咸丰年间（1851~1861年）始建，完成于民国初年，故又名大夫第。朱家四堂位于乡道旁边，家训堂与松翠堂呈垂直分布，绍子堂和伟训堂两堂相邻，与家训堂相对，空间分布保存完整。四座屋堂分别各自倚山而坐，合围着约150亩水田的"小平原"，山、水、田、堂相辉映的"古村"风光如世外桃源（图8-2-110）。

朱家四堂，风格相似，砖木结构，青瓦白墙，双层飞檐，雕梁画栋，天井巷道，蔚为壮观。除极少数危房被改建外，保存仍完整，是一处颇具晚清风格、规模宏伟、带明显防御功能的古建筑。建筑规模之大，建筑风格之奇，建筑艺术之美，堪称"湘中第一大院"。

家训堂始建于清末。整个建筑格局对称，砖木结构，由过厅、正厅及厢房、耳房、杂屋等组成，外围有高大的青砖院墙圈围，防御性强。围墙和最外沿的房子外墙上都有枪眼。大门口左右原各有一座石狮，栩栩如生（图8-2-111）。整个大门用铁皮包裹，走进大门，门内视野宽阔，木雕石刻细腻、严谨，随处可见。整个建筑占地面积为4780平方米，建筑面积达9000平方米，气势雄伟（图8-2-112）。

伟训堂始建于清咸丰年间，在四堂中修建最早、规模最大。四纵三横，占地面积为6000平方米，建筑面积达8000平方米，以雕刻精美、繁冗见长。大门前有人工开凿的方形水塘，内院宽阔，庭院呈"凸"字形，铺有青石小道。整个建筑亦具较强防御性，环彻高大青石围墙，围墙四角设有四座碉堡（图8-2-113）。宅中建有5层楼的凉台（只残留部分），在祖堂后建有照壁，起到一个

图8-2-110 朱家四堂平面图（娄底文物局提供）

图8-2-109 木窗雕饰（李雨薇摄）

图8-2-111 朱家四堂家训堂局部（娄底市住房和城乡建设局提供）

前进与后进的分隔作用。巨大壮观的彩塑照壁，高达8米，壁顶置小圆筒青瓦，鸱尾衔壁脊，四角小翘，似如崇楼广厦。壁下遍植棕榈、冬青，红绿相映，给人一种庄严雄伟之感，用意巧妙，匠心独具（图8-2-114）。伟训堂装饰风格与其他四堂相似，但相对更为生动立体。

绍子堂与伟训堂相连，始建于清末。由门楼、正厅、花厅、正屋、杂屋等组成，占地面积为4000平方米，建筑面积达10000平方米，由青砖院墙圈围，在院墙四角都设有炮台（仅留基座）。在围墙上和最外沿的房子外墙上都有枪眼，双层防御。

绍子堂由于在布局上受地形限制，在大宅东侧有斜墙布置，庭院呈梯形。朝门布置细致，其阁楼的木构造保持完整，可见当年的戏台形制。大宅的祖堂设计新颖，局部加高，单独做屋面造型处理，在外立面上呈2层楼的造型。祖堂内部的天花吊顶在木工制作上精美细致，与众不同的是在栋梁、横枋和其他木构件上均有浮雕和彩绘图案，大门厚达80多厘米，可见当年的建造之坚固。大门前人工开凿的方形水塘与伟训堂水塘相通，既用来防火护院，又壮观瞻（图8-2-115）。

松翠堂建于民初，砖木结构，三进三横，占地面积为4320平方米，建筑面积达7000平方米，与家训堂相对，这是四堂中建筑时间最晚的一个堂。四合院结构，左右对称，由槽门进入后，首先映入眼帘的是一块宽阔的大坪和布局严谨的正屋（图8-2-116）。

二十四、涟源世业堂

世业堂位于湖南省娄底涟源市三甲乡铜盆村，始建于清嘉庆年间（大约1815～1820年）。建筑坐北朝南，石基砖木结构，原主体建筑由6栋大厅堂、

图8-2-112 家训堂大门（娄底市住房和城乡建设局提供）

图8-2-113 伟训堂大门（柳肃摄）

图8-2-114 照壁（柳肃摄）

图8-2-115 绍子堂外观（柳肃摄）

图8-2-116 松翠堂远景（柳肃摄）

图8-2-117 世业堂侧面（柳肃摄）

6个天井、近200间大小正房组成，占地8600平方米（图8-2-117）。

院子四周有一道2米多高的护卫围墙；院内房屋檐巷相连，回廊交错相通，各栋之间有10扇二重门和三重门。正厅悬挂着清道光二十八年（1848年）制作的"世业堂"巨匾（图8-2-118）。世业堂雕绘工艺精美，主厅大门前的木墙和厅堂内相连的木门都雕刻着花草图案和人物故事。特别是正厅屋的大幅木雕挂帘，天井底部的石刻、砖墙的灰塑，以及雕工精美的古老花床，令人赞叹（图8-2-119）。

二十五、宁远黄家大屋

黄家大屋位于永州市宁远县九嶷山瑶族乡九嶷山村，且距离九嶷山舜帝陵仅0.5公里。大屋始建于清道光十一年（1831年），为一组砖木结构的古院落。由于该大屋结构严谨、构造奇特、规模宏大，2002年被列为湖南省省级文物保护单位（图8-2-120）。

黄家大屋坐南朝北坐落于群山环抱之中，屋前左有女英、右有娥皇二峰护卫，屋后狮子岭和舜源峰交相呼应，加上明堂前久旱不涸的池塘、广阔肥沃的良

图8-2-118 世业堂正堂（柳肃摄）

图8-2-119 世业堂挂落及窗花（柳肃摄）

图8-2-120 黄家大屋全貌（郭宁摄）

田和远处郁郁葱葱的笔架山，可谓是天赐风水宝地。远远望去，大屋错落有致的马头墙和重重叠叠的青砖黛瓦与青山绿水相映成趣，充分体现了天人合一、安全实用、精美大气的人本精神（图8-2-121）。

黄家大屋占地近2900平方米，由十四个独立的居住单元连体而成，其中中轴上布置有两个单元，形成两进院落，两侧各对称布置有两纵三横共六个单元。每个单元由厅堂、厢房、耳室和天井组成，各单元之间用过道或道厅纵横相连。此外东西两侧还修建了储室、牲棚、厕所等房屋。这种平面布局既成功地解决了大屋交通、通风、采光和居住的功能，同时也满足了黄氏先人追求豪华气派和安全防御的心理需求，而且也是封建社会宗法观念和家族制度的外在体现。

除了精致大气的外观造型和巧妙灵活的平面布局外，大屋的装饰如木雕、石雕、灰塑、彩绘也颇为考究（图8-2-122、图8-2-123）。特别是门窗、神龛和部分节点构件（如挑头）的木雕雕饰十分惹目。其手法以镂雕和圆雕为主，以浅浮雕为辅，雕工精细，图案立体生动，栩栩如生，极具观赏价值

（图8-2-124）。黄家大屋是我国封建社会时期江南地区庄园式小农经济生产模式下民居建筑的典型。

二十六、洪江窨子屋

洪江古商城历史悠久，古称洪溪或熊溪，地处武陵武溪之地，三面环绕沅江、舞水和巫水，周边为苗族、瑶族等少数民族居住区。古代商贸主要通过水上交通运输，因此由于洪江独特的地理环境，从秦汉时期开始作为西南进入中南再到古吴越沿海地区唯一的水路要塞。发展至清康熙年间，已有福建、安徽、江苏、贵州及省内湘阴、宝庆（今邵阳）等地共18个省，24个州、府，80多个县的商贩们纷纷在此地或定居或修建会馆、义园。洪江也因此成为湘、黔、蜀、桂、滇五省地区的物资交流要地。进入民国初期，随着工业和金融业的发展，洪江成为湘西南地区经济文化的中心，被人誉为"小南京"、"小重庆"等。此时沅江和巫水两岸店铺、会馆如林，商船络绎不绝，展现了一副生机勃勃的繁华景象，是中国资本主义萌芽时期的重要通商口岸。然而战争的爆发重创了这昔日繁忙的港口，且随着湘黔、枝柳等铁路的修通，陆路运输逐渐取代水运，洪江作为湘西南的大都会随之也成为历史，保存下来的建筑也多改为民居（图8-2-125）。

洪江古商内如今依然保存着明清时期的古建筑380多栋，包括23家钱庄、48座戏台、17家报馆、34所学堂、29座会馆、48个商业码头、50多家青楼、60余家烟馆、30多家客栈等，总面积约20万平方米。这些古城建筑独具特色，独门独户，高墙小窗，外表看上去如盒子一般的宅子是被当地人称作"窨（yìn）子屋"的砖木结构建筑。对于窨子屋这

图8-2-121　马头墙（陈小松摄）

图8-2-122　灰塑与彩绘（陈小松摄）

图8-2-123　瓦当与滴水（陈小松摄）

图8-2-124　挑头（陈小松摄）

个名称的来历有两种解释，一是通"印子屋"，因其形状四四方方犹如一颗印章；另一是"窨"本意为地下室，"窨井"是一种为修理地下管道而设的竖向筒状建筑物。"窨子屋"的称呼便是当地人对这些高墙深院的建筑形式的一种形象比喻。窨子屋是由正屋、厢房和门厅组成，外有2层或3层高的砖墙围合而成的四合院。典型的洪江窨子屋中，正屋为2层三开间，底层明间为堂屋，设有神龛作祭祀用。见到最多的是财神爷和关帝像，而不是常见的"天地君亲师"神主。两侧厢房与门厅均为2层，屋顶与正屋屋顶连接，从四周向内中心低斜，雨水内收，实现四水归堂的风水寓意。堂屋位于窨子屋最后一进，有些大一些的宅院进深三进，其中厅前后不设任何围挡，与前后天井直接融合，获得了宽松的空间。楼上前檐的窗台板往往会向外伸出一节，并装有板壁和隔扇窗，称为"座窗"。一些讲究的大户人家会在座窗外沿加装一排竖芯式小栏杆，并在相交处做垂花，下接卷棚，为天井院增色不少（图8-2-126、图8-2-127）。

与许多南方天井院落不同的是，洪江窨子屋除了满足居住要求，它还需要具备商业功能，厢房及正屋两次间的一层常用作店铺、作坊或仓库，生活起居就放在了二层。而正因为这一特点，有些窨子屋中的天井也成了平日里的商业活动场所，然而天井上方敞顶式的空间给生产和储藏带来了诸多不便。因此在洪江窨子屋中出现了一种干天井。人们会在天井上方架一座两坡的天井棚架，将天井上方的落雨引到正屋和门厅的屋顶上或两侧厢房的屋顶上，再流入陶制流瓦和套筒管中直接排入沟漏中。架空的天井棚架中间用的是亮瓦，使干天井也仍然

图8-2-125　怀化洪江街巷（李雨薇摄）

图8-2-126　洪江窨子屋（李雨薇摄）

图8-2-127　洪江窨子屋内部（李雨薇摄）

保留采光和通风的功能。另外在一些风水思想的影响之下，也有一些将天井棚架从中间分开，形成两个独立的单坡屋顶，中间保留了可以直视天空的空隙，既缩小了天井口径，降低雨水影响，也保留了天井"通天接地"的调和作用。由青砖高墙围起来的窨子屋，对外封闭，外墙以四周交圈的形式为主，屋脊屋面均不露出墙外，而一般合院式住宅为了最大限度地采光，仅在主屋山墙处升高墙面并做有造型的封火山墙。受地势的限制，洪江窨子屋彼此毗邻簇建在一起，且高墙上的开窗也极小，所以出现了用于晾晒和瞭望的"晒楼"。晒楼是个高于屋顶的小阁楼，贴在高墙内测，有屋顶但四周没有板壁围合，仅有栏杆（图8-2-128～图8-2-130）。

洪江窨子屋中门窗的装饰、墙头的彩绘都以简洁明快的风格为主，隔扇门窗心屉以干练的拐子锦最常见，偶有用雕花结子连接。作为宅院装饰重点以及身份象征的宅门，在洪江窨子屋中也表现得相对低调。几乎都是实用的垂花式木构架瓦屋面门罩，以简单的随墙门最多，且装饰工艺多体现在每个窨子屋中均放置的一个雕刻得美轮美奂的太平缸上。其作为消防储水缸，人们用五块石板拼装而成或者用整块石头雕凿而成。屋主人将太平缸作为装饰品放在窨子屋庭院间或者门口处，四周均雕刻有诗句或精美的吉祥图案。见到最多的是"鱼龙变化"图，其暗示商海无常、贫富可能仅在一念之间，被古商城的商人们视为经商理念。另在一些较晚时期修建的银行、邮局、饭店等商业建筑中，可以看到一些西洋式的拱券和罗马柱等，可见清朝末年西方文化的传入对传统的影响和改变。

注释

① 指一条穿过楼田村，过月岩、翻韭菜岭进入广西境内的一条古驿道，楼田村民习惯称之为"广西大道"。

图8-2-128　洪江窨子屋晒楼（李雨薇摄）

图8-2-129　干天井棚架（李雨薇摄）

图8-2-130 洪江窨子屋屋顶（李雨薇摄）

湖南古建筑

第九章 塔

湖南塔分布图

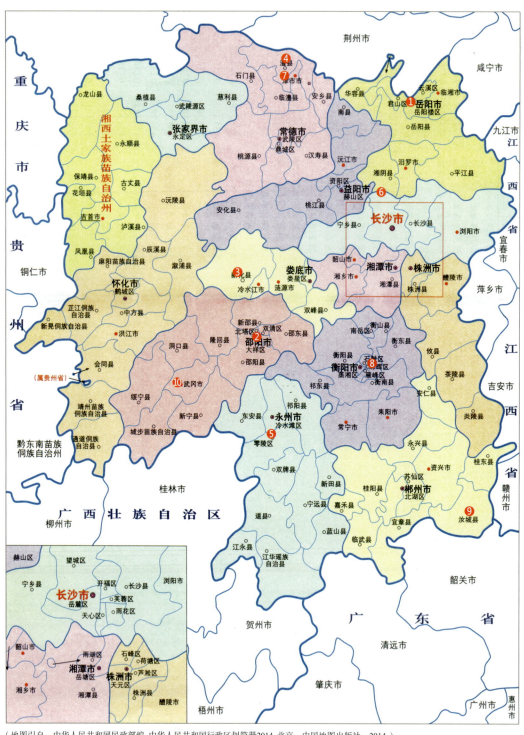

（地图引自：中华人民共和国民政部编.中华人民共和国行政区划简册2014.北京：中国地图出版社，2014.）

- ❶ 岳阳慈氏塔
- ❷ 邵阳北塔
- ❸ 新化北塔
- ❹ 澧县花瓦寺塔
- ❺ 永州回龙塔
- ❻ 望城惜字塔
- ❼ 澧县蜚云塔
- ❽ 衡阳珠晖塔
- ❾ 汝城文塔
- ❿ 武冈凌云塔

第一节 塔的历史及分类

中国的塔是古印度佛教建筑"窣堵坡"（Stūpa）与中国古代多层楼阁相结合，本土化的产物。Stūpa梵文音译"窣堵坡"，巴利文音译"塔婆"（Thūpa），简称塔。其台基部分采用砖石垒筑成圆形或方形，一般建有右绕甬道，设塔门四座，围栏和塔门上饰有雕刻。台基之上建有覆钵呈半球形，梵文称"Āṇḍa"，即塔身。塔身石砌，内实泥土，埋藏舍利容器。早期窣堵坡被视为佛陀涅槃的象征，用于顶礼膜拜，后被视为宇宙图式的象征。在中国逐渐演变成楼阁式塔的塔刹部分。

最初传入中国的只有佛塔，佛塔与中国传统文化相结合，又形成了有中国独特特色的风水塔。风水塔可分为两种。一种是用来镇压妖邪、保境安民的镇妖塔。建在河边锁水的，称锁水塔；建在山上镇山的，称镇山塔。另一种则是用来兴文运的，曰文峰塔。清人高见南的《相宅经纂》曰："凡都、省、府、县、乡、村，文人不利，不发科甲者，可于甲、巽、丙、丁四字方位上择吉地，立一文笔尖峰，只要高过别山即发科甲。或于山上建文笔，或于平地建高塔，皆为文笔峰。"

按照塔的造型特点来分类，我国古塔主要有以下几种塔形。

一、楼阁式塔

来源于我国传统建筑中高大多层的楼阁，这类古塔多用木、石、砖、铁、铜、琉璃等材料建造。平面形式有四方、六角形、八角形、圆形四种。楼阁式塔每层高度较大，塔身多为自下而上逐渐减小；腰檐为叠涩出檐或斗栱承托出檐，每一层必有真门可供眺望或出入。楼阁式塔是中国古塔中出现时间最早、体量最大、数量最多、分布最广的一种。

二、密檐式塔

密檐式塔有砖砌空筒式和砖砌实心两类，底层很高大，以上各层高度缩小，各层屋檐呈密叠状，全塔分为塔身、密檐、塔刹三部分，塔形越往上收缩越急，形成极富弹性的外轮廓曲线，故名"密檐式塔"。平面形式多为四方、八角形，唯有河南登封嵩岳寺塔，塔身外呈十二边形为孤例。密檐式塔是由楼阁式的木塔向砖石结构发展时演变而来，在塔类建筑中占有重要的位置，是我国古塔中的一个大类。

三、单层塔

单层塔包括亭阁式塔、花塔和宝箧印经塔。阁式塔和花塔多砖造和石造，宝箧印经塔多以铜、铁铸造，外涂以金，又名金涂塔。单塔一般都是用做供奉佛像、存放舍利或僧人的墓。平面形式多为四方、六角形、八角形或圆形，塔的规模较小，高度一般为3~4米。单塔多为实心，不能入内，也有极少数可以入内，但内部空间很小。虽然单塔外观造型与雕刻装饰简繁不尽相同，但塔的基座、塔身、塔刹都比例匀称，造型端庄。

四、喇嘛塔

喇嘛塔是在藏传佛教地区盛行的一种塔的形式，造型下部为须弥座，座上半圆形的覆钵式塔身，保持了印度古塔坟冢的性质和原形，塔身上为多层相轮和华盖。这种塔直接来源于印度的"窣堵坡"，还较多地保留着早期"窣堵坡"的形式。

五、金刚宝座式塔

金刚宝座式塔的形式起源于印度，造型象征着礼拜金刚界五方佛，中间的为大日如来佛，东面为阿閦佛，南面为宝生佛，西面为阿弥陀佛，北面为不空成就佛。其形式是下部有一巨大宝座，称为"金刚宝座"，座上建有五座小塔，中央一座较大，四角各一座相对较小，供奉佛教密宗金刚界五部主佛舍利，因而称为"金刚宝座塔"。金刚宝座中开一门，可入内。由于藏传佛教较少传到南方，因此南方地区鲜有喇嘛塔和金刚宝座塔。

第二节 古塔的类型及特点

一、类型

据2003年出版，刘国强先生纂《湖南佛教寺院志》记载，湖南省目前保存下来的古塔共有71座。古塔的分布区域遍布全省，塔的类型主要有楼阁式、密檐式、单层塔三大类，尤以楼阁式居多。筑建材料多为砖石，极少用木。湖南的佛教以禅宗为主，藏传佛教对湖南影响不大，反映在佛教建筑上就没有藏传佛教常见的喇嘛塔和金刚宝座塔。

湖南楼阁式古塔主要有佛塔与风水塔两种类型。

1. 佛塔

湖南佛寺建塔最早有记录的是岳阳慈氏塔，为"晋沙门妙吉祥造"。据唐李邕《古麓山寺碑》记载：南朝刘宋元徽年间（公元473～475年）湘洲刺史王僧虔重修麓山寺时曾"作为塔庙"。说明伴随着佛教的传入，湖南开始兴建佛塔。湖南现存的楼阁式古塔中，有桂阳东塔（鹿峰塔）、澧县花瓦寺塔、武冈东塔寺塔等。

2. 风水塔

风水塔由佛塔演变而来，是佛教教义世俗化的产物，是道教阴阳五行思想的实际运用，用以勘山理水、补地势、镇水患、引瑞气。其作用一是用来镇妖压邪，民间普遍信仰塔能镇妖孽，压水患，是镇妖驱邪、正义功德的象征。湖南河流众多，水患严重，因此很多塔被用以镇水妖。如永州回龙塔，据《零陵县志》记载："因郡城水势瀚漫，捐金造回龙塔于北江，以震慑水患。"作用二是用来弥补风水不足，这是一种风水观念和科举仕途思想的结合。择吉地建塔，以象文笔。湖南各地建有为数众多的文峰塔、文星塔、培文塔、魁星塔等，均属此类。明清时期风水塔盛行，湖南各地可见，在现存各地古塔中约占多半。

3. 惜字塔

古代尊重知识，尊重文化，凡有字之废纸皆要集中焚烧，不准随意丢弃，可见前人注重文风，尊重知识和先贤的态度。焚烧字纸的焚炉往往建成塔的形状，叫"惜字塔"。湖南各地建有许多惜字塔，规模大小不一，小的仅像香炉，大的和其他塔无异。

二、特点

古塔是古代建筑艺术的结晶，它集聚了雕刻、绘画、书法等其他艺术。湖南古塔的建造，历来被认为是积德倡善之举，地方官员、名人学者、乡贤良臣、诗人艺师或倡导建塔或题诗作赋，可以说是地方文化艺术水平的集中表现。塔中的诗、书、匾、联都有深层的文化意蕴，起点景、美事、教训、助胜、表彰等作用，有很高的文学价值和艺术价值。

1. 兴文风

明清时期文风盛行，古人建文峰塔借佛法灵力佑助科举的隆盛，因此许多文峰塔的门联及碑刻诗词都用以表达兴盛当地文风。如洞口青云塔，门两旁有对联："胜据山河钟洲气，光联奎壁启文明。"

2. 点景

古塔的建造地点，或屹立高山之巅，或矗于河流之滨，与美丽的江山形成一幅动人的画卷。因此有些古塔的诗、书、匾、联，用以赞景、点景。而一些文人墨客在游历古塔的过程中，环塔凭栏俯瞰，山川景物尽收眼底，被古塔的美景深深地触动，便用诗词来抒发这种情怀。这些诗词有的被书写或镌刻在塔内，有的得以在古籍中流传。如耒阳凌云塔，门联："舟小如松，横织江中锦绣；塔尖似笔，倒写天下文章。"郴州南塔，北宋诗人阮阅在郴江百咏中有南塔诗云："江岸南峰对石城，僧房高在乱云层。台前天阔秋月多，塔上风微夜有灯。"

湖南古塔的雕刻有砖雕和石刻，手法囊括线刻、浅浮雕、高浮雕、半圆雕、圆雕，内容主要是代表吉祥如意的动植物图案和佛教形象。仿木构的砖构件中，往往会做出复杂的斗拱构件和各种形状的砖雕通花窗。动植物图案包括卷草、莲花、狮子、麒麟、龙、凤、鱼等；人物图案包括佛像、菩萨、罗汉、力士、学士、八仙、乐伎等，这些雕刻不仅内容非常丰富，而且纹样生动逼真，充分显示了湖南匠师们在雕刻艺术方面的卓越才能和娴熟技巧，是非常珍贵的文化遗产。塔雕的重点位置一般为塔的须弥座、柱础、塔顶、门联、匾额、檐部等处。

第三节 古塔建筑实例

一、岳阳慈氏塔

慈氏塔位于湖南省岳阳市洞庭湖西南湖畔（图9-3-1），是湖南省内现存最古老的塔，全国重点文物保护单位。据传为唐开元年间（公元713～741年）修建，宋治平（1064～1067年）、建炎（1127～1130年）时曾有修葺。明隆庆年间（1567～1572年）《岳州府志》又有"晋沙门秒吉祥造"、"县南有塔，宋创"的记载。史记宋淳祐二年（1242年）制置使孟珙在岳驻防，曾为君山崇圣寺铸大型祭器铁梢，同时修建此塔，也可能是此次重建。慈氏塔为楼阁式砖石塔，塔形上宋代特征较多，平面八角形，7层实心，总高39米。基座为石砌八边形，每边长3.6米，塔身全部青砖砌筑，每层叠涩出檐（图9-3-2），无斗栱，有莲瓣装饰，转角有方形倚柱，塔顶八角攒尖，铁制塔刹由覆钵、相轮、宝盖、圆光组成，用铁链串于檐角。每层四面有佛龛供佛（图9-3-3），檐角有石雕翘檐，挂有铁制风铃，各层收分均匀，造型挺拔。

二、邵阳北塔

邵阳北塔位于邵阳市北塔区，资、邵二水汇流处的北岸（图9-3-4），全国重点文物保护单位。明万历年间（1573～1620年），南京礼部尚书邵阳人车大任撰《北塔》云："宝庆府城之东北二里许，资江邵水二水汇流其间，一折而北，地势低矮空旷，以形家言，宜建塔镇之，以培风水而振人文。"明隆庆四年（1570年）由吴兑、高冈凤等筹建，明万历元年（1573年）动工，万历十年（1582年）由知府胡梗主持竣工。邵阳北塔为楼阁式砖塔，平面八角形，7层总高37米。基座为石砌八边形，塔身为砖砌，

图9-3-1　岳阳慈氏塔（柳肃摄）

图9-3-2　岳阳慈氏塔出檐（柳肃摄）

图9-3-3　岳阳慈氏塔佛龛（柳肃摄）

图9-3-4 邵阳北塔（柳肃摄）

图9-3-5 邵阳北塔一至三层塔檐斗栱（柳肃摄）

图9-3-6 邵阳北塔斗栱局部（柳肃摄）

每层叠涩出檐，一至三层塔檐斗栱皆镶以精磨片石（图9-3-5），瓦面配有莲花图案（图9-3-6），塔顶为八角攒尖，塔刹由三个叠立的铁质宝瓶组成。底层南面设半圆券顶大门，门两侧以半圆形青砖筑倚柱四通，上方筑门檐，重檐翘角，出檐饰砖磨如意斗栱，十分精美。塔内设砖砌旋梯，按逆时针方向盘旋而上，可达顶层阁室；底层外壁嵌有《修砌北塔石碑记》，塔砖上模印有"万历元年信士施砖"等字样，字迹清晰，为建筑年代考证提供了可靠的依据。原翘角上均饰有铜铃，微风轻拂，声音悦耳。抗日战争时期（1937～1945年），日本飞机投弹曾撞落一宝瓶，而今塔顶生有一株5米高的黑胡椒树，垂垂而立，四季常青。邵阳北塔各层收分较多，造型庄重。

三、新化北塔

新化北塔位于县城北郊上梅镇北塔村资水西岸（图9-3-7），2013年入选第七批全国重点文物保护单位。清雍正九年（1731年）初建为木塔，后年久失修倾圮，清嘉庆十二年（1807年）重建石塔，清道光十四年（1834年）竣工。此塔为楼阁式青砖塔，平面八角，塔身7层通高42米，边长6米。塔基尽铺巨石，外围置石栏杆，门两旁立石狮两只（已毁）。据碑文记载："塔基压浆灌缝二十四层，中镇金色，四周嵌珠玉。"塔身中空，有砖旋梯直至塔顶，共492级。塔身每层出短檐，角上嵌石舫，造型为龙头、鱼尾（图9-3-8），每层均洞开小窗。塔内7层，层层内收，每层顶部、内壁四周及外檐下方均有彩绘装饰，二层有修碑记、捐碑数块，三层以上设坐凳，供人小憩。塔顶攒尖，上置铸铁葫芦塔刹。塔南门仿牌楼式样，左右上方翘角有鱼龙泥塑装饰（图9-3-9），门头有凤凰、人物泥塑及彩绘装饰，造型讲究。石质门框上拱下方，框上有狮子舞绣球、凤凰高浮雕装饰，造型活泼，栩栩如生，框两侧雕刻有当时县令林联桂书写的对联，右联为"正欲凭栏舒远目"，左联为"直须循级上高

图9-3-7 新化北塔（柳肃摄）

图9-3-8 新化北塔塔身局部（柳肃摄）

图9-3-9 新化北塔南门（柳肃摄）

楼"，横额为"北门锁钥"。塔形雄健巍峨，造型美观，已成为县城内的标志性古建筑。

四、澧县花瓦寺塔

花瓦寺塔位于常德澧县宜万乡花瓦村（图9-3-10），原名宝塔寺塔，2013年入选第七批全国重点文物保护单位。花瓦寺塔原属建于宋代的宝塔寺，今寺已毁，仅存塔。此塔为楼阁式砖塔，平面八角实心，塔身7层通高21.29米。塔基高3.5米，底径6.1米，转角有倚柱，正北面辟有拱门，门高1.95米，门道深1.05米，宽0.9米，道内砌有八角藻井。塔身每层设腰檐，下辟佛龛供佛缘一尊，腰檐底部有莲瓣装饰，转角均有鸟翼形翘角，上雕卷云，塔刹为葫芦顶（图9-3-11）。此塔保持了北宋

图9-3-10 澧县花瓦寺塔

图9-3-11 澧县花瓦寺塔近景

早期的建塔工艺形态，保存亦较完整，反映了我国南方造塔技术，是一处重要的北宋早期佛塔实物，也是湖南省唯一一座保护较好的北宋早期砖塔。于2011年在澧县文物部门的领导下进行修复。

五、永州回龙塔

回龙塔位于湖南省永州市零陵区潇水东岸（图9-3-12），始建于明万历甲申年（1584年），属湖南省重点保护文物。据《零陵县志》记载："因郡城水势瀚漫，吕藿捐金造回龙塔于此口，以震慑水患。"回龙塔为楼阁式砖塔，平面八角形，5层（内为6层）总高36.75米。底层为青条石砌筑，长5.67米，塔身砖砌，中空两层筒体结构，筒壁间设石砌螺旋楼梯直至塔顶，每层青砖眠砌，八个券门，十六个佛龛，各门通平座。平座腰檐出斗栱两跳（图9-3-13），跳间作鸳鸯交手栱，斗为砖作，栱为石作，颇有装饰特色。塔顶下置覆钵，上置铁制相轮和宝葫芦顶，中有铜针避雷。此塔整体造型庄严雄伟，比例匀称。

六、望城惜字塔

望城惜字塔位于长沙市望城县茶亭镇（图9-3-14），建造于清朝道光十八年（1837年），湖南省省级文物保护单位。塔为六角7层楼阁式，残高12米，原高15米，塔基直径4.32米，塔身内空可以上人，全塔由花岗石建造，内外两层筒体结构，两层筒体之间有20多厘米空隙填充黄土。塔门刻"惜字塔"三字，塔檐较短，檐角微翘，起坡平缓，二层内壁镶石碑"道光十八年戊戌（1838）秋建"。最为神奇的是，据传清光绪二十六年（1900年）塔尖被雷击倒，此后塔顶便长出一株野胡椒树，百年过去，目前树高约5米（图9-3-15），状如华盖，形成天下罕见的

图9-3-12 永州回龙塔(柳肃摄)

图9-3-13 永州回龙塔局部(柳肃摄)

图9-3-14 望城惜字塔(柳肃摄)

图9-3-15 望城惜字塔塔顶野胡椒树(柳肃摄)

树塔奇观。夕阳西下，塔影倒垂成"九峰夕照"之景。大树根系发达，生命力旺盛，经过长期的生长，树根已从塔壁中深入地下泥土里。由于树根生长，将塔身挤裂，有塔倒树死的危险。2009～1010年，经过相关专家科学研究、论证、设计，将其修复加固，既保住了塔，也保住了树。

七、澧县蜚云塔

蜚云塔语自"蜚声祥云外"（图9-3-16），位于常德澧县澧澹乡宝塔湾村，澧水北岸二神滩上。明天启初年澧州吴征芳昌建，砖塔建至三层，清嘉庆十六年（1811年）州牧谢攀云续建，更砖为石，嘉庆二十二年（1817年）州牧安佩莲接修竣工。此塔为楼阁式砖石塔，平面八角形，塔身7层通高33米，塔顶八角攒尖，塔刹葫芦宝顶。底层直径13米，门道内侧雕刻佛像，塔基八个转角雕有高1.3米力士像（图9-3-17），形态各异。塔身中空，有旋梯可至塔顶，底层南面辟一门，以上每层各辟拱门四个，上下层之间互相交错。顶层中心有四方雷公柱支撑，柱为红色寿山石，四方均有铭文，字体为阴刻楷书，北侧是"皇清嘉庆十六年知澧州直隶事成都谢攀云率阖州士民倡举重建"，南侧是"皇清嘉庆二十二年乔澧州直隶事宽定安佩率阖州士民重建而成"，东侧是"皇图巩固"，西侧是"永远光昌"。塔自下而上，逐层缩小，塔形各层比例匀称，庄重挺拔。

八、衡阳珠晖塔

珠晖塔为雁城三塔之一（图9-3-18）。位于衡阳市茶山坳镇藕圹村拜亭山南。清光绪二十一年（1895年）倡建，光绪二十三年（1897年）竣工。与西南面的来雁塔成犄角之势，隔江相望。此塔为楼阁式砖石塔，平面八角形，塔身7级通高38.15米。塔基石砌须弥座边长7.5米，浮雕龙、凤、云纹、山水、花卉、珍禽瑞兽，南面有垂带踏跺。塔身中空，每层均四门二窗，窗位分层错置，层间设隔门。一、二、三层南向拱门上均有石质横额和楹

图9-3-16 澧县蜚云塔（龙玲摄）

图9-3-17 澧县蜚云塔力士像（龙玲摄）

图9-3-18 衡阳珠晖塔（柳肃摄）

图9-3-19 衡阳珠晖塔局部（柳肃摄）

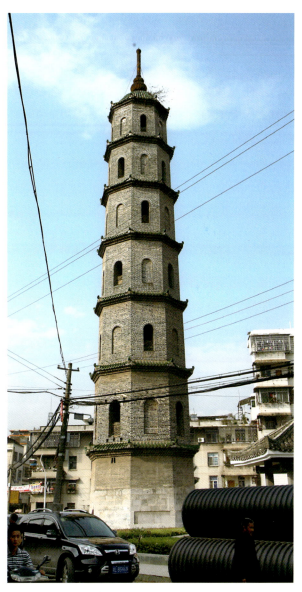

图9-3-20 汝城文塔（柳肃摄）

联。一层南北向拱门可出入，东西向拱门有旋梯上下，门额汉白玉镌"珠晖塔"三字（图9-3-19），款竖排，上款"光绪乙未季夏"，下款"程和祥督修，王之春捐建"；联曰"高峙船山，远锦学脉；流廻耒水，广助文澜"。塔檐石砌，一、二层檐下有石枋出挑，檐角呈鱼尾上翘状，塔顶八角攒尖，上置铁质葫芦宝瓶。整塔向上逐层渐收，塔形与来雁塔相似。

九、汝城文塔

汝城文塔又称汝城宝塔（图9-3-20），位于湖南省汝城县城南门口，九塘江与寿江两泓清溪交汇之处，始建于明代成化乙丑年（1469年），几经兴废，成了汝城文化历史变迁的见证。塔为楼阁式砖塔，平面八角形，塔身7级通高38.5米，底面积43平方米。塔基为大青石条砌成，塔身青砖砌筑内设夹墙，内部一层为石阶，二层以上为铁梯，盘旋可至塔顶，每层八面出檐，绿琉璃瓦铺就，均有四个拱和四个假拱（龛）相间排列（图9-3-21），塔顶为攒尖顶，置铁葫芦宝顶。清道光年间因汝城"科第不利"被毁，今塔为清光绪六年（1890年）开始募款，历时16年重建文塔。此塔雄伟壮观，工整典雅，虽经历了几百年风雨侵蚀，整体仍保存完好，巍峨挺拔，坚如磐石。

十、武冈凌云塔

凌云塔位于邵阳武冈市城东郊，南濒资水，俗称东塔（图9-3-22）。塔始建于清道光三年（1823年），至道光九年（1829年）竣工。此塔为楼阁式砖塔，平面八角形，塔身7级通高39.6米，每层叠涩出檐，开有门窗，供眺望和塔内采光（图9-3-23）。塔体为中空两层筒体结构，筒壁间有两条螺旋楼梯通塔顶，塔顶八角攒尖，塔刹置铜铸葫芦宝瓶。每层高度逐层缩矮，分别为3~5米不等，塔门面向武冈城区，正面第三层外壁上嵌石碑一块，题有"凌云塔"三字，楷书阴刻。因其塔形"绝似青云一支笔"，故称凌云塔。

图9-3-21 汝城文塔局部（柳肃摄）

图9-3-22 武冈凌云塔（柳肃摄）

图9-3-23 武冈凌云塔局部（柳肃摄）

湖南古建筑

第十章　牌坊

湖南牌坊分布图

（地图引自：中华人民共和国民政部编.中华人民共和国行政区划简册2014.北京：中国地图出版社，2014.）

❶ 岳阳刘来氏牌坊 ❹ 澧县余家牌坊 ❼ 永顺洗心池牌坊
❷ 西文庙坪牌坊   ❺ 黔城芙蓉楼牌坊 ❽ 永顺老司城子孙永享牌坊
❸ 汝城绣衣坊   ❻ 茶陵龙家牌坊   ❾ 醴陵彭氏牌楼

第一节　概述

中国有一种独特的建筑形式——牌坊。它既具有美化街区和建筑群体的作用，又具有划分空间和界定空间的作用。至西周时期（公元前1046~前771年），它又成为封建礼制的产物。这种建筑形式的出现最早可追溯到春秋时期（公元前770~前746年），早在《诗经·陈风·衡门》中就有关于衡门的记载："衡门之下，可以栖迟"，这是早期的牌坊形式。可见，衡门其实就是两根柱子上架一根横梁，是分隔空间和歇息之处。至汉高祖时期，衡门不断加高，柱子不断加粗，此柱又称为华表。为了平衡，出现了华表与衡门的组合形式，称为乌头门。唐朝时期，由于城市实行宵禁而出现里坊制，街道是纵横交错的棋盘格式，把居民区划分为若干"坊"，坊与坊间有坊门相通。此坊门是老百姓每日必经之地，所以是人口最集中和最热闹的地方。官府的重要告示也是张贴在坊门上，坊内的居民歌德颂功或功成名就的好事也在此张榜公示。久而久之，坊门有了旌表的功能。在宋代取消里坊制后，只剩下独立的坊门立于大街的要道之上，主要用于皇帝祭天和祭拜孔子。北宋时又有棂星门的叫法。早在汉高祖刘邦时祭天就要先祭棂星。棂星是古代文人称的"文星"，表示天下文人聚集一堂。所以在宋以后重要的寺庙和孔庙都有棂星门，表示对佛教和孔子的尊重。明清时期，牌坊已不单是门或标志之用，其意义越来越深远，这时期的牌坊数量之多，工艺高超，造型越来越烦琐，装饰也越来越华丽。有图腾柱（华表），三开间或五开间衡门，三至五根通天柱，或单檐重檐屋顶下施斗拱，上铺筒瓦或琉璃瓦。逐渐从早期的实用功能发展为纪念碑式建筑。在森严的礼制制度束缚下，立牌坊成为中国人精神的象征，成为古人对德行的最高境界的追求。大量用于表彰功勋、科第、德政等。在明清鼎盛时期，立牌坊是关系国家和整个家族的大事，必须具备几个特定的条件：第一，必须是有成就之人，不仅功成名就，还要有一定的社会地位；第二，必须有一定的经济实力，一般都是大族旺族；第三，必须从地方官府向上级申请并得到皇帝的恩准。所以能够立碑的最终是少数，人们便把立碑看作是十分神圣的事情，作为光宗耀祖和彰显门第的象征。

牌坊是封建礼制的产物。自唐宋以来，牌坊在人们的精神世界里越来越重要，作用越来越明显，大肆建造牌坊，并细化其分类，它从一种单纯的纪念意义上升为一种民俗文化，而出现了许多专门型的牌坊。

1. 牌坊的类型

（1）纪念性（包括中正名节、科举甲第、仁义慈善、贞妇节女、孝子懿行等）。

（2）标志性（包括孔庙牌坊、寺庙牌坊、名胜古迹牌坊、陵墓等）。它们分别立在庙宇、书院、陵墓或建筑群前，或路口、桥头等。

中国地域辽阔，牌坊的造型和风格特征也是丰富多彩的。北方地区的牌坊厚重、肃穆、华丽，具有皇家建筑气势；而南方牌坊轻盈、秀丽、朴素，精雕细琢，特别是以苏式、徽式和桂式牌楼为代表的牌楼，其端庄秀气而不失大家风范的风格与北方牌坊形成鲜明对比，突显地域特色。

2. 牌坊用材

牌坊用材多种多样，有石牌坊、砖石牌坊和木牌坊等。其中石牌坊最多见。最华丽的牌坊是在石坊上贴五彩琉璃，以明清居多。

3. 牌坊的形式

不论南方还是北方的牌坊，其形式一般有两种：冲天牌坊和牌楼。

冲天牌坊由立柱、横坊、字牌三部分组成。

牌楼由立柱、横坊、字牌和檐顶四部分构成。其中，立柱是牌坊的主要部分，横坊、字牌和檐顶都以立柱为基础，搭在立柱上。横坊是体现旌表功能最重要的地方，此位置书写关于旌表名节、科举、仁义、贞节、孝道的主题，让人过目不忘。一般牌坊会以立柱来分隔间数，间数的多少也是等级的象征。例如两柱一间、四柱三间、六柱五间牌坊。只有皇帝、皇亲国戚和孔子可以建五柱六间的牌坊，是最高等级的牌坊。因为开间是奇数，所以最中间的一间就是最重要的部位。正间是牌坊的核心区域，主要的字牌都书写于此，并雕刻精美图案围绕。例如"圣旨"、"上谕"、"乐善好施"、"节孝流芳"等赞扬的词语都书写于此。而两边的次间和梢间主要是介绍主题牌坊的出处，例如用小字的提文和书写者的落款等。牌楼立柱最上面覆以檐顶。檐顶最能体现气势与华丽，主要表现在檐顶下密密麻麻的悬挑斗栱和屋顶形式上。斗栱本是承托屋顶重量的结构构件，只有官式建筑才能用此构件，所以它也成为等级的象征。木牌楼檐下是构造复杂华丽的斗栱，石牌坊也可以做仿木的斗栱，所以牌楼必须有斗栱存在。例如明十三陵的陵墓牌坊，六柱五间十一个檐顶，规格之大，工艺高超，等级之高，气势宏伟，形成陵墓前气势恢宏的屏障，而彰显帝王气势。牌楼的屋顶也是中国古建筑最高等级的是庑殿顶，只有皇家牌坊可用；另一种是歇山顶。庑殿顶屋顶曲线平缓、柔和，檐口有曲线；而歇山顶屋顶较陡，檐口平直些。

4. 平面形式

"一"字形、">—<"字形（螃蟹形）、"口"字形。"一"字形牌坊是常见的一种形式，主要由立柱的多少决定；">—<"字形牌坊在立面上呈"八"字形，多见于南方地区，多为石牌坊；而"口"字形牌坊在平面上主要是前后两排柱子围合，形成空间，不再是单纯的敞开平面。"口"字形牌坊八柱对立，稳重而庄严，被誉为东方的凯旋门。

5. 装饰性

在森严的等级制度约束下，牌坊成为权势和地位的象征，大多数牌坊都追求外在的奢华，攀比之风愈演愈烈，使牌坊的工艺达到很高的水平。例如牌坊上的石雕，包括高水平的高浮雕、浅浮雕、平雕、阴阳刻等，是中国古代让人叹为观止的艺术形式。各种石雕人物、动物、花草虫鸟、河流山川或故事情节栩栩如生，巧夺天工，展现牌坊的艺术魅力；另外还有绘画艺术也为牌坊增色不少，中国牌坊的绘画都是彩色的，被装饰的部位具有举足轻重的地位。另外色彩还具有防腐的作用，特别是对于木牌坊十分受用。

第二节 湖南古代牌坊的类型及特点

中原的儒学是湖湘文化产生的源头，湖南是以儒学文化为正统的省区。无论是理学的创始人周敦颐，还是张南轩、王船山、曾国藩，他们的思想与追求都是以孔孟之道为准绳。故在礼制规范之下，湖南人对道德规范、忠孝节义等十分重视，明清时建造大量的专门性牌坊也在情理之中。湖南的牌坊不像北方的那样厚重霸气，而是秀气挺拔、潇洒飘逸，建造时间一般为清朝鼎盛时期。

1. 类型

纪念性牌坊：湖南的纪念型牌坊主要是为纪念或表彰某人，就在发生地立牌坊，把人名和事迹刻在牌坊上，以表彰当事人并教育后人。在封建宗法制度下，对国尽忠，孝敬高堂，妇女守节，友爱乡里等，都是立碑的主要内容。

标志性牌坊：湖南的标志型牌坊一般立于一组建筑的前沿，或在街道的主要十字路口。这类牌楼只有门洞，起着引导和标志的作用。还有的立于宅第和祠堂、寺庙、会馆、店铺的大门口，有真正的门扇，与两边的墙连接在一起，此类牌楼精雕细琢，装饰精致，突出门第的气势。

2. 主要形式

湖南古代牌坊从造型看一般有两种形式：冲天牌坊和有檐顶的牌楼。冲天牌坊由立柱决定其规模，一般是以四柱三间居多。其平面呈"一"字形；牌楼一般在檐口，下面是木构或石雕的密密麻麻的斗栱层，立柱上覆以屋顶。正间高大，次间较之低矮。楼顶檐口起翘，脊饰高耸堆砌，梁坊间门饰以人物、花草、鸟兽浮雕或泥塑，色调朴素沉稳，表现出传统的湖湘建筑特色。

3. 材料

一般有木牌坊和砖石牌坊两种。木牌坊不易保存，故存在的时间有限。保存至今的木牌坊较少，为珍贵的文物；砖石牌坊保存时间长，广泛地保存在湖南众多地区，一般为明清时建造。

第三节 牌坊建筑实例

湖南现存的古牌坊有岳阳坪田村刘来氏牌坊、长沙西文庙坪牌坊、汝城绣衣坊、澧县余家牌坊、黔城芙蓉楼牌坊、嘉禾风宪牌坊、茶陵龙家牌坊、中方孝义坊、永顺洗心池牌坊、永顺热水坑牌坊、永顺老司城子孙永享牌坊。

一、岳阳刘来氏牌坊

距岳阳市中心城区12公里的云溪区云溪乡坪田村有一座刘来氏牌坊。这是一座纪念性牌坊。建于清光绪十四年（1888年）。有记载说皇帝下旨表彰户部主事刘兆梅之母刘来氏有乐善好施的德行，特调拨银两为其母刘来氏立牌坊。

牌坊坐北朝东，呈">—<"字形平面。由青石、麻石和汉白玉等坚硬石材砌筑而成。高9米，面阔6米，宽2米（图10-3-1）。此牌坊属于牌楼形式。主体六柱三开间3层屋顶。檐口平直伸出远，仿木构斗栱出九跳，屋顶轻盈不显厚重。在正间的屋顶饰以高而坚挺的宝瓶直指云天（图10-3-2）。从上往下看，立柱两边立有四狮四象镇门。在三四五层的额枋间镌刻有秀丽的"旌、奖"二字。"诰封荣禄大夫，刘呈规之妻，赐进士出身、前户部主事刘兆梅之节母，诰封夫人刘母来老太夫人之坊"和"上谕"、"圣旨"字样也篆刻于额枋间，字体端庄，笔力刚劲；"乐善好施"四个魏碑楷体大字写于三层中间，笔力遒劲；顶端还饰有汉白玉"双龙捧圣"图案。所以此牌坊最精彩部位在于雕饰的精细，题材丰富，把"二龙戏珠"、"蜻蜓点水"、"丹凤朝阳"、"腊梅报喜"和"徐庶打马荐诸葛"、"龙神老翁扶杖"、"刘备三顾请孔明"、"学子攻书"、"牧童放羊"、"女郎执扇"等10多种民间故事表现于此。其雕刻技术精湛（图10-3-3）。是湖南省内古牌坊中艺术水平较高的且保存最好的牌坊之一。现为湖南省文物保护单位。

图10-3-1 刘来氏牌坊（柳司航摄）

图10-3-2 刘来氏牌坊局部（柳司航摄）

图10-3-3 刘来氏牌坊雕饰（柳司航摄）

二、西文庙坪牌坊

西文庙坪位于长沙市天心区，这里是宋代以来长沙学宫与祭拜孔子之地，也是古长沙的最高学府。立于此处的牌坊，是长沙府学宫遗迹。学宫始建于北宋治平元年（1064年），由潭州知州吴仲复规划修建，改庙学为州学，这也是长沙府学的开端。现存牌坊重建于清同治五年（1866年），当时由巡抚李瀚章主持，据记载称"规模较昔更为宏敞，耗资5.5万余缗"。我们从清光绪《善化县志》的"长沙府学富图"可见："正殿五进，为棂星门、大成殿、御碑亭、崇圣祠和尊经阁……"可见当时学宫规模气势之恢宏。但学宫毁于1938年的"文夕大火"。

古代文庙与官学结合，按照"左庙右学"的制度建造。牌坊本有东西两座，东侧毁于"文化大革命"期间，现只剩西侧牌坊。牌坊平面呈"一"字形。用材是当地麻石。牌坊高约10米，宽约6米，四柱三开间，两层庑殿顶（图10-3-4）。正脊中间有二龙戏珠脊饰，为了凸显牌坊的高大，正中间的宝珠三颗串联，直指苍天。而戗脊处以最高等级的鸱吻作为脊饰，并高大威猛，表现出皇家建筑的气势（图10-3-5）。檐口下出叠涩，并仿木构斗栱出跳。下面的横额书"道冠古今"四字，其上的额坊都是透雕，工艺精美，使朴实的麻石牌坊显得轻盈精致。下面四柱前后夹高大厚实的抱鼓石，使整个牌坊显

图10-3-4 长沙西文庙坪牌坊（罗明摄）

图10-3-5 长沙西文庙坪牌坊局部

得稳重庄严。此牌坊是文夕大火中剩下的唯一的学宫牌坊，其历史价值显而易见。其造型与岳麓书院现存的牌坊完全一致，可见是文庙牌坊的典范。

2005年8月，西文庙坪牌坊被确定为长沙市文物保护单位。

图10-3-6 绣衣坊（柳肃摄）

图10-3-7 绣衣坊局部（柳肃摄）

图10-3-8 绣衣坊雕饰（柳肃摄）

三、汝城绣衣坊

位于汝城县城郊乡益道村三拱门范家村村口的绣衣坊，是湖南省内现存最古老的一座牌坊。建于明正德十四年（1520年），被誉为"湖南第一坊"。据记载，监察御史范辂历任御史、按察司副使、广东参政、山东浙江廉使、江西右布政使、福建左布政使、宁夏巡抚、都察院兵部右侍郎等职。他为人为官坚守正义、不畏权贵，得到皇帝和老百姓的称誉。武宗皇帝特下旨表彰范辂，并赐绣衣作为监察御史的官服以示恩宠。"绣衣坊"名称也由此得来。

绣衣坊东西朝向，平面呈"一"字形，用材为白色麻石，属牌楼类型。牌坊主体由屋顶、立柱、横梁三部分组成。四柱三开间，3层歇山式屋顶（图10-3-6）。正脊两边有鳌鱼尾翘起，石制屋顶雕刻出仿木的瓦楞。屋顶下边是石雕斗栱增加气势，檐口部位分别以阴刻、浮雕、圆雕、透雕等各种手法雕刻"双凤朝阳"、"双狮滚球"等吉祥图案（图10-3-7）。正中牌匾上撰写"绣衣坊"三字。横额右上部阴刻上联"巡抚湖广监察御史毛伯温，整饬郴桂兵备副使汪玉，郴州知州沈诏同、鲁玘，判官姚佐为邑人监察御使范辂立"，左下部阴刻下款"桂阳知县陈德本，典使张万釜，儒学教谕吴洲，训导李珍，大明正德十四年十二月二十四日立"（图10-3-8）。四柱脚部有抱鼓石增强稳定性。抱鼓石纹饰秀丽。每个部位镌刻精致，又不失庄严，是一件精彩的石坊艺术杰作。整个牌楼造型朴实，雕饰雅致，远观就能感触到其庄严肃穆的气势。

汝城绣衣坊于2006年5月评为湖南省省级文物保护单位。

四、澧县余家牌坊

据《直隶澧州志》记载：余继泰之妻罗氏24岁守节，育有二子。长子早卒，次子余日禀任州同（五品）官时，为感母养育之恩，为母亲建节孝坊。道光皇帝准予自筹资金建坊，从奠基到竣工长达十一年之久（1833～1842年）。这就是澧县车溪乡

图10-3-9　余家牌坊（柳肃摄）

图10-3-10　余家牌坊雕饰（柳肃摄）

牌楼村余家节孝坊。

余家牌坊属于牌楼类型。坐北朝南，平面呈">—<"字形。牌坊用材讲究，全部用祁阳白石建成。牌楼造型严谨稳重，尺度适宜，高宽比接近黄金比例。且精雕细琢，秀丽挺拔。牌坊高12.7米，面阔7.5米，六柱三开间（图10-3-9）。三重檐屋顶雕刻筒瓦楞，檐口饰瓦当滴水。十分独特的是在正脊处饰以2层高高在上的墓塔，这与其他牌坊多饰宝瓶是完全不同的。戗脊处鳌鱼尾起翘，直指苍天。檐下是石雕仿斗栱层层出跳。此牌坊的精妙高超之处是纷繁复杂的镂空雕，且题材丰富多彩，处处体现喜庆与热闹的气氛。横额正中间有蟠龙环绕的"圣旨"二字，升龙腾云驾雾，栩栩如生，给肃穆的牌坊增添几分光彩；中层刻有湖南巡抚部院请旨准建旌表全文。所有柱、坊及檐口上都饰有龙、凤、花鸟、人物等图案。下层石坊两侧刻有"龙翔"、"凤翥"及"双狮"图案，更显热闹纷繁（图10-3-10）。六根立柱下方雕刻四狮、四象、四麒麟，是中国老百姓喜爱的吉祥之意。

余家牌坊以镌刻各类文字和精湛细腻的雕饰工艺闻名业内，运用了并不多见的"剔地起突"、"压地隐起"、"圆雕"等雕刻手法，可谓石雕艺术中的珍品。此牌坊于2006年5月被国务院评为国家重点保护文物。

五、黔城芙蓉楼牌坊

湖南洪江市黔城镇的芙蓉楼园林入口处，有一座标志性与纪念性合二为一的牌坊。此牌坊是为了纪念"诗家天子"王昌龄于清乾隆四十年（1775年）始建。天宝七年，王昌龄因"不矜细行，谤议沸腾"，被贬为龙标尉（今黔城镇）。而诗人在此专心诗作，写下了许多脍炙人口的诗篇。且王昌龄在龙标为官政善民安，深得民心，人们为誉他为"仙尉"，而立"龙标胜迹"牌坊。

此牌坊在平面和造型上都不同于其他牌坊。平面呈"八"字形，四柱三开间，四根石柱顶饰宝葫芦泥塑冲天耸立（图10-3-11）。石柱用当地的青砖岩柱嵌砌而成。牌坊高7.5米，宽5.8米，正间拱门高2.8米，宽1.7米，中间开门洞，两侧封闭。此牌坊建于清朝晚期，后来经过多次重修，故受到西方建筑艺术的影响。特别是门楣上方分级处是弧形的线框，有西方构图手法的迹象。牌坊正中门洞上方"龙标胜迹"四个苍劲有力的泥塑大字成为视觉中心（图10-3-12），门楣上有构图精致的彩色泥塑《王少伯送客图》，两边八字墙上绘大幅彩色壁

图10-3-11 芙蓉楼牌坊（柳肃摄）

图10-3-12 芙蓉楼牌坊泥塑（柳肃摄）

画。此牌坊造型和手法受西方建筑影响明显，也是湖南较为少见的类型。

黔城芙蓉楼牌坊在2013年被评为全国重点文物保护单位。

六、茶陵龙家牌坊

在茶陵县秩堂乡皇土村有一座龙家牌坊。建于明万历六年间（1572年），是一座纪念性牌坊。曾任四川龙安知府的龙庆云其先祖自宋至清，先后有4人受封"中宪大夫"衔。为纪念其先祖的丰功伟绩立此牌坊，后又在清咸丰六年（1856年）重建（图10-3-13）。

此牌坊的独特之处在于六根立柱不落地，架在下面的三间拱形门底座上，这种造型极为罕见。牌坊高12米，面阔11.5米。正间较宽，呈方形，两侧石拱门洞较小，是兼备纪念与交通要道两用的牌坊。牌坊用石粗糙，不规整，但石额处的镂刻图案疏密有致，巧具匠心。牌坊上部由石料构筑，榫卯穿插丝丝入扣。正面最上镌"诰封"二字，下为"中宪大夫"石匾额（图10-3-14）。整座牌坊有人

图10-3-13 龙家牌坊全景（柳肃摄）

物浮雕，镂雕图案。正脊为"魁星点斗"石雕，戗角饰鳌鱼尾。背面雕刻多以几何图案为主，中门石楣上镌有书、剑和双凤朝阳图案。此牌坊的镂空雕实属一绝，使厚重的石牌楼变得轻盈而朴实。高超的石雕工艺使朴素的牌坊彰显大家风范。

茶陵龙家牌坊现为湖南省省级文物保护单位。

七、永顺洗心池牌坊

这是一座贞节牌坊。建在通往永顺景区"不二

图10-3-14 龙家牌坊局部（柳肃摄）

图10-3-15 洗心池牌坊（张星照摄）

图10-3-16 洗心池牌坊雕饰（张星照摄）

门"的路上，有一处叫"洗心池"的地方，这是去"不二门"的必经之地。牌坊所处地势居高临下，周边苍松翠竹环绕。

牌坊建于清光绪三十二年（1906年），是为旌表车坪向氏立的。牌坊四柱三门，四柱冲天，高6.67米，宽5.87米，厚0.36米（图10-3-15）。牌坊用本地青石建造，正间正脊雕有荷叶托莲花，象征主人廉洁。横梁下刻浮雕，五龙捧着"圣旨"二字，并雕石匾"节孝传家"四字（图10-3-16）。四立柱下部有葫芦形的石块紧靠柱子，起到稳固和装饰的作用。其造型秀丽美观，工艺精致，雕饰繁杂却不显累赘。秀美的牌坊与清新幽静的环境构成一幅优美的画面。永顺洗心池牌坊已被列为永顺县级重点文物进行保护。

八、永顺老司城子孙永享牌坊

属于墓葬牌坊。此牌坊位于湖南永顺县老司城，这里原是古代土家族聚居的中心地区，在明朝是土家族的都城，有土司王的王城和宫殿遗址。紫禁山是历代土司的墓葬集中之地。山上有一座"子孙永享"牌坊，是明朝嘉靖皇帝为表彰彭翼南领兵抗倭的功绩而御赐的。明嘉靖三十四年（1555年），官兵对进犯东南沿海的倭寇屡战不胜，年仅19岁的二十六代土司彭翼南奉朝廷之命率五千土兵赶赴江浙，斩杀并俘获倭寇2200余人，受到朝廷嘉奖，赐服三品，即立"子孙永享"牌坊以昭纪。

由于年久失修又缺乏保护，现在遗存只是牌坊的残缺部分。作为墓葬前的牌坊，形式十分简单朴素，两柱一间，中间部分由三条石组成横坊，中间条石书写"子孙永享"四字（图10-3-17），表明朝廷表彰土司王的功绩，赐其子孙世袭继承王位，永享荣耀。此牌坊见证了一段特殊的历史，所以有着很高的历史价值，现已被列为全国重点文物保护单位进行保护。

九、醴陵彭氏牌楼

彭氏牌楼属于纪念性牌楼。始建于清乾隆二十八年（1764），三年后竣工，是醴陵著名乡绅彭之冕为父亲彭明俊和母亲袁氏修建的。彭之冕有过功名，但并未入朝为官，而是将自己的大部分精力和钱财用在了醴陵的各项公益性事业上，因此而获得乾隆嘉奖，准许为其父母立牌楼。

牌楼由浅红色岩石构建而成，仿木结构，四柱三间三楼（图10-3-18）。面宽6.28米，高7.86米，整座牌楼坐落在四根纵向的条石基础之上，四根方形立柱前后，分别由两块倚柱石固定。倚柱石可以分为上、中、下三段，下部是抱鼓石及鼓托部分。牌楼正面的石匾亦分上、中、下三块，最上部的竖向石牌刻有体现皇帝封赏的"圣旨"二字，四周皆有龙纹环绕，可见等级之高。"圣旨"牌两侧花板上各有"鹤"与"鹿"相伴的头戴乌纱文官像。下方承托"圣旨"的额枋上刻有从波涛中腾跃而出的"二龙戏珠"高浮雕图案。在中间一层的石匾上刻有文字，但部分风化，主要是牌坊的题记内容。下部的石匾是牌楼的主题，从右至左，以浅浮雕阴刻"奉直大夫彭明俊暨宜人袁氏之坊"（图10-3-19），表明是为双亲而建的牌坊。上、下额枋分别是"八仙过海"图和"双狮戏绣球"。这幅"八仙过海"图的奇特之处是出现了九个人物，其间长髯过胸的老者有可能就是牌坊的建造者彭三胡子——彭之冕本人。次间石匾，左、右分别是"敦伦"和"乐义"字样。

牌楼的背面，在"圣旨"石牌的后面刻着"恩荣"两个字，体现了"皇恩浩荡"，牌楼等级之高。在正面"题记"石匾的后面，文字也有部分模糊，大意是皇帝的嘉奖和父母的恩情等内容。其下的石匾上刻着家族中有科举功名者及其配偶的名字。底下的额枋上刻着左鱼右龙，象征着鲤鱼跃龙门，由鱼变龙，科举改变命运。在此间的花板上刻着两只展翅的凤，可见母亲袁氏在彭之冕心中的地位。牌楼顶部分别有三座楼盖，仿木斗栱支撑，中脊两端分别有鳌鱼状鸱吻。

整座牌坊比例匀称、大小石匾上刻有大量的文字，这在其他牌坊上少见，而且牌楼保存得相对完好，人物造像都得以完整保存，在经历了"文化大革命"而幸存下来，实属不易！彭氏牌坊现为湖南省省级保护文物，但由于资金问题，保护现状不容乐观。

图10-3-17 子孙永享牌坊（柳肃摄）

图10-3-18 彭氏牌楼（黄磊摄）

图10-3-19 彭氏牌楼石刻图案及题记（黄磊摄）

湖南古建筑

第十一章 桥

湖南桥分布图

（地图引自：中华人民共和国民政部编.中华人民共和国行政区划简册2014.北京：中国地图出版社，2014.）

- ❶ 江永寿隆桥
- ❷ 江永步瀛桥
- ❸ 浏阳新安桥
- ❹ 通道回龙桥
- ❺ 通道普修桥
- ❻ 岳阳三眼桥
- ❼ 绥宁定远桥
- ❽ 醴陵渌江桥
- ❾ 东安斩龙桥
- ❿ 溆浦穆公桥
- ⓫ 坪坦河风雨桥群
- ⓬ 大矶头

第一节 湖南古桥的类型及特点

湖南以位于长江中游南部、洞庭湖以南而得名。省内河网密布，主要为湘、资、沅、澧四水及其支流。水资源的丰富，造就了桥梁的众多、结构类型的多样，在建筑造型及其自身文化内涵方面都表现出强烈的地域性。湖南古桥最早有文字可考的建于东汉，大部分建于宋代以后，尤以明、清两代修复和重建的最多。这些古桥不但是湖南建筑文化的瑰宝，更是我国古代桥梁历史上浓重的一笔。

湖南桥梁的类型多样，分类方式也不尽相同。以外观的造型效果可分为两类：平桥和拱桥；从结构形式的角度又可划分为：梁桥、拱桥、索桥、浮桥；如按建造材料不同又可分为：木桥、石桥等。湖南古桥以外观造型来区分，主要有下面三类。

（1）平桥造型简单雅致，结构形式有梁式和拱式之别。梁桥一般跨度较小，直接用梁板搭接。水面较宽的情况下就需要在水中设置桥墩，墩上安置木梁或石梁，例如江永县上甘棠村的寿隆桥等。而拱桥则跨度可做得比较大，例如岳阳的三眼桥等。

（2）拱桥造型优美，曲线圆润，富有动态感。拱桥孔数上有单孔与多孔之分，多孔以奇数为多，偶数较少。拱形有半圆、多边形、圆弧、椭圆、抛物线、蛋形、马蹄形和尖拱形等。例如绥宁定远桥等。

（3）廊桥也称风雨桥，桥上有廊盖屋顶。桥廊在起到保护桥梁的同时，亦可作为遮阳避雨、供人休息之用，尤其在湘西少数民族地区较多。廊桥集民间建筑艺术之精华，桥上亭廊造型优美，风格各异且古朴、飘逸。廊桥内部设有木凳，可供人休息、活动、观赏风景。例如通道回龙桥等。

湖南古桥表现出强烈的地域性和文化传承。湘南古桥的石雕、木刻装饰多推崇宗教或神话人物，如东安斩龙桥中雕有斩龙王像；湘北地区则偏爱狮、牛、蜈蚣等凶蛮动物，如岳阳三眼桥墩蜈蚣浮雕；湘西地区的风雨桥除了可供人休息、活动、观赏风景外，有些还设有关帝庙、文昌阁，如通道回龙桥等。

第二节 古桥建筑实例

一、江永寿隆桥

江永寿隆桥位于永州江永县千年古村上甘棠村谢沐河上（图11-2-1），始建于2000多年前的西汉时期，现桥推断为北宋修建。大多数石桥采用拱桥建筑方式，而这座桥采用木建筑常用的子母榫卯结构。石桥的每个桥墩都是由两根石柱构成（图11-2-2），每个石柱上方凿成小一圈的方形，两根石柱插在一块带有两个方孔的椭圆石块上，构成桥面的石板就是在这块椭圆的石块上对接相搭成桥，整个桥墩就如同老式长凳一边的凳子腿"向外撇"，这样靠几块大石间重力的原理使古桥屹立不倒。从侧面看整个石桥就像一条石凳，而桥面与古驿道间完美接合，弯曲的桥身更是增添了整座古桥的艺术感。

图11-2-1　江永寿隆桥（柳肃摄）

图11-2-2　江永寿隆桥局部（柳肃摄）

二、江永步瀛桥

江永步瀛桥位于永州江永县上甘棠村西南的谢沐河上（图11-2-3），又名度仙桥，始建于宋宣和乙巳年十二月（1119年），靖康元年二月（1126年）完工。"步瀛"一词源于唐代殿试考中进士登瀛洲之意，"瀛洲"传说是东海神仙居住的地方。步瀛桥全长30米，宽4.5米，拱高6米，每孔跨径为8.5米。全桥三拱，采用半圆形薄拱，造型小巧别致，桥建成不久就垮掉半边，但一直矗立不倒（图11-2-4）。江永步瀛桥是湖南省最古老的石拱桥之一，2006年与上甘棠村古建筑群一并被列为全国重点文物保护单位。

三、浏阳新安桥

浏阳新安桥位于浏阳社港镇新安村（图11-2-5）。始建于明成化十年（1474年），清嘉庆八年（1803年）重修，距今已有500多年历史。新安桥是一座单孔拱桥，由红砂岩石衬砌而成，桥中央由几块青石板铺成一线，长约15米，宽约5米。桥上凉亭由29根木柱支撑，木构架没有使用一口铁钉，全部卯榫而成（图11-2-6）。桥两侧设有护栏和座位，供人凭栏观望和休息。新安桥最特别的是桥旁有古樟一棵，高约20余米，围径4米，冠幅达200平方米，巨干虬枝，浓荫匝地。古樟已有500多岁，至今仍枝繁叶茂，生机盎然。如今古樟跟新安桥、河堤已经浑然一体，形成了新安桥一道独特的风景。

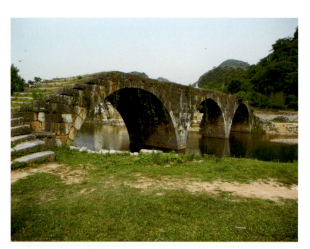

图11-2-3　江永步瀛桥（柳肃摄）

图11-2-4　江永步瀛桥局部（柳肃摄）

图11-2-5　浏阳新安桥（柳肃摄）

图11-2-6　浏阳新安桥局部（柳肃摄）

图11-2-7 通道回龙桥（柳肃摄）

图11-2-8 通道回龙桥局部（柳肃摄）

图11-2-9 通道普修桥（柳肃摄）

图11-2-10 通道普修桥亭廊（柳肃摄）

四、通道回龙桥

回龙桥位于怀化通道县平坦乡，它是湖南境内最长的风雨桥（图11-2-7）。初建于清乾隆二十四年（1759年），始名"龙皇桥"。回龙桥全长22间61.4米，桥面宽4米，整个桥身像一条长龙弯曲着横卧在河上，桥也因此而得名。回龙桥二孔四墩，上部全木结构，桥墩全部石砌。桥身的两段分别采用两种不同的结构做法，一段采用水平悬挑梁结构，另一段采用叠梁式结构。桥上有小青瓦长廊，长廊上有三重檐攒尖桥亭三座，下檐为四坡顶，中、上檐为六坡顶，亭中供文昌、关圣等。桥廊间脊、阁楼翘角及宝顶，都塑有龙、凤、鸟等物，桥亭顶部有覆钵、宝瓶等装饰物（图11-2-8）。东桥亭北面长廊有题词和山水水墨画，桥梁及两侧檐板上有彩绘。回龙桥不但是一个交通设施，而且是一个供人休息、聚会的公共场所。

五、通道普修桥

普修桥位于怀化通道县县治西南10公里的黄土乡坪坦河上（图11-2-9），始建于清嘉庆年间（1796~1820年），是通道县侗族风雨桥中较大的一座。桥全长57.7米，宽4.2米，四墩三孔，桥廊21间，共有两座桥门，三座重檐桥亭。桥墩为六面柱体，上下均为锐角，桥拱采用密布式悬臂托架简支梁体系，为全木结构。上部为桥面亭廊，采用榫卯结构，长廊为重檐，两侧均为通长直棂窗格（图11-2-10）。两端的桥亭为方形平面，三重檐歇山顶。中间桥亭下面3层为方形平面，上面4层为八角形平面，七重密檐攒尖顶，顶尖泥塑青鸟一只，能转动，迎风鸣响。桥亭檐角雕刻精美，曲线优美，饰以狮、凤、鳌鱼、卷草等。普修桥每座桥亭里面各设神龛，中间桥亭内是关圣殿，两头的桥亭内分别是文昌宫和始祖祠。桥门为重檐歇山顶，屋脊和檐角泥塑龙、凤、鸡等动物。桥廊脊泥塑两组双龙戏宝，宝珠用小块玻璃镜片组合镶嵌而成。桥亭、头门封檐板上彩绘各式各样的花草，桥廊柱、枋涂刷了油漆，五彩缤纷，艳丽多姿。该桥是通道侗族风雨桥中最漂亮的一座，故又称"黄土花桥"，是侗族建筑艺术的集中体现。

六、岳阳三眼桥

图11-2-11 岳阳三眼桥（柳司航摄）

三眼桥位于岳阳市东郊奇家岭附近，因其三孔连缀，俗称三眼桥（图11-2-11）。该桥始建于宋庆历年间（1041~1048年）。嘉靖四十一年（1562年），方钝主持重修三眼桥。全桥为东西走向，由花岗石砌筑，两墩三孔，桥孔由石块拱券砌筑而成，桥全长30米，宽8.2米。麻石桥墩的船型基座上雕刻有蜈蚣图案（图11-2-12），传说蛟龙惧怕蜈蚣，修建时刻上蜈蚣图案可保护桥梁不被洪水冲毁。桥面用麻石板铺垫，两边护以80厘米的封闭石栏，底部开有小孔，以利排水。桥两头各有石狮一对，造型生动，雕刻精致，栩栩如生。石狮带底座共高1.65米，座上刻有"光绪三年三月桥工石匠长沙李兆华、熊昌仁全敬献"字样。

图11-2-12 岳阳三眼桥桥墩上的蜈蚣图案（柳司航摄）

七、绥宁定远桥

图11-2-13 绥宁定远桥（柳肃摄）

绥宁定远桥位于邵阳绥宁县关峡镇（图11-2-13），为绥宁县知县范成龙捐银倡导修建，于康熙二十三年（1684年）建成。现为湖南省省级文物保护单位。桥长十二丈六尺，宽二丈六尺，高五丈六尺。桥身单孔，青石砌筑，拱为半圆形。桥上原建有廊亭，称范公亭，民国初年毁，2001年绥宁县政府投资12万元重建，并刻碑石记之。亭为杉木架构，卯榫嵌合，不用一钉。新建廊亭，圆形石柱础上置木柱，内设美人靠，可供人憩息、避风雨（图11-2-14）。2层重檐屋顶，上铺小青瓦，檐口白灰抹边，线条灵动。桥身飞架在兰溪两岸，远观古朴威严，蔚为壮观。

图11-2-14 绥宁定远桥内部（柳肃摄）

图11-2-15 醴陵渌江桥（黄磊摄）

图11-2-16 醴陵渌江桥局部（黄磊摄）

八、醴陵渌江桥

醴陵渌江桥位于醴陵市中心，是醴陵第一大民桥，也是宋、元以迄民国时期，城区内标志性的古建筑（图11-2-15）。始建于南宋绍兴末年（公元116年），初为木桥，自古为交通要津。此后的八百年间，毁于水14次，毁于火5次，毁于兵4次；宋修2次，元修1次，明修7次，清修13次，民国时修1次。民国7年（1918年）南北军阀混战争夺湖南，北军从醴陵败退，纵火烧城及渌江桥，桥毁。民国13年（1924年）春，富绅陈盛芳倡议改造石拱大桥，一县闻风响应。推醴籍"南社"著名诗人傅熊湘为主修，陈盛芳为工程经理，陈碧元为工程师。于1925年阴历九月在原桥址上游50米处，建成长186.7米，宽8米，二台、九墩、十孔大型石拱桥，并在桥中部架引桥连接状元洲，于洲上建桥公所及公园。康有为题桥额"渌江桥"三字（图11-2-16），傅熊湘撰并书《渌江桥碑》，均嵌刻于下首桥侧（图11-2-17）。渌江桥作为一座古桥具有三大特色：其一，桥的跨度大，是目前湖南省境内保存最好、跨度最大的石拱桥；其二，有保存完整的名人所题桥名桥碑；其三，文字史料翔实，从明代至民国的《渌江桥记》就有11种之多。1996年，湖南省人民政府将其公布为湖南省省级文物保护单位。

九、东安斩龙桥

东安斩龙桥位于永州东安县卢洪市镇卢江河上（图11-2-18）。该桥始建于宋庆历年间（1041~1048年），桥身石砌三孔，全长56米，桥高4米，宽2.2米。桥墩上粗下细，拱在桥中间处收分，迎水处做成突出的尖钩状，外用砖石砌筑，内实黄土。这些独特的构造，减轻了洪水的冲击强度，减少了桥的自身负荷。斩龙桥护桥石栏板上雕刻有持剑斩龙王像，因而得名斩龙桥（图11-2-19）。该桥外观秀美，坚固耐用，宋代桥梁的特征十分典型。斩龙桥自宋、元以来一直是湘桂通道之要冲，2005年桥上发现了目前世界上唯一的一块江永女书石碑刻。

图11-2-17 醴陵渌江桥《渌江桥碑》（黄磊摄）

图11-2-19 东安斩龙桥仙人持剑斩龙雕像（柳肃摄）

图11-2-20 溆浦穆公桥（柳肃摄）

图11-2-18 东安斩龙桥（柳肃摄）

十、溆浦穆公桥

穆公桥位于怀化市溆浦县龙潭镇，由吴姓永穆公倡导，始建于明嘉靖年间（1507～1566年），距今400余载，是溆浦县修建最早的一座风雨桥（图11-2-20）。桥身四墩三孔，桥墩迎水处做成纺锤状，桥廊14间，为重檐，两侧通透无窗（图11-2-21）。1940年规模修复，造型古朴典雅，飞檐走阁。1995年6月遭受特大暴雨山洪袭击，冲毁桥左墩基，导致墩毁桥断。1995年7月至1996年8月修复竣工。

十一、坪坦河风雨桥群

坪坦河风雨桥群分布在百里侗文化长廊腹地黄土乡、坪坦乡、陇城镇境内的坪坦河面上。坪坦河由南至北流经23个侗寨，17座风雨桥，全程27公里，自古为侗民族聚居地。在8.2公里长的河段上，有9座造型各异，形态万千的风雨桥横卧其上，永福桥、回福桥、永定桥、文星桥、普济桥、回龙桥、中步头桥、中步二桥、观月桥（图11-2-22）。2006年5月国务院公布为全国第六批重点文物保护单位。

风雨桥是郭沫若先生的命名，在当地叫花桥、福桥或风水桥。风雨桥是侗族建筑文化的象征。这九座桥均始建于清代，为木结构桥。风雨桥由桥墩、桥身、桥廊和桥亭等部分组合而成。桥墩承重；桥身跨河；桥廊设有长凳，供人休息；桥亭则根据桥长而设，一般有三亭，长的有五亭。桥亭上飞檐重叠，檐角面上彩绘雕塑各种花、鸟，桥脊上还有各种吉祥崇拜物。亭内设神龛，或为关圣殿，或为始祖祠和文昌宫。装饰精巧、彩绘精美是风雨桥的一大特色。

图11-2-21 溆浦穆公桥局部（柳肃摄）

图11-2-22 坪坦河风雨桥群（柳肃摄）

1. 中步二桥

中步二桥位于怀化市通道侗族自治县陇城镇中步村，是九座风雨桥中最短的一座。始建于清嘉庆二年（1797年），后毁于大水，1921年民众捐资出力又修复，桥体为叠梁式木构架廊桥，全长仅14.20米，宽5.35米，共有五个廊间。桥辟有人行道和牲畜行道，是湖南唯一一座人畜分道的侗乡风雨桥，人行道宽4.01米，畜行道宽1.34米。

2. 普济桥

普济桥位于怀化市通道侗族自治县坪坦乡坪坦村，始建于清乾隆二十五年（1760年），为单孔悬臂梁式廊桥。桥全长31.4米，宽3.8米，单孔拱券，净跨19.8米。清光绪二十一年（1895年）复修，民国3年（1914年）维修。桥的两岸各有一个半空心石墩，悬臂梁插在石墩内，以大卵石弹压，然而叠梁再压卵石，直至两岸伸臂合拢。用这种工艺修建木桥极为罕见，被桥梁专家誉为"桥梁化石"。

3. 文星桥

文星桥位于怀化市通道侗族自治县坪坦乡阳烂村，始建于清乾隆五十三年（1788年），为单孔叠梁穿斗式木构架廊桥，全长22.4米，宽3.5米。桥身采用侗族地区"挑梁代柱外展法"建造。该桥清光绪二十年（1894年）复修，民国5年（1916年）复修，民国35年（1946年）维修，1961年大修。

4. 永定桥

永定桥位于怀化市通道侗族自治县坪坦乡高团村，始建于清嘉庆十年（1805年），全长26.4米，宽3.55米，单孔净跨15.3米，11廊间，叠梁穿斗式木构架廊桥。该桥清光绪三十二年（1906年）复修，民国25年（1936年）复修，1968年维修。

5. 回福桥

回福桥位于怀化市通道侗族自治县坪坦乡高楼村，始建于清道光二十年（1840年），为三墩两孔，18廊间，叠梁穿斗式木构架廊桥，全长42.5米，宽3.86米。清同治九年（1870年）复修，民国35年（1946年）维修，1984年大修。回福桥中部设关帝神龛，板壁上绘持大刀骑战马关帝像，双目炯炯，威风凛凛。其他廊间彩绘，内容多为花草虫鱼、民间传说、英雄故事等。

6. 永福桥

永福桥位于怀化市通道侗族自治县坪坦乡高上村村口。始建于清乾隆五十年（1786年），为叠梁穿斗式木构架廊桥，全长19.32米，宽3.8米，11廊间，单孔净跨16.2米。该桥清嘉庆十年（1805年）复修，相继在清道光十五年（1835年）、清同治三年（1864年）、清光绪二十年（1894年）进行了维修，民国25年（1936年）大修。2006年5月与坪坦风雨桥捆绑公布为全国第六批重点文物保护单位。

7. 中步头桥

中步头桥位于怀化市通道侗族自治县陇城镇中步村村东210米处，始建于清咸丰二年（1853年），清光绪二十年（1894年）复修，民国12年（1923年）大修。桥长28米，宽3.52米。桥廊为穿斗木构架，四柱三间，桥廊10间，重檐小青瓦屋面。

8. 观月桥

观月桥位于怀化市通道侗族自治县陇城镇路塘村村口。始建于清乾隆二十年（1755年），民国10年（1921年）重修，1985年大修。桥身为一墩两孔，叠梁穿斗式木构架廊桥。桥长24.1米，宽5.38米。

十二、大矶头

大矶头位于岳阳市云溪区陆城镇新设村马鞍山西北面，与湖北省洪湖市杨陵山隔江相望，距岳阳市区约33公里，又名"寡妇矶"（图11-2-23）。清光绪五年（1879年）修建，大矶头系古代长江过往船只拉纤、航标构筑物。矶头呈弧形，弧长150米，矶身全部麻石铺砌，呈阶梯状，通高7.2米，有上、中、下三级钎路。每级钎路台壁均凿有钎孔、篙眼，供船夫拉钎、抵篙和攀手之用（图11-2-24），矶顶

图11-2-23 大矶头（柳肃摄）

图11-2-24 大矶头钎孔、篙眼（柳肃摄）

图11-2-25 大矶头蜈蚣雕饰（郭宁摄）

有108个石柱栏杆。第二层台壁条石上饰有蜈蚣雕饰（图11-2-25），形态生动传神，栩栩如生，其寓意是蜈蚣可以镇龙降妖，使长江水怪不再兴风作浪，确保过往船只平安无恙。大矶头是长江南岸的一处人工水利工程，是长江中下游水道上唯一保存完好的，利用自然山体和礁石修筑起来的人工矶头。它是研究长江航道和航运发展史的宝贵见证物和重要文化遗迹，在航运史上具有非常重要的意义。

湖南古建筑

第十二章 墓葬

湖南墓葬分布图

(地图引自：中华人民共和国民政部编.中华人民共和国行政区划简册2014.北京：中国地图出版社，2014.)

❶ 长沙福王墓　❸ 长沙何绍基墓　❺ 浏阳谭继洵墓
❷ 宁乡张栻墓　❹ 望城曾国藩墓　❻ 新化壁画墓

第一节 概述

在远古时代，恶劣的生存环境使死亡频频发生，而先民们却不能科学地解释这一现象，但又必须时刻面对这一事实。当他们普遍接受"人都要死亡"这一事实时，认为怎样处理死者尸体应该是大事。所以中国古人普遍认为人死后还要继续在另外一个陌生的世界生活，因此在安葬死者时要给他陪葬大量金银财宝来满足他继续生活的费用，否则就会受苦。据考古发现，在新石器时代，墓葬就有了制度规范。墓圹一般是竖穴式土坑，或长方形或正方形，用木棺放尸体，并套上椁，是身份的象征。在西安半坡遗址发现在尸骨上涂染朱砂，还有陪葬的陶器等。这些都说明古人对死者的敬畏，并认为死者灵魂存在。周代，我国的墓葬已有森严的等级制度。棺椁层数越多，随葬品越多，身份就越尊贵。所谓有棺无椁，一般人死后是不能配备的。就连孔子埋葬自己唯一的儿子也是"有棺而无椁"。至春秋时期，受儒家学说重礼、崇孝的影响，提倡"慎终追远"，"民德归厚"，《论语》中还有关于"三年之丧"的孝道礼仪，孔子认为在处理丧葬礼仪时，要注重内心的情感真诚与内在的伦理秩序。因而形成了中国古代的"厚葬"之风，"事死如事生"等传统观念也由此而产生。帝王对陵墓的建造更加重视，陵墓成为统治者炫耀权势的象征。

据考古学记载，人类将死者尸体放在某一固定的场所，称为"葬"；而放置尸体和固定的设施称为"墓"，故合称墓葬。墓葬是人生最终归宿处，特别是在"事死如事生"的观念下，厚葬形式蔚然成风。上到帝王将相，下至老百姓，都把墓葬看作是十分重要的事情。

在封建的宗法制度下，墓葬体现的不仅仅是埋葬习俗和墓葬制度本身，也是反映出当时社会政治、经济、生产、习俗、宗教等方面的情况，并且常常被视为某一时代的社会缩影，从而墓葬研究就有了重要的历史意义。

湖南民众从远古时代就相信"人死灵魂在"的说法，并认为世界有阴阳两重天。我们从历代文献查找，认为屈原的作品是能最早、最全面地反映湖南民众灵魂观的。从他的《九歌》、《招魂》、《大招》等作品中不难读出，诗的重点放在"灵魂"上，反映湖南民众和楚国民众已相信世间的阴阳两界和灵魂观念。南宋大儒朱熹来岳麓书院讲学，后游访衡阳等地，在其后来的作品中也反映湖南人有"信鬼"习俗；明代李贤也曾考察过湖南的风土人情，在其著作《明一统志》中也曾说到湖南人"信鬼好巫"，并强调湖南人相信死后灵魂还在的鬼魂观念。从这些考证中我们总结出，湖南人信鬼魂的观念成为墓葬的思想基础。

湖南人对墓葬的称谓也有差异，有的称"坟"或"坟头"，大部分称为"祖坟"。表示对墓葬的尊重与对故旧的凭吊之情。湖南传统的墓葬以葬坑填埋为主。只有少数做地宫的，即使做地宫也不大，没有北方帝王陵墓地宫那样的气派，上部做坟冢，坟冢左右和后方三面做圆形墓围，墓围后方高，左右两边低，留前方做出口。墓碑做在幕后面的墓围正中，墓碑高出墓围，碑顶做小房子。墓围前面缺口处，有的做石栏杆，前面放置香炉，供祭拜用。上等级的官员墓前面两边矗立有两根石柱作为墓阙。阙顶有的立瑞兽，有的做莲花，有的做龟头形，墓冢做成穹顶形，较低矮。高等级墓冢用石块围合，一般的用三合土夯筑。湖南地区的古代墓葬形式就是做坟冢，极少做地宫。做地宫的墓葬常在壁上饰以壁画，题材丰富，栩栩如生，是当时社会生活的缩影。

第二节 墓葬实例

湖南现存的墓葬主要有长沙福王墓、宁乡张栻墓、长沙何绍基墓、望城曾国藩墓、长沙左宗棠墓、浏阳谭继洵墓、汨罗屈原墓、平江杜甫墓、宁乡裴休墓、华容刘大夏墓、安化陶澍墓、新化壁画墓等。

图12-2-1 福王墓（龙玲摄）

图12-2-2 张栻墓（柳肃摄）

一、长沙福王墓

长沙福王墓，位于长沙城南的妙高峰。南宋忠定福王赵汝愚（1140—1196），字子直，是恭宪王赵元佐的七世孙。少年赵汝愚勤奋好学、抱负远大，年轻时中进士状元。曾任四川成都知府等职，官至右丞相。他为官清正廉明，以爱国忧君著称，是坚决主张抗金的主战派官员。后为奸臣所害贬至永州，于1196年任宁远节度使。其赴任途中，死于衡阳。后追封为福王，谥忠定。皇帝下令将他的棺柩运回原籍江西余干安葬。在经过长沙时，人民崇敬福王的忠良，纷纷前往吊唁和祭奠，并要求将其安葬在长沙，便在妙高峰修建一座"衣冠冢"让后人凭吊。而在江西余干也有一座"南宋忠定赵福王墓"。

福王墓陵园在妙高峰下，占地约500平方米，四周以"福"字围墙依山而立，内有青石小径环绕。墓冢为石结构，是常见的穹顶形。墓围后方高，周边以花岗石依山砌一道2米多高的石墙维护（图12-2-1）。墓围正中是墓碑，墓碑高出墓围，由五块连成整体，正中间主碑刻"忠定赵福王墓"，右碑刻"南宋庆元二年丙辰安葬，大庆宣统二年庚戌重修"，左碑刻"众姓捐建"。作为上等官员，墓前原立两石阙，现仅存东侧1根。1983年，此墓被列为湖南省省级文物保护单位。

二、宁乡张栻墓

南宋著名理学家张栻及其父张浚之墓位于湖南省宁乡县巷子口镇关山村。其父曾是南宋著名抗金名将。张栻字敬夫，号南轩，四川绵竹人。幼年拜师胡宏门下，得理学真传，与朱熹齐名。在宋孝宗乾道年间（1165~1173年），张栻曾在长沙岳麓书院和城南书院讲学，并任山长，又称南轩先生。后于南宋淳熙七年（1180年）去世，其墓葬于离父墓50米处。

墓葬在清顺治八年（1651年）重修，保持湖南古墓葬的地方特征。墓冢呈圆形，墓长11.2米，宽10米，冢高2米，直径5米，以本地的三合土封冢。墓冢周边是花岗石围筑。正中间位置立青石碑。碑高约1.5米，宽0.8米。碑文雕刻"宋大儒张南轩先生之墓"（图12-2-2）。墓前立石阙两根（本有四根，在"文化大革命"期间被破坏）。山下本有南轩祠，有明代学士杨廷和撰写的碑记，均在"文化大革命"期间被毁。我们今天看到的墓葬风貌，是1981年按原貌修复的，用黄土夯筑，混凝土封冢。2008年此墓再次重修，整体按原貌恢复。

三、长沙何绍基墓

何绍基是我国晚清诗人、书法大家。据清光绪《湖南通志》记载：何绍基系湖南道县人，字子贞，号东洲。清道光十六年（1836年）中进士，后官至国史馆、武英殿总纂。何绍基的最大成就还是在于书法，曾被誉为"书联圣手"，他将草书、篆书、隶书、行书融会贯通，形成自己的风格，被誉为"晚清书法第一人"。他曾居住于长沙化龙池，在城南书院和岳麓书院讲学，著有《说文段注驳正》、《东洲草堂诗集、文钞》等。清同治十三年（1874年）病逝。

何绍基墓位于长沙市雨花乡石人村石竹坳东山坡。墓占地面积约200平方米。墓冢坐西朝东，圆形，高0.8米，直径5.6米左右（图12-2-3）。墓冢周边砌花岗石。正中立祁阳石墓碑三通，主碑高约2米，厚0.6米，雕刻"何公子贞大人墓"；左、右附碑高约1.7米，宽0.5米，厚0.1米，碑文阴刻墓主生平事迹。右耳碑虽已断成两截，但碑文尚清晰。墓前建有护栏，立有华表，还有石凳、石桌、石炉等祭拜设施，是湖南传统的墓葬形式。

何绍基墓1988年被列为长沙市市级文物保护单位。其墓志铭在1995年被国家文物局鉴定为国家一级珍贵文物。

四、望城曾国藩墓

曾国藩墓位于湖南长沙望城县坪塘镇伏龙山上。此处风水甚好，据说曾国藩生前就为自己选择此处作为墓地。1872年3月，曾国藩在两江总督任职期间去世。后家人护着棺椁回到长沙安葬在金盆岭。两年后，其夫人欧阳氏去世，与曾国藩合葬于此。

墓葬占地约300平方米。坐北朝南，圆形墓冢，高2米，直径5米，用糯米混瓷片青砖筑成，上覆花岗石。周围有花岗石墓围，很气派。幕后立碑三通，碑用材花岗石镶祁阳白石，用材十分讲究。主碑高3.5米，宽约0.96米，直刻楷书碑文："皇清太傅大学士曾文正公、一品侯夫人欧阳夫人之墓"（图12-2-4）。左、右耳碑与碑额处雕刻云龙纹，可见规格高于一般墓葬。

墓前有拜台和约50平方米的祭坪。在东、西两侧分别立有4米高的石阙一个，东侧刻"曾太傅墓东阙"、西侧刻"曾太傅墓西阙"（图12-2-5）。墓前有弯曲的神道，与墓庐相连。神道两旁原有石

图12-2-3 何绍基墓（柳肃摄）

图12-2-4 曾国藩墓（柳肃摄）

图12-2-5 曾国藩墓东阙（柳肃摄）

图12-2-6 谭继洵墓（张星照摄）

马、石虎、石羊及石人各一对。神道前原有石牌坊，"文化大革命"中被毁。牌坊前100米处原有墓庐，墓庐内有龟托汉白玉石碑一块。还有李鸿章亲题的神道碑一块，"文化大革命"中被打断成三截留在原处。距墓庐300米处原有御碑亭，内有道光皇帝亲题碑石，"文化大革命"期间均毁。1996年望城文管所修复了墓冢主体部分，同年被列为湖南省省级文物进行保护。

五、浏阳谭继洵墓

谭继洵，浏阳人，晚清重要官员，是"戊戌六君子"之一的谭嗣同之父。清道光二十九年（1849年）谭继洵中举人，清咸丰九年（1859年）中进士。后40年，历任光禄大夫，湖北巡抚，湖广总督，为官清廉，体恤民情，深得朝廷厚爱。后因谭嗣同"戊戌变法"案牵连罢官，交由地方官员管束，终因郁郁寡欢于1900年卒于长沙。

谭继洵墓地位于浏阳市集里乡筱水村，是与夫人徐氏的合葬墓。墓区占地860平方米。由于"文化大革命"期间的破坏，现仅存墓冢、汉白玉墓碑、墓围和石人、石马等（图12-2-6）。2007年，长沙市文物局以"不改变墓葬原貌"为修缮原则，恢复了神道、拜台等原貌。今天看到的墓葬坐东北朝西南，圆形墓冢，三合土夯筑，上方用当地的小鹅卵石铺成吉祥图案，是典型的本地风格。墓冢直径3.8米，高0.9米。周边是花岗石砌筑的墓围，正前方有"八"字形的阑板栏杆，两边对称立望柱四根，望柱头雕饰瑞兽（图12-2-7）。此阑板栏杆是清朝晚期的做法。墓葬正中间立碑五通，用材为祁阳石，主碑高1.9米，宽0.7米。碑顶均有仿木构的屋顶，檐口起翘具有南方特色。碑文阴刻楷书，书"皇清诰授光禄大夫兼署湖广总督湖北巡抚谭敬甫君诰封一品夫人谭母徐太夫人之墓""光绪二十九年癸卯岁仲冬月"，两侧阴刻龙纹，可见谭继洵官阶显赫，为官期间地位举足轻重。

六、新化壁画墓

新化壁画古墓位于娄底新化县的维山镇。这是

图12-2-7 墓碑与拜台（张星照摄）

图12-2-8 新华壁画墓（柳肃摄）

图12-2-9 壁画人物（柳肃摄）

图12-2-10 壁画十二生肖（柳肃摄）

湖南地区少有的带地宫的古墓。由于无史书和碑刻记载，建造年代不详，墓主姓氏与官位不详。据考古推测，此墓葬建于晚唐至五代时期。是目前湖南地区最古老的墓葬壁画之一（图12-2-8）。

墓葬外观是极为平常的拱形墓冢，掩埋在竹木丛生的树林中。地宫为单室，砖砌拱券结构，所用砖是石灰烧成的，这种砖在古建筑中很少见。墓室内长3.35米，宽1.16米，高1.538米，在南方的古墓中是较大规格的。此墓葬的最大特色就在于它大面积的壁画（图12-2-9）。墓室左、右两面墙壁分为上、下两层。上层两边各有12个约20厘米宽、30厘米高的壁龛，每个壁龛中描画着一个人物或一个生肖动物，共12个人物和十二生肖（图12-2-10）。12个人物画的是军队士兵形象，有的持弓箭，有的持矛盾，有的击鼓、吹奏乐器，形象生动传神。

十二生肖动物身着长袍，表情丰富，更有意义的是十二生肖的动物与我们今天看到的十二生肖有所不同，很有研究价值。绘画方式以墨线勾勒、矿物颜料平涂为主，色调以红黑为主，与晚唐的绘画风格类似。在墓室两侧的下方各画有一条龙，龙身起伏，龙头朝向墓门。最有特色的是两条龙不相同：一条龙身上有鳞片；另一条没有。一条龙身后跟有三个男人，另一侧的龙身后跟着四位女性。这几个人物推测应该是墓主人的后人，而这两条分别在男人和女人前面的不同的龙是否也表示有性别上的差异，便不得而知。此墓葬壁画的描绘、设色水平高超，是我国古代墓葬壁画中的精品。尤其是在南方不利于壁画保存的地理气候条件下，得以完好保存，更是极为珍贵。

湖南古建筑地点及年代索引

名称	类型	地点	建成年代（变化情况）	材料结构	规模	文保等级
南岳大庙	佛道儒建筑	南岳镇北端，赤帝峰南麓	始建于秦汉、自唐以来，经历了宋、元、明、清6次大火和16次重修补建，现为清光绪形制	中轴线上为石木结构，8寺8观为砖木结构	占地约10万平方米	全国重点文物保护单位
长沙麓山寺	佛教建筑	长沙岳麓山腰	始建于西晋泰始四年（公元268年）。清朝时，麓山寺进行了几次大规模的修建。弥勒殿、大雄宝殿、斋堂等建于1944年被日军炸毁，仅存山门和观音阁。其他建筑均于1982～1988年间修复	三开间，单檐歇山顶，红墙黄瓦，大雄宝殿，重檐歇山顶，面阔七间，进深六间，施黄琉璃瓦	8428平方米	全国重点文物保护单位
衡山南台寺	佛教建筑	南岳衡山瑞应峰下	南朝梁天监光大年间初创，现为清光绪年间重建	多为硬山式建筑，青砖砌筑，小青瓦屋面	主体建筑包括四部分，主体建筑与山门不在一条轴线上，另成一组，采用中轴对称式布局	全国重点文物保护单位
长沙开福寺	佛教建筑	长沙市湘春路	始建于五代时期，距今已有1000多年历史。现存中轴线上的主体建筑为清代建筑，其他建筑均毁于战火，为20世纪90年代后新建	正殿大雄宝殿，清代建筑，1923年重修，高20米。面阔三间，四周围廊，单檐歇山顶，黄色琉璃瓦。殿内檐柱、金柱全为上半截木柱，下半截石柱	整个修复扩建工程后总面积达16万平方米	全国重点文物保护单位
湘乡云门寺	佛教建筑	湖南省湘乡城关市	始建于北宋皇佑二年（1050年）。云门寺经宋、明、清历代修葺，现存建筑为清道光九年（1829年）、清同治四年（1865年）间重修	山门外左有龙王庙，右有土地祠，均为硬山式小青瓦屋面。山门屋脊高耸，封火山墙具有湖南地方建筑韵味。大雄宝殿面阔五开间，带前廊，硬山式屋顶	云门寺占地约10亩，其主要建筑有前殿、中殿、大雄宝殿和观音阁	湖南省级文物保护单位
沅陵龙兴寺	佛教建筑	湖南省沅陵县城西虎溪山南麓	始建于唐贞观二年（公元628年），寺内保留有宋代至清代不同时期的建筑，是湖南省内现存最古老的木构建筑群，也是湘西地区现存最早的寺庙	大雄宝殿是其主要建筑物，重檐歇山顶，下层左右为硬山式，上层歇山顶，形成歇山与硬山结合的特殊形制。该殿主体木构架柱、梁、枋等，皆系宋元时代遗存。殿立有8根直径达80多厘米的楠木内柱，柱身呈梭状，上下细中间粗。柱与柱础之间有鼓状木榫，这都是明代以前的古老做法	龙兴寺寺占地面积约2万平方米，现存有山门、大雄宝殿、观音阁等10余座建筑	全国重点文物保护单位

续表

名称	类型	地点	建成年代（变化情况）	材料结构	规模	文保等级
长沙陶公庙	道教建筑	湖南省长沙县朗梨镇临湘山	始建于南北朝梁天监六年（公元508年）。后来逐渐演变为道教性质建筑。再考现存之后殿大梁，重建于清乾隆四十八年（1783年）	山门为五间七柱三门砖砌牌楼，正脊置琉璃幡龙宝顶，两侧列琉璃八仙，神态生动，屋脊两端鳌鱼收尾，檐下层层堆塑。东、西两间明屋，为单檐硬山弓形防火墙。屋顶采用歇山与硬山结合手法，与两侧的"弓形墙"及外墙的"山字墙"相互呼应，融为一体，体现了明显的湖南地方特色	陶公庙由山门、戏楼、正殿和偏殿等部分组成，占地11亩，建筑面积1852平方米	湖南省级文物保护单位
邵阳水府庙	道教与民间信仰相结合的庙宇	位于邵阳市境内，在资江与邵水交汇处东岸	始建于明万历年间，道光年间重修	水府庙古建筑仅为戏楼，供唱戏祈神之用，外观3层，实则1层。3层八角攒尖顶，造型精美。全木结构，全楼用2000根纯木构成，卯榫结构，未用一根铁钉，结构精巧	原有建筑面积500余平方米，其中主殿8间380平方米，偏殿120多平方米。主殿内供奉河神、玉皇等58尊神像。现存水府庙古建筑仅为戏楼，供唱戏祈神之用	湖南省级文物保护单位
永顺祖师殿	土家族现存最早的道教建筑	位于老司城太平山南麓	始建于后晋天福二年（公元937年），重建于明代	正殿采用全木构，玉皇阁重檐歇山顶，外观为楼阁式建筑，实则只有1层，不可登临。内部木构架轻巧，檐下做有湖南地方特色的如意斗拱	主要殿堂有正殿、后殿、玉皇阁，正殿占地580平方米	全国重点文物保护单位
宁乡密印寺	佛教建筑	位于宁乡县沩山毗卢峰下	密印寺创建1000多年来，历经朝代更迭，屡遭兵火，又多次重建	山门为红色三开牌楼式砖石结构建筑，黄色琉璃瓦，中为拱形大门。正殿万佛殿重檐歇山顶，覆黄色琉璃瓦顶，殿内38根粗大的白色花岗石石柱，屋檐下有繁缛的如意斗拱装饰	现存建筑有山门、大殿（万佛殿）、后殿、配殿、禅堂、祖堂等。占地9000多平方米	湖南省级文物保护单位
衡山祝圣寺	佛教建筑	衡阳市南岳区南岳镇东街	始建于唐代，五代楚王改名"报国寺"，宋徽宗时改为"神霄宫"。清代重修，现为清代格局	石木结构	由六进四横六个院落组成	全国重点文物保护单位
张家界普光寺	佛教建筑	坐落在张家界永定区城东	大雄宝殿是普光寺内最大的殿堂，也是这座寺庙的主体建筑。始建于明代永乐年间，清康熙四十七年（1708年）重修，后来清雍正、乾隆、嘉庆、道光、咸丰、同治与光绪各个时期也修葺过	罗汉殿紧靠水火二池。殿内供奉的是十八罗汉，形态各异，造型生动。该殿始建于明景泰七年（1456年），清乾隆四十一年（1776年）重修。殿内16根大木柱，取自然形态，弯曲歪斜，自古就有"柱曲梁歪屋不斜"的说法，为全国寺庙建筑所罕见	现存普光寺占地8618平方米，主要建筑有大山门、二山门、大雄宝殿、罗汉殿、观音殿、玉皇阁、高贞观等。不同年代相继建成，具有宋、元、明、清各个朝代的建筑风格	湖南省级文物保护单位

续表

名称	类型	地点	建成年代（变化情况）	材料结构	规模	文保等级
石门夹山寺	佛教建筑	位于湖南省石门县东南约15公里处	始建于唐咸通十一年（公元870年），历经唐懿宗、宋神宗、元世祖"三朝御修"	大雄宝殿为清朝时期重建，面积500多平方米，五架梁，鳌鱼收尾	夹山寺占地50余亩	湖南省级文物保护单位
蓝山塔下寺	佛教建筑	蓝山县城东回龙山下	始建于唐代，后历代均有修葺。而传芳塔始建于明嘉靖四十二年（1563年），到明万历元年（1578年）才建成	传芳塔为砖石结构，平面为正八边形，7层，高40米，塔基为天然岩石，塔体为青砖砌就。底层9.63米，外壁边宽4.03米，墙厚3.24米，从二层起逐渐内收。塔中空，塔中有186级内旋式阶梯，盘旋而上，直达塔顶	塔下寺占地20余亩	湖南省级文物保护单位
长沙云麓宫	道教建筑	位于长沙市岳麓山顶峰	始建于明代初期，明朝末年该宫不幸毁于战火。清康熙年间（1662～1722年）又经修整，咸丰年间又遭兵毁。清同治二年（1863年）武当山太和观道士向教辉居此宫，召集众道友募资，仍按昔日规模重修云麓宫	三殿皆为石柱铁瓦	增建三殿，前殿为吴圣殿，中殿为祖师殿，后殿为三清殿，殿两厢为丹房。并于宫后建些香亭	湖南省级文物保护单位
永州武庙	道教建筑	坐落于永州古城东山上高山寺右侧	建于清嘉庆年间	系砖木结构，歇山重檐式，红墙青瓦，翼角高翘，端庄雄伟	建筑面积约700平方米	湖南省级文物保护单位
新邵文仙观	道教建筑	位于巨口铺镇文仙村文斤山中部	自宋代创建以来，经过多次维修和扩建，至明代万历年间已基本定形，明清重修		建筑占地面积达5000多平方米，现观内幸存有城隍庙、三宫殿2座殿宇建筑物和玉皇殿、五岳殿、文仙殿等3座殿宇遗址。	湖南省级文物保护单位
桃源星子宫古建筑群	道教建筑	桃源星德山顶	明洪武三年（1370年），道教名师张道修筑了三元宫，并将星子山改名为星德山。明天启二年（1622年）桃慈二县官员奉诏修灵霄行宫，三元宫易名为灵霄宫，以后又经几代道人数度扩建，形成以星子宫为主体的古建筑群	星子宫古建筑群中的各类石雕，工艺都相当精湛，有着极高的艺术品位	星子宫有正殿三重，偏殿六间，两翼还分布着王爷殿、百子堂、火工殿、寝宿殿、三生殿、南天门、观星坛、望月楼、玉宵殿等诸多建筑	
洞口秀云观	道教建筑	坐落在山门镇黄泥江畔风景秀丽的秀云山上	始建年月不详，清光绪二年（1876年）版《武冈州志》有"南岳殿……地灵神显，不知起自何代"之记载。父老相传，早在宋代，这里的寺庙宫观颇具规模，历元、明、清几代，不断扩建、修葺		建成了南岳殿、观音殿、大雄宝殿、地母殿、关圣殿、山门牌楼等，占地面积8026平方米	

续表

名称	类型	地点	建成年代（变化情况）	材料结构	规模	文保等级
凤凰天王庙	道教建筑	位于城东南观景山麓	始建于南宋淳熙十年（1183年）左右	正殿坐南朝北，由24根朱红大柱支撑，长14米，宽15米，高10多米	占地3000余平方米	
通道白衣观	道教建筑	位于湖南通道侗族自治县播阳乡	清乾隆二十四年（1759年）由侗族道士募建	又名"千丘百塔"，为5层八角穿斗式木结构塔楼，通高18.92米，底边长5.7米，楼内架木梯呈螺旋状直达顶层。每层四周开方格窗户，以利采光透气。主楼四周用干砌盒斗式砖墙围合成院落	占地面积920平方米	
长沙岳麓书院	文教建筑	长沙市	始建于北宋开宝九年（公元976年）	砖木结构	建筑面积7000多平方米	全国重点文物保护单位
南岳邺侯书院	文教建筑	衡山县	始建于唐元和十五年（公元820年）	石木结构	占地面积2630平方米	南岳区文物保护单位
浏阳文华书院	文教建筑	浏阳市文家市	始建于清道光二十一年（1841年）	砖木结构	书院自北向南依次为照壁、大门、讲堂、大成殿、成德堂，两侧有关帝殿、文昌阁及斋舍等	全国重点文物保护单位
平江天岳书院	文教建筑	平江县	始建于清康熙五十九年（1720年）	砖木结构	书院有大门、讲堂、大成殿，两侧为斋舍、罗孝子祠和藏书楼	全国重点文物保护单位
湘乡东山书院	文教建筑	湘乡市	始建于清光绪十六年（1890年）	砖木结构	占地面积3500平方米	全国重点文物保护单位
宁乡云山书院	文教建筑	宁乡县	始建于清同治二年（1863年），清光绪二十八年（1902年）改为高等小学堂	砖木结构	占地面积1.3万平方米	湖南省级文物保护单位
醴陵渌江书院	文教建筑	醴陵市	始建于清乾隆十八年（1753年）	砖木结构	书院大门、讲堂、大成殿位于同一纵向轴线上，并保留有考棚	湖南省级文物保护单位
汝城濂溪书院	文教建筑	汝城县	始建于南宋宁宗嘉定十五年（1222年）	砖木结构	书院倚山临水，坐北朝南，为四合院式建筑，大部分为2层楼阁	汝城县文物保护单位
炎陵洣泉书院	文教建筑	炎陵县	始建于清康熙六十一年（1722年）	砖木结构	书院自南而北依次为大门、讲堂、大成殿；东、西两侧为对称的斋舍	
吉首潕溪书院	文教建筑	吉首市	始建于清康熙五十四年（1716年）	砖木结构	潕溪书院自南而北依次为大门、讲堂、先师殿、藏书楼，右侧现为大成殿和新建文昌阁	吉首市文物保护单位

续表

名称	类型	地点	建成年代（变化情况）	材料结构	规模	文保等级
通道恭城书院	文教建筑	通道侗族自治县	始建于北宋崇宁四年（1105年）	木结构	书院坐东朝西，有门楼、两栋斋舍和讲堂四栋建筑	怀化市重点文物保护单位
凤凰三潭书院	文教建筑	凤凰县	始建于清同治十一年（1872年）	砖木结构	现仅存讲堂	湖南省级文物保护单位
溆浦崇实书院	文教建筑	溆浦县	始建于清道光十四年（1834年），清咸丰五年（1855年）更名为崇实书院，清光绪三十二年（1906年）奉令将"崇实书院"更名为吴氏族立初等小学堂	砖木结构	书院自南向北依次为泮池、照壁、大门、前厅、阁楼、中厅和后厅	
岳阳文庙	文教建筑	岳阳市	始建于宋治平初年（1064年）	砖木结构	文庙自南而北依次为：泮池、棂星门、大成门和大成殿	全国重点文物保护单位
宁远文庙	文教建筑	宁远县	始建于北宋乾德三年（公元965年），现存建筑为清同治十二年至光绪八年（1873~1882年）重建	砖木、石木结构	文庙自南而北依次为照壁、泮池、棂星门、大成门、大成殿、崇圣祠，两侧有登圣坊、步贤坊、腾蛟门、起凤门、乡贤祠、名宦祠、东西庑等	全国重点文物保护单位
浏阳文庙	文教建筑	浏阳市	始建于清嘉庆二十三年（1818年）	砖木、石木结构	占地面积6100平方米	全国重点文物保护单位
湘阴文庙	文教建筑	湘阴县	始建于北宋庆历八年（1048年）	砖木、石木结构	占地面积6600平方米	湖南省级文物保护单位
永州零陵文庙	文教建筑	永州市	始建于南宋嘉定元年（1208年）	砖木、石木结构	现仅存大成殿及东、西两庑	湖南省级文物保护单位
澧县文庙	文教建筑	澧县	始建于北宋乾德三年（965年）	砖木结构	澧州文庙自南而北依次为头门、大成门、大成殿、崇圣祠，两侧有钟鼓亭和厢房	湖南省级文物保护单位
湘乡文庙	文教建筑	湘乡市	始建于清乾隆四年（1973年）	砖木、石木结构	现存棂星门、钟鼓亭、大成殿及两庑	湘乡市文物保护单位
吉首乾州文庙	文教建筑	吉首市	始建于清雍正七年（1729年）	砖木结构	学庙建筑自南而北三进院落，依次为照壁、棂星门、泮池、大成门、大成殿和崇圣祠，中轴线两侧为东、西庑和钟鼓楼	全国重点文物保护单位
凤凰文庙	文教建筑	凤凰县	始建于清康熙四十九年（1710年）	砖木结构	文庙由泮池、棂星门、大成门、大成殿及两庑组成	湖南省级文物保护单位

续表

名称	类型	地点	建成年代（变化情况）	材料结构	规模	文保等级
石门文庙	文教建筑	石门县	始建于北宋皇祐四年（1052年）	砖木结构	石门文庙自南而北依次为头门、泮池、棂星门、大成门、大成殿、崇圣祠（已毁），两侧有耳房、碑廊、文武官厅、钟鼓楼、厢房、礼（乐）器库等	
芷江（沅州府）文庙	文教建筑	芷江侗族自治县	始建于明代中叶	砖木、石木结构	占地面积1870平方米，建筑面积1101.94平方米	湖南省级文物保护单位
湘潭文庙	文教建筑	湘潭市	始建于清顺治九年（1649年）	砖木结构	占地面积约2000平方米	湖南省级文物保护单位
新田文庙	文教建筑	新田县	始建于明崇祯十二年（1639年）	砖木、石木结构	新田文庙自西而东依次为泮池、棂星门、大成门、大成殿	湖南省级文物保护单位
城步孔圣庙	文教建筑	城步苗族自治县	现存建筑始建于清光绪十五年（1889年）	砖木、石木结构	孔圣庙自南而北依次为照壁、棂星门、大成门、大成殿及东、西庑	湖南省级文物保护单位
安化梅城文庙	文教建筑	安化县梅城镇	始建于北宋熙宁五年（1072年）	砖木结构	占地面积3100平方米	安化县文物保护单位
岳阳楼	风景园林建筑	岳阳古城西门城头	始建于三国时期，后多次重修	整体木构，屋顶是穿斗式结构	建筑宽阔17.24米，深17.5米。3层通高20.35米	全国重点文物保护单位
黔阳芙蓉楼	风景园林建筑	黔阳市黔城镇沅水与潕水汇流之处的香炉岩	清乾隆年间始建，清嘉庆年间迁建	整体木构	主楼芙蓉楼为纯木构2层楼阁，平面宽12.8米，进深8米，高9.5米。正面三开间	全国重点文物保护单位
耒阳环秀楼	风景园林建筑	耒阳市东南角	始建于明洪武年间，后多次重修	砖木结构	高4层，底层平面直径约10米，座高3米。墙厚0.8米，楼高20米	湖南省级文物保护单位
爱晚亭	风景园林建筑	长沙市岳麓山下的清风峡	始建于清乾隆五十七年（1792年），后又多次大修	木石结构	亭边长6.9米，高为10.7米	全国重点文物保护单位
双清亭	风景园林建筑	邵阳市双清公园内	始建于宋代（一说始建于元代），历经多次整修	纯木结构	54平方米	邵阳市文物保护单位
朗吟亭	风景园林建筑	岳阳洞庭湖中的君山岛龙腭山顶	始建年代不可考，后多次重修	纯木结构	方形平面，高15米，长13.1米，宽3.4米	
马田鼓楼	风景园林建筑	通道县坪阳乡马田村	始建于清顺治年间，后数次重建	纯木结构	鼓楼占地面积240平方米，高18.72米	全国重点文物保护单位
汨罗屈子祠	祠庙	湖南岳阳汨罗	始建于汉代，清乾隆二十一年（1756年），将它移建至玉笥山上	单层单檐砖木结构	建筑占地1354平方米	全国重点文物保护单位

续表

名称	类型	地点	建成年代（变化情况）	材料结构	规模	文保等级
永州柳子庙	祠庙	湖南永州	永州柳子庙始建于北宋仁宗至和三年（1056年），南宋始兴十四年（1144年），清朝光绪三年（1877年）重建	砖木结构	建筑占地2000多平方米	全国重点文物保护单位
凤凰陈家祠（朝阳宫）	祠庙	湖南凤凰	始建于民国4年（1915年），民国12年（1923年）由族人扩建	砖木结构	占地500多平方米	湖南省级文物保护单位
凤凰杨家祠堂	祠庙	湖南凤凰	祠堂建于清道光十六年（1836年）	砖木结构	占地800多平方米	湘西自治州州重点文物保护单位
洞口金塘杨氏宗祠	祠庙	湖南洞口县金塘村社山	建于清朝末年	砖木结构	建筑三进	湖南省级文物保护单位
洞口曲塘杨氏宗祠	祠庙	湖南洞口县竹市镇曲塘村	建于1914年	砖木结构	占地3590平方米	湖南省级文物保护单位
永顺土王祠	祠庙	湖南永顺灵溪	建于明代，清代重建	大门木构，其余为砖木结构	建筑两进	全国重点文物保护单位
衡南大渔村王氏宗祠	祠庙	湖南衡南县隆市乡渔溪村	始建于宋嘉祐六年（1061年），明永乐十年（1412年）重建	砖、石、木混合结构	占地1462平方米	全国重点文物保护单位
汝城卢氏家庙	祠庙	湖南汝城土桥镇金山村	始建于明万历三十三年（1606年），清道光六年（1826年）扩修龛堂。1947年改建，2003年按原貌局部维修	砖木结构	占地367平方米	全国重点文物保护单位
汝城叶氏家庙	祠庙	湖南汝城土桥镇金山村	始建于明弘治至嘉靖年间（1488～1528年）。清乾隆、道光及民国时期均有修缮	砖木结构	建筑面积178平方米	全国重点文物保护单位
汝城朱氏总祠	祠庙	汝城县城南端上黄街口	始建于1946年	砖木结构	建筑面2898.3平方米，占地面积5895平方米	全国重点文物保护单位
汝城范氏家庙	祠庙	汝城县益道村	始建于明代	砖木结构	建筑面积467平方米	全国重点文物保护单位
芷江天后宫	会馆	芷江侗族自治县县城舞水河西岸	始建于清乾隆十三年（1748年）	木结构、砖石结构	原占地面积近7000平方米，现占地面积近4000平方米，其中建筑面积近2000平方米	全国重点文物保护单位
北五省会馆（湘潭关圣殿）	会馆	湘潭市十一总正街	始建于清初，乾隆三十九年（1774年）重修	砖木结构	占地面积4066平方米	湖南省级文物保护单位
凤凰万寿宫	会馆	湘西凤凰县城东门外沙湾	始建于清乾隆二十年（1755年）	砖木结构	建筑群总面积约4000平方米	湖南省级文物保护单位
湘潭鲁班殿	会馆	湘潭市自力街兴建坪	始建于清乾隆年间，1912年被焚，1915年重修	砖木结构	建筑分前后两栋	湖南省级文物保护单位
浦市镇江西会馆	会馆	泸溪县浦市镇	始建于明初，现有建筑为清光绪年间遗存	砖木结构	建筑面积约365平方米	湖南省级文物保护单位

续表

名称	类型	地点	建成年代（变化情况）	材料结构	规模	文保等级
岳阳张谷英村	民居村落	岳阳市岳阳县渭洞乡张谷英镇	始建于明洪武年间（1368~1398年），历经明、清扩建而成	砖木结构	现存共18个组群，占地面51000平方米	全国重点文物保护单位
江永上甘棠村	传统村落	永州市江永县夏层铺镇	始建于唐太宗二年（公元827年）	砖木结构	现存古民居200余栋	全国重点文物保护单位、中国历史文化名村
永州涧岩头村	传统村落	永州市零陵区富家桥镇	明嘉靖年间（约1550年前后）始建老院子，明万历年间至明末崇祯年间修成红院子和黑院子，清道光初年建成"新院子"，清光绪年间修建了"子岩府"，四大家院完成于清光绪三十年（1904年）	砖木结构	总占地面积100余亩，建筑面积3.5万平方米，正、横屋180栋，大小房屋2000多间，天井136个，游亭36座，巷道、走（回）廊40余条	全国重点文物保护单位、中国历史文化名村
永兴板梁村	传统村落	郴州市永兴县高亭乡	始建于宋末元初	砖木结构	现存明清古民居360余栋，青石板街巷3000余米，古商街200余米	湖南省级文物保护单位、中国历史文化名村
会同高椅村	民居	怀化市会同县	始建于明洪武十三年（1380年）	砖木结构、全木结构	占地面积22.3公顷	全国重点文物保护单位
辰溪五宝田村	民居	怀化市辰溪县	始建于清康熙二十四年（1685年）左右	砖木结构、全木结构	建筑面积2万平方米	湖南省级文物保护单位
道县楼田村	传统村落	永州市道县清塘镇	始于北宋太宗太平兴国六年（公元981年）	砖木结构	现存古民居20余栋	全国重点文物保护单位、湖南省历史文化名村
溆浦阳雀坡村	民居	怀化市溆浦县	始建于清乾隆十九年	砖木结构、全木结构	占地面积约5万平方米	湖南省级文物保护单位
新化楼下村	民居村落	娄底市新化县水车镇	始建于明代	砖木结构		湖南省级历史文化名村
新田黑砠岭村	传统村落	永州市新田县枧头镇	始建于宋神宗元丰年间，发展于明末清初，定型于清道光年间	砖木结构	现存明清古民居60余栋	全国重点文物保护单位、湖南省级历史文化名村
新田谈文溪村	传统村落	永州市新田县三井乡	始建于明初	砖木结构	现存清代门楼和公祠各一座，明清建筑数栋，以及明清数十方石碑	湖南省级文物保护单位、湖南省级历史文化名村
常宁中田村	传统村落	衡阳市常宁庙前镇	始建于明永乐二年（1404年），清代中期渐成规模	砖木结构	现存从康熙48年到民国的旧宅100多幢，天井200多个，巷道108条，建筑面积达14000平方米	湖南省级文物保护单位、湖南省级历史文化名村

续表

名称	类型	地点	建成年代（变化情况）	材料结构	规模	文保等级
江华宝镜村	传统村落	永州市江华县大圩镇	始建于清顺治七年（1650年）	砖木结构	古民居群占地80余亩	湖南省级文物保护单位、湖南省级历史文化名村
通道芋头村	民居	怀化市通道县	始建于明洪武年间	全木结构	占地面积11.6平方米	全国重点文物保护单位
江永兰溪村	传统村落（瑶族）	永州江永县兰溪乡	始于汉魏时期	砖木结构	现存明清古民居近百栋，公共建筑数十栋	湖南省级文物保护单位、中国历史文化名村
双牌岁圆楼	民居	永州市双牌县理家坪乡坦田村	始建于道光十六年（1836年）	砖木结构	占地2696平方米	全国重点文物保护单位
衡东罗荣桓故居	民居	衡阳市衡东县荣桓镇南湾村	始建于民国3年（1914年）	砖木结构	占地700多平方米，建筑面积540平方米	全国重点文物保护单位
双峰富厚堂	民居村落	娄底市双峰县荷叶乡富托村	始建于清同治四年（1865年），于清光绪元年（1875年）完工	砖木结构	全宅占地60余亩，建筑面积1万余平方米	全国重点文物保护单位
浏阳谭嗣同故居	清朝晚期庭院式民居	浏阳市城关镇北正路	始建于明末，形成于清朝晚期	砖木结构	现存老建筑占地面积只有约780平方米	全国重点文物保护单位
浏阳沈家大屋	清朝晚期民居	浏阳市龙伏镇	清同治四年（1865年）兴建，清光绪年间续建	土木结构	占地面积13500多平方米，建筑面积约8265平方米	湖南省级文物保护单位
浏阳锦绶堂	清朝晚期民居	浏阳市大围山镇	清光绪二十三年（1897年）	砖木结构	占地面积4000多平方米，建筑面积约2800余平方米	湖南省级文物保护单位
邵东荫家堂	民居村落	邵阳市邵东县杨桥乡清水村	始建于清道光三年（1823年）	砖木结构	占地面积8500余平方米	全国重点文物保护单位
双峰朱家四堂	民居村落	娄底市双峰县甘棠镇香花村	始建于清咸丰年间，完成于民国初年	砖木结构	总占地面积19100平方米，总建筑面积34000平方米	湖南省级文物保护单位
涟源世业堂	民居村落	湖南省娄底涟源市三甲乡铜盆村	始建于清嘉庆年间（大约1815~1820年）	砖木结构	占地8600平方米	湖南省级文物保护单位
宁远黄家大屋	民居	永州市宁远县九嶷山瑶族乡九嶷山村	始建于清道光十一年（1831年）	砖木结构	占地近2900平方米，由14个独立的居住单元连体而成	湖南省级文物保护单位
洪江窨子屋	民居	怀化市洪江区	始建于唐代，兴盛于明清。现存主要为明清时期建筑	砖木结构	总面积近20万平方米	全国重点文物保护单位
岳阳慈氏塔	塔	岳阳市洞庭湖西南岸	唐开元年间始建，宋治平、建炎年间修葺	楼阁式砖塔	7层8面	全国重点文物保护单位

续表

名称	类型	地点	建成年代（变化情况）	材料结构	规模	文保等级
邵阳北塔	塔	邵阳市北塔区	明万历元年（1573年）始建，万历十年（1583年）竣工	楼阁式砖塔	7层8面	全国重点文物保护单位
新化北塔	塔	新化县城北资水西岸	始建于清道光十三年（1833年），道光十五年（1835年）竣工	楼阁式砖塔	7层8面	全国重点文物保护单位
澧县花瓦寺塔	塔	常德澧县宜万乡花瓦村	北宋	楼阁式砖塔	7层8面	全国重点文物保护单位
永州回龙塔	塔	永州市零陵区	明万历十二年（1584年）	楼阁式砖塔	外5层，内6层，8面	全国重点文物保护单位
望城惜字塔	塔	长沙市望城县茶亭镇	清朝道光十八（1838年）年	楼阁式石塔	7层6面	湖南省级文物保护单位
澧县蜚云塔	塔	常德澧县澧澹乡宝塔湾村	明天启初年倡建，清嘉庆十六年（1811年）续建，清嘉庆二十二（1817年）年竣工	楼阁式砖石塔	7层8面	湖南省级文物保护单位
衡阳珠晖塔	塔	衡阳市茶山坳镇藕圹村拜亭山南	清光绪二十一年（1895年）倡建，光绪二十三年（1897年）竣工	楼阁式砖石塔	7层8面	湖南省级文物保护单位
汝城文塔	塔	汝城县城南门口	始建于明成化五年（1469年），清光绪六年（1880年）重建	楼阁式砖塔	7层8面	湖南省级文物保护单位
武冈凌云塔	塔	武冈市城东郊	始建于清道光三年（1823年），道光九年（1829年）竣工	楼阁式砖塔	7层8面	湖南省级文物保护单位
江永寿隆桥	桥	江永县上甘棠村谢沐河上	宋代	石平桥	小	湖南省级文物保护单位
江永步瀛桥	桥	江永县上甘棠村谢沐河上	始建宋宣和七年（1210年）十二月，宋靖康元年（1126年）二月竣工	石拱桥	中	全国重点文物保护单位
浏阳新安桥	桥	浏阳社港镇新安村	始建明成化十年（1474年），清嘉庆八年（1803年）重修	石拱桥	小	湖南省级文物保护单位
通道回龙桥	桥	怀化通道县平坦乡	清乾隆二十四（1759年）年	木风雨桥	大	全国重点文物保护单位
通道普修桥	桥	怀化通道县黄土乡	清嘉庆年间	木风雨桥	大	市级文物保护单位
岳阳三眼桥	桥	岳阳市东郊奇家岭	始建宋庆历年间，明嘉靖四十一年（1562年）重修	石拱桥	中	湖南省级文物保护单位
绥宁定远桥	桥	邵阳绥宁县关峡镇	清康熙二十三年（1684年）	石拱桥	中	湖南省级文物保护单位
醴陵渌江桥	桥	醴陵市中心	始建南宋绍兴末年，民国年（1925年）重修	石拱桥	大	湖南省级文物保护单位
东安斩龙桥	桥	永州东安县卢洪市镇	始建于宋庆历年间	石拱桥	大	市级文物保护单位
溆浦穆公桥	桥	怀化市溆浦县龙潭镇	始建明嘉靖年间，1995年7月~1996年8月修复	木风雨桥	中	市级文物保护单位

续表

名称	类型	地点	建成年代（变化情况）	材料结构	规模	文保等级
坪坦河风雨桥群	桥	黄土乡、坪坦乡、陇城镇境内的坪坦河上	均始建于清代	木风雨桥	大	全国重点文物保护单位
岳阳坪田村刘来氏牌坊	牌坊	云溪区云溪乡坪田村	建于清光绪十四年（1888年）	石结构	六柱三开间3层	湖南省级文物保护单位
长沙西文庙坪牌坊	牌坊	长沙市天心区	清同治五年（1866年）	石结构	四柱三开间2层	湖南省级文物保护单位
汝城绣衣坊	牌坊	汝城县城郊乡益道村	建于明正德十四年（1520年）	石结构	四柱三开间3层	全国重点文物保护单位
澧县余家牌坊	牌坊	澧县车溪乡牌楼村	清道光	石结构	六柱三开间3层	全国重点文物保护单位
黔城芙蓉楼牌坊	牌坊	湖南洪江市黔城镇	清乾隆四十年（1775年）始建	石结构	四柱三开间	湖南省级文物保护单位
茶陵龙家牌坊	牌坊	茶陵县秩堂乡皇土村	建于明万历六年（1572年），清咸丰六年（1856年）重建	石结构	三开间	湖南省级文物保护单位
永顺洗心池牌坊	牌坊	永顺景区	建于清光绪三十二年（1906年）	石结构	四柱三门	湖南省级文物保护单位
永顺老司城子孙永享牌坊	牌坊	湖南永顺县老司城	明朝	石结构		全国重点文物保护单位
醴陵彭氏牌楼	牌坊	湖南醴陵	始建于清乾隆二十八年（1764年），乾隆三十一年（1766年）竣工	石结构	四柱三开间3层	湖南省级文物保护单位
长沙福王墓	墓葬	长沙城南的妙高峰	1196	石结构	占地约500平方米	湖南省级文物保护单位
宁乡张栻墓	墓葬	宁乡县巷子口镇关山村	清顺治八年（1651年）修建，1981年按原貌修复。2008年再次重修，整体按原貌恢复	石结构	墓长11.2米，宽10米，冢高2米，直径5米	全国重点文物保护单位
长沙何绍基墓	墓葬	长沙市雨花乡石人村石竹坳	清同治十三年（1874年）	石结构	占地面积约200平方米	湖南省级文物保护单位
望城曾国藩墓	墓葬	望城县坪塘镇伏龙山	始建于清代，1996年望城县文物管理所修复了墓冢主体部分	石结构	占地约300平方米	全国重点文物保护单位
浏阳谭继洵墓	墓葬	浏阳市集里乡筱水村	始建于清代，2007年长沙市文物局以"不改变墓葬原貌"为修缮原则，恢复了神道、拜台等原貌	石结构	占地860平方米	湖南省级文物保护单位
新化壁画墓	墓葬	娄底新化县的维山镇	晚唐五代	砖砌拱券结构	墓室内长3.35米，宽1.16米，高1538米	湖南省级文物保护单位

参考文献

[1] 潘谷西主编.中国古代建筑史（第四卷）[M].北京：中国建筑工业出版社，2001.

[2] 周宏伟.湖南政区沿革[M].长沙：湖南师范大学出版社，2009.

[3] 张朋园.湖南现代化的早期进展[M].长沙：岳麓书社，2002.

[4] 新周刊杂志社编.绝版中国——受伤的城市和它们的文化孤本[M].桂林：漓江出版社，2008.

[5] 谢建辉主编.中国长沙：历史街巷寻踪[M].昆明：云南民族出版社，2006.

[6] 谢建辉主编.长沙老建筑[M].北京：五洲传播出版社，2006.

[7] 蒋学志.洪江古商城建筑形态与特征[M].长沙：湖南科学技术出版社，2004.

[8] 王康乐，王平.湖南"洪江古商城"的成因和价值[J].文史博览（理论版），2008.

[9] 杨慎初.湖南传统建筑.长沙：湖南教育出版社，1993.

[10] 柳肃.湘西民居.北京：中国建筑工业出版社，2008.

[11] 王英.中国四大宗教的建筑特色.福建省社会主义学院学报，2003，2.

[12] 张志刚.宗教文化学导论.北京：东方出版社，1996.

[13] 孙宗文.中国建筑与哲学.南京：江苏科学技术出版社，2003.

[14] 方立天.中国佛教与传统文化.上海：上海人民出版社，1988.

[15] 中国建筑史编写组.中国建筑史.北京：中国建筑工业出版社，1998.

[16] 萧平汉.南岳宗教史.广州：中山大学出版社，1999.

[17] 余孝恒.中国古代的宗教建筑.四川建筑，1995，15（1）.

[18] 谢守红，胡立强.衡山宗教文化与旅游开发.衡阳师范学院学报（社会科学），2003，24（2）.

[19] 谢明镜.南岳宗教建筑历史及保护的研究.湖南大学硕士论文，2004.

[20] 赵邵华.湘潭市区佛教建筑研究.湖南大学硕士论文，2007.

[21] 张作功，吉夫.湖湘文化与湖南教育.北京：教育科学出版社，2006.

[22] 张亚祥.江南文庙.上海：上海交通大学出版社，2009.

[23] 朱汉民.中国传统文化导论.长沙：湖南大学出版社，2000.

[24] 杨慎初.岳麓书院建筑与文化.长沙：湖南科学技术出版社，2003.

[25] 邹律姿.湖南文庙与书院.北京：文物出版社，2004.

[26] 章瑜.浏阳祭孔音乐探源[J].硕士学位论文.天津：天津音乐学院，2008.

[27] 蓝先琳.中国古典园林大观.天津：天津大学出版社，2003.

[28] 刘敦桢.中国古代建筑史.北京：中国建筑工业出版社，1980.

[29] 高介华，李德喜.中国古建筑文化之旅.北京：知识产权出版社，2002.

[30] 方伟华，刘元德.君山.岳阳：岳阳市旅游局，1996.

[31] 李望生.岳阳楼与岳阳城[J]岳阳职业技术学院报，2009（3）.

[32] 刘天虹.刚柔相济动静相宜——析《岳阳楼记》中的自然美[J].教育艺术，2010（2）.

[33] 吴端.黔城：玉城冰心，大隐大城[J].民族论坛，2009（5）.

[34] 俞明.文史遗产与古今用的创新——从爱晚亭、阅江楼到公主馆[J].伊犁师范学院学报，2003（3）.

[35] 余园.文史遗产与古今用的创新——从爱晚亭、阅江楼到公主馆[J].青年界，1935（1）.

[36] 房福来.怀化民君落特色研究——通道马田鼓楼篇[J].大舞台，2011（12）。

[37] 巫纪光，柳肃著.中国建筑艺术全集11：会馆建筑·祠堂建筑[M].北京：中国建筑工业出版社，2003.

[38] 王鹤鸣, 王澄著.中国祠堂通论[M].上海：上海古籍出版社，2013.

[39] 朱惠芳主编.汝城古祠堂[M].长沙：岳麓书社，2012.

[40] 冯尔康著.中国古代的宗族和祠堂[M].北京：商务印书馆，2013.

[41] 陶友松编.老祠堂/古风中国古代建筑艺术[M].北京：人民美术出版社，2003.

[42] 刘华著.百姓的祠堂[M].北京：中国商务出版社，2014.

[43] 楼庆西著.中国古建筑二十讲（插图珍藏本）[M].北京：生活·读书·新知三联书店，2003.

[44] 梁思成 著.中国建筑史[M].北京：生活·读书·新知三联书店，2011.

[45] 侯幼彬，李婉贞编.中国古代建筑历史图说[M].北京：中国建筑工业出版社，2005.

[46] 冯尔康著.中国古代的宗族和祠堂[M].北京：商务印书馆，2013.

[47] 章锐夫著.湖南：古村镇。古民居[M].长沙：岳麓书社，2008.

[48] 柳肃.湖湘文库——湖湘建筑（1）.长沙：湖南教育出版社.2013.

[49] 王日根.中国会馆史.上海：东方出版中心，2007.

[50] 余振东.张谷英风物史话[M].兰州：甘肃文化出版社，2004.

[51] 何林福，李翠娥.中国湘楚明清民居之"活化石"[J].岳阳职业技术学院学报. 2005（3）.

[52] 胡功田，张官妹.千年文化古村上甘棠[M].珠海：珠海出版社，2004.

[53] 罗树杰，盘美花，徐杰舜.江永县上甘棠村考察记[J].广西民族学院学报（哲学社会科学版），2003（6）.

[54] 王衡生.周家古韵[M].北京：中国文史出版社，2009.

[55] 湖南省文物考古研究所.濂溪故里——考古学与人类学视野中的古村落[M].北京：科学出版社，2011.

[56] 黄海.百年侯府话沧桑——寻访曾国藩故居[J].城乡建设，2008（7）.

[57] 肖湘月，王小凡.湘中南地区传统大户宅第探析——邵东县荫家堂老屋[J].中外建筑，2010（12）.

[58] 中国民族建筑第五卷湖南篇.南京：江苏科学技术出版社，1999：214-289.

[59] 湖南省建设厅.湘西历史城镇、村寨与建筑.北京：中国建筑工业出版社，2008：177-180.

[60] 楼庆西著.中国传统建筑文化.北京：中国旅游出版社，2008.

[61] 宿巍编著.牌坊.长春：吉林文史出版社，2010.

[62] 王福鑫著.湖南墓园文化.长沙：湖南人民出版社，2009.

[63] 陈先枢，金豫著.长沙地名古迹揽胜.北京：中国文联出版社，2002.

后记

在此书稿完成之际，不禁生出许多感慨。一方面，此次对于湖南古建筑的总结应该说是历史上以来最全面的一次，但是限于篇幅，仍然只能选择比较重要的、有代表性的古建筑实例，而不能把湖南省内全部的古建筑录入。湖南省内的全部古建筑其数量远大于本书所录入的内容，况且尚有未被发现的，还在不断被发现之中。每次文物普查都还有新的发现，这说明作为我们先人的文化遗产还有不少古建筑依然留存于世，这是一件值得欣慰的事情。另一方面，这些古建筑的现状和保护情况又令人忧虑，20多年前我们曾经调查过的古建筑有一些就已经不在了，这次录入书中的古建筑但愿不会是这样的命运。然而毕竟录入书中的是比较重要的古建筑，一般都已经被列为重点文物加以保护。还有那些没有被录入的、没有被列为文物的，甚至还没有被发现的古建筑，常常在无人关注的情况下逐渐消失，或者在地方上的开发建设中被损毁。总的来说，我们全民的保护意识还不够强，希望本书总结出古人的建筑艺术，介绍给世人，让人们领略先人宝贵的文化遗产，自觉地增强保护意识，使我们的文化遗产能够长久地留存于世。

柳肃
2015年8月于长沙

主编简介

柳肃，1956年6月生。

学历：
博士，毕业于日本国鹿儿岛大学工学部建筑学科

现任职务：
湖南大学建筑学院教授、博士导师、党委书记兼副院长

社会任职：
中国科学技术史学会建筑史专业委员会主任委员
国家文物局古建筑专家委员会委员
住房和城乡建设部传统村落民居专家委员会委员
中国建筑学会资深会员
日本建筑学会正会员

研究方向：
建筑历史与理论
古建筑修复和保护设计
历史城镇、村落保护规划

科研成果：
在国内外出版学术专著14部；在国内外发表论文100多篇；承担过6项国家级、30多项省级历史城镇街区、村落和重点文物建筑的修复保护设计。